新时代大学生事务管理研究

刘　超　刘喜旺　蒲骁旻　著

中国原子能出版社

图书在版编目（ＣＩＰ）数据

新时代大学生事务管理研究 / 刘超，刘喜旺，蒲骁旻著 . -- 北京：中国原子能出版社，2022.10（2025.3重印）

ISBN 978-7-5221-2198-7

Ⅰ.①新… Ⅱ.①刘… ②刘… ③蒲… Ⅲ.①高等学校－学生工作－研究 Ⅳ.① G645.5

中国版本图书馆 CIP 数据核字 (2022) 第 189681 号

新时代大学生事务管理研究

出版发行	中国原子能出版社（北京市海淀区阜成路 43 号　　100048）
责任编辑	王　蕾
责任印制	赵　明
印　　刷	北京天恒嘉业印刷有限公司
印　　销	全国新华书店
开　　本	880mm×1230mm　1/16
字　　数	197 千字
印　　张	11.625
版　　次	2022 年 10 月第 1 版　2025 年 3 月第 2 次印刷
书　　号	ISBN 978-7-5221-2198-7　　定　价　69.00 元

前　言

党的十九大报告明确指出："经过长期努力，中国特色社会主义进入了新时代，这是我国发展新的历史方位。"新时代的新历史方位，既明确了我国未来的发展目标和方向，也明确了我国未来发展的根本任务，党的十九大所做的战略安排，对国家今后几十年的发展做了前瞻性规划。其中，对高等教育做出了"全面贯彻党的教育方针，落实立德树人根本任务，培养德智体美劳全面发展的社会主义建设者和接班人"的新要求，进一步强调要"加快一流大学和一流学科建设，实现高等教育内涵式发展"。高校作为社会人才的储备基地，肩负着培养人才的历史责任，必须把学生的培养作为根本出发点，把握新时代大学生成长和发展规律，不断提升新时代高校的学生事务管理水平。

大学生事务管理对高校实现人才培养的目标具有保障和支撑作用。但是，现如今我国大学生事务管理却正在面临着体系、结构、理念、模式与学生发展需求、人才培养目标相矛盾等诸多问题，我国大学生事务管理迫切需要在思想领域更新管理理念，在行为领域完善工作内容和优化工作方式，以进一步满足学生全面发展需求，实现新时代人才培养的根本目标。基于个人长期在大学生教育与管理一线的工作感悟和实践探索，尝试撰写了《新时代大学生事务管理理论与实践》一书，以期为当前我国大学生事务管理工作尽一份绵薄之力。

本书共分为六章，第一章为绪论，对新时代大学生事务管理进行了基本概述，内容涵盖大学生事务管理的概念、要求、目标以及内容分类，等等。第二章分析和研究了新时代大学生事务管理的理论与理念。第三章重点阐述了新时代大学生事务管理的运行机制与法规保障。第四章围绕新时代大学生事务管理的队伍建设进行重点解析，提出大学生事务管理队伍专业化建设的建议。第五章从班集体建设、学生资助、职业发展与就业指导等几个方面探索大学生事务管理的具体事项。第六章则最后分析总结并提出了新时代大学生事务管理的提升路径，旨在为教育管理者提供完善策略。

本书内容全面丰富、逻辑层次清晰，对大学生事务管理进行细致深刻的研究。不少内容是个人多年工作的梳理和总结，也有一些个人的工作反思与探究，希望能对当下高校更好地开展学生事务管理工作起到一定的帮助与借鉴。

本书在撰写的过程中，参考和借鉴了大量的书籍和资料，在此向其作者表示诚挚的谢意！另外，由于作者的水平有限，书中难免存在疏漏和不足之处，恳请各位读者予以批评指正。

目　录

第一章 绪论

进入新时代，高校肩负着实现教育强国的历史责任和落实立德树人的根本任务，大学生事务管理已成为高校促进学生全面发展的重要基础。本章主要介绍涉及大学生事务管理的概念、任务、要求、目标以及主要内容。

第一节 大学生事务管理相关概念界定

大学生事务管理的有关表述源自欧美国家，其相关研究最早始于美国。20世纪初，逐渐从学术事务中分离开的学生事务，先后历经了四个不同的发展过程，即"替代父母制""学生人事""学生服务""学生发展"，随着不断的发展，学生事务管理这一概念逐渐形成了自身独特的含义，被界定为以学生为参与主体的非课堂活动。

一、学生事务

学生事务是相对于学术事务而言的。通常情况下，学术事务涉及学科发展、专业建设、课程设置、学生学习、认知发展、课堂教学等方面的内容，而学生事务则包括课外活动、生活服务、心理辅导、奖励与处分、创业就业指导、校园秩序与安全等内容。在学校中，所有非课堂性的活动都可以归为学生事务。都是为了保障学生在学校中的生活、学生的身心健康状况等，让学校在加强学生学习的同时，也关注学生的日常行为和生活，实现学生的全面发展，使高校教学目标有效地完成。一般来说，学生事务管理的具体工作主要包括有，招生工作、学籍管理、心理辅导、创业指导等。总体来说，可以归纳为以下几个方面：

① 符合人才培养规律，同时完成学生的全面发展是大学生事务管理工作开展的基础。学生有所需求，且有稳定的社会保障，学生的需求才能成为学生事务。

② 学生事务管理的重点就在于，所有学生无一例外都要严格遵循学校的规章

制度和学生事务管理的规范。学生事务管理主要是对学生学业之外各个方面的指导和服务，所以在事务管理过程中，其规范、理论、技能等，都需要符合学生的身心成长规律和需求。学生事务的管理和服务两者是相对的，譬如学生在出现心理问题时，就需要学生事务管理者主动干预，而并非让学生自我调整或是通过监督来强化。

③ 单从内容层面来看，学生事务管理的具体关系到学生学习和生活等方面；从时间层面来看，所对应的是课堂之外的时间；从空间层面来看，则是在校园内或是社会公共环境之中。

二、学生事务管理

针对学生开展一系列事务管理工作的目的主要就是让学生的非课堂活动和非学术性活动能够有组织、有规范，配合高校教育全方位地完成对学生的教育工作，从学生的学习到生活，全面地对学生做好管理和服务，保障学生身心健康发展。归根结底，学生事务管理工作是根据国家对高等教育人才培养目标的要求而设立的，是在科学的价值观念引导下，通过专业的知识和技能来合理配置资源，为学生的学习和生活提供一系列帮助。大学生事务管理体制是保障高校教学工作顺利开展的有效条件之一，是大学内部治理机构不可缺少的一个重要因素，主要包含有五个方面的内容：

① 开展学生事务管理工作包含了多个主体，如学生部、校团委、班主任等。纵向来看，专门的组织结构又包含了高层、中层、基础层主体，从横向看，可按职责或职能进行设置专门机构（如，招生工作办公室、创新创业学院、就业指导中心、学籍管理中心、资助管理中心、学生公寓管理中心等）；学生事务管理者可分为专职人员、兼职人员，或由管理者授权、聘任的参与管理的学生及其他人员。

② 主体施加影响的人和事就是指大学生事务管理的客体，从实质上来说，就是指与学生有关的一系列事务工作。

③ 学生事务管理处罚的基点就是学生主体，其事务管理工作最终的落脚点也是学生。所以可以说，大学生事务管理工作的重点就是以学生为中心，促进他们的全面发展。

④ 学生事务管理的具体过程就是由不同的主体承担各自的职责，根据学生的实际情况和需求来安排活动的计划、实施、评估等各个步骤。

⑤ 从内在发展要求来看，大学生事务管理具有职业性和专业性的要求，即要求管理主体知识的专业性和技能的专业性，这是从业者的基本要求之一。

三、大学生事务管理

学生事务管理的概念是在学生事务这一概念的基础上逐步衍生出来的。学生事务是管理的内容，管理则是一种社会性活动。当前，对于学生事务管理的概念，国内外学者尚未形成统一的认识，加之中外高校在国情及办学定位等方面存在着较大的差异，很难有相对一致的论述。在目前所给出的定义角度来看，基本都是以具体的内容为出发点。譬如：学生事务管理包括了学生课堂以外的所有活动和非学术性事务；又如：学生事务管理就是对大学生在校一切活动的管理，有招生、就业指导、心理辅导等。是以学生为主体，学校所给出的一系列服务，或是针对学生的行为进行监督和约束。我们可以清楚地了解到，大学生事务管理的概念是从学生事务包含的内容角度去定义的，这种定义方法存在着内容全面但概括性欠佳的问题。目前，对"学生事务管理"的概念阐述较为全面性的，一般认为：学生事务管理通常就是指学生在校期间对学生学习和生活各个方面的统筹管理和指导，帮助学生身心健康成长，人格全面发展等。与此同时，我国大学生事务管理还应符合社会主义办学方向，应该包括大学生思想政治教育和党的建设等工作。

四、学生工作

学生工作即专门针对学生所开展的各方面工作，所负责的主体人员从学生的思想、心理、品质等方面来组织和规范，从而引导和约束学生的行为养成和品质等，从服务、管理、教育三个方面，全面地完成高校教育工作。教育就是指对教导学生在学业上获得新的知识和技能、在思想上形成正确的价值观、在行为上有良好的习惯、在政治上有正确的道德品德，等等。在管理方面就是通过规范的规章制度来约束学生的行为和认知方向，如相应的奖惩措施、学籍管理等。服务则是为了保证学生学习过程的顺利，以及解决他们在生活方面的一些问题和困难所创造出的条件，让学生可以安心学习，健康成长。

进入21世纪以来，世界经济文化发展逐渐趋于一体化，各个国家贸易往来频繁，不同民族和地域的文化也逐渐开始融合在一起，所以西方的许多教育理论和观念都被陆续引进到我国各个高校中，对于一些先进的教学理论是值得我们学习和借鉴的。而"学生事务管理"这一概念恰好就是从西方引进的，在我国一般被简称为"学生工作"。这两个概念从内容上看基本一致，但是在核心内容上有一定差别，首先在功能方面，这两个概念中都包含了教育、管理、服务的内容，但是在西方概念中，其侧重点更偏向于服务和学生发展公共，在我国的概念中，则更侧重于学生的思想政治教育和管理功能。在范围方面，西方概念更加广泛，囊括了除学术活动之外的所有与学生相关的事务工作，而我国概念则相对局限，主要包括的是学生的日常管理、思想政治教育工作等。

五、学生人事、学生服务与学生发展

学生事务的概念在长期的应用和发展过程中，又衍生了许多不同概念的表达，如"学生人事""学生发展""学生服务"等。1919 年，心理学家斯科特认为，学生应该不仅仅只是学位的申请者，更重要的还是将他们看成是一个独立的个体，为他们的学习和成长服务。在 20 世纪中期，"学生服务"这一概念得到了一定的深化，学生的个性发展得到重视，由于学生个体之间的差异，使得学生服务更加多样化。而到了 20 世纪 60 年代末，"学生发展"的概念又得到了广泛的关注，即重视学生的全面发展，如文化知识、素质品德、实践能力、思维能力等，学生事务管理则为了学生能够得到全面发展，作为辅助力来帮助他们排除困难和障碍。

第二节 大学生事务管理工作科学化定位

一、基本思想与基本目标

（一）基本思想

自党的十八大召开之后，我国各个领域都取得了开创性的发展，多项政策都进行了深度的变革，使我国在未来的发展过程中占据了新的起点位置，我国特色社会主义的建设也进入了新的历史阶段。与此同时，新时代变革也正影响着高等教育发展与变革，对当前我国大学生事务管理工作产生了重要的影响。高校作为人才培养的重要基地，担负着培养社会主义建设者和接班人的重任，就应当不断强化责任与担当，以全新视角审视新时代青年大学生发展特点与发展需求，不断提升大学生事务管理工作实效。

1. 矛盾思想

党的十九大报告明确指出，当前我国已经进入新时代，现阶段社会主要的矛盾是人们对美好生活的向往与生产力不平衡不充分的矛盾。而高等教育就属于社会人民对于美好生活向往的一个重要内容。经过多年发展，我国高等教育得到长足的发展，高等学校为国家社会发展培养了大批人才，已经成为名副其实的高等教育大国。虽然我国高等教育"体量"不断扩大，但是与发达国家相比还算不上是高等教育强国，特别是发展不平衡、不充分的问题依然突出，这与办好人民满意的大学还有一定的现实差距。

大学生把接受高等教育作为实现个人人生目标和美好生活的重要途径，对高校提出了多样化的要求，希望获得更多高等教育改革的"红利"和"实惠"。而且随着高等教育大众化的纵深推进，高校大学生已从过去的被动接受者转变为现在教育的主要参与者，渴望得到更多的发言权，甚至是发挥主导作用。但实际中，高等教育发展还跟不上社会发展的需求，大学生普遍关注问题诸如扩大就业、改善办学条件等没有得到积极的回应。

当前高校发展还面临着诸多困难和挑战，需要高校认清现状和形势，直面问题，运用矛盾思想的基本原则，运用矛盾分析法，切实解决学生的实际问题和现实需求，努力办好人民满意的大学，让学生教育中得到更多的获得感和幸福感。

2. 青年思想

在任何历史时期中，当代青少年都是国家和民族发展的希望和未来。自党的十八大以来，党和国家在有关青少年的工作进程中做出了很多推进式规划，习近平总书记准确把握新时代新青年的新特点，并多次做出了重要讲话，根据青少年的实践问题做出了全方位的战略部署和指导，形成了科学系统的习近平青年思想。

党和国家历来高度重视青年、关怀青年、信任青年，始终坚持把青年作为党和国家事业发展的生力军。我国高校实行党委领导下的校长负责制，党的领导是中国特色社会主义办学最本质的特征。因此，高校应坚持立德树人，把培养有理想、有道德、有本领、有担当的青年大学生作为根本出发点，重视青年问题，关心和爱护其成长，为他们的成长发展提供广阔的舞台。

在新的历史格局中，我国不仅占据了有利地位，还具有近代以来最好的发展机遇，在这用有利的局势中，高校应坚定不移地把青年大学生的理想信念放在他们成长成才的首位，开展各种形式多样的主题教育实践活动，帮助其树立正确的世界观、人生观和价值观，不断增强道路自信、理论自信、制度自信和文化自信。

3. 服务思想

学生是高校办学的直接对象，学生即属于高校教学过程中的主体，也是教育所服务的对象。在高等教育逐渐呈大众化的局势下，高校大学生已从过去接受教育的被动接受者转变为教育消费者，主体意识逐渐增强，希望参与高校改革与发展的意愿强烈。与此同时，当前大学生事务管理却没有及时反映学生的新诉求新期盼，经验主义盛行，短期控制行为占主导。呈现"以具体事务为主，事前预测不足，事中监管不到位，事后补救不及时"的状态，无法真正贯彻"以人为本"的理念和提供优质高效的服务。纵观世界"一流"大学或办学历史悠久的高校，无不把为大学生提供优质高效的服务作为办学核心理念，尊重大学生的主体价值，尽全力满足大学生多元化的服务需求。

4. 发展思想

所有问题的解决都离不开发展这一关键要素，在新时代的高校教育中，需要以发展思想来践行学生事务的每一个环节。

（1）创新

创新是推动发展力的核心重点，是高校在育人过程中，必须坚持创新的基点。创新就不能墨守成规，就要树立创新意识，要自觉用马克思主义中国化最新理论成果，特别是习近平新时代中国特色社会主义思想开展学生事务工作，具备强烈的问题意识和责任担当，准确把握新时代大学生新特点新内涵，用新思维、新观点、新方式构筑新思路、新理论，创造性解决大学生所面临的一切问题。

（2）协调

协调发展是对马克思主义关于协调发展理论的创造性阐释，强调发展的整体性，用系统思维实现可持续发展。高校对于学生的成长成才不仅仅是智力知识方面的教育，而是所有要素参与的全方面育人过程，这就要求必须树立整体和系统思维，协调各方，构建各部门联动的体制机制，着重解决学生工作中的短板，注重学生工作"一站式"服务。各部门要统筹协调，联动发展，一体化建设，形成强大的学生工作合力，努力实现全要素、多部门、高效益的学生工作发展新格局。

（3）绿色

绿色发展是我国的一项基本国策，是实现可持续发展的必由之路，这必然需要一大批高素质绿色人才。作为立德树人的关键环节，高校必须始终秉持绿色发展理念，把绿色思维深入到每一个细节，构建绿色课程体系，丰富绿色教育资源，开展各种绿色实践教育活动，增强学生的环境忧患意识，提高他们的绿色素养。

（4）开放

开放发展是深刻把握世界经济的发展规律，主动顺应国内外的发展大势的必然。在当前时代背景中，全球经济文化逐渐趋于一体化，我国在其中已然成为第二大经济体，在世界经济增长中起着重要作用。所以说，高校教育在发展过程中，需要形成国际化意识，规划国际性战略，拓展办学的广泛度，为学生提供具有国际性质的发展平台，培养国际型人才，未来为国家发展做出重要贡献。

（5）共享

一个国家的可持续性发展离不开共享理念，这不仅是社会发展的本质要求，也是高校教育的重要体现，即"以人为本"的理念为核心，将"服务学生"的事项贯彻落实，始终以学生的健康成长为基点和最终归宿。在人才培养过程中落实共享理念，完成高校的多向信息交流，从而实现资源共享。

（二）基本目标

学生一切的非课堂活动和非学术性事务均为学生事务管理内容，其目标是通过对学生多方面的引导、教育、服务，一方面满足学生的实际需求，另一方面又让校园文化生活更加多元化，帮助学生的成长成才。

二、总体任务与总体要求

（一）总体任务

大学生事务管理的总体任务会因为不同学校所处的地理位置、历史背景，以及各个学校不同的办学方针、教学模式、校园文化氛围等，而构成不同的任务。但是从宏观角度来看，学生事务管理的总体任务基本一致，均是从社会、学校、学生个人三个方面来作为任务要求的。

1. 社会

① 让大学对我国的发展历程和现阶段的国情有大致的了解，对我国传统文化有基本的认知，能够弘扬中国共产党的革命精神，自觉维护祖国统一和民族大团结。加强学生的民族自信心，将个人的利益与荣辱和国家紧密联系到一起，为民族的伟大复兴和发展进步而不断奋斗，做一个忠诚的爱国者。

② 坚决跟随党的步子，坚持四项基本原则，坚持改革开放，坚持走中国特色社会主义道路。对于那些背离党的基本路线的错误倾向应当学会正确识别和自觉抵制，坚决拥护中国共产党的领导，牢固树立"四个意识"，坚定"四个自信"，切实做到"两个维护"。

③ 让大学生自觉遵守法律法规，成为一名懂法、守法的合格公民，树立正确的社会主义道德观念，自觉履行作为一名公民的应尽的义务，能够灵活运用自己在学校中学习的知识维护学校和社会的安全与稳定，让学生形成正确的价值观。

④ 坚持让学生学习马列主义、毛泽东思想和邓小平理论，以及"三个代表"重要思想、科学发展观、习近平新时代中国特色社会主义思想等，能够用辩证的眼光和思维去看待经济、政治、文化等，从客观的角度去认知人类发展的规律。

2. 学校

① 能够正确解读学校所设置的各项规章制度或政策，为学校教学目标的完成而努力。

② 对学校提出的民主管理能够积极响应，并自觉成立管理队伍。

③ 在固定阶段对学生的学习成果做出客观的评价，再根据最后的评价结果来调整和完善教学模式或其他各项工作。负责学生事务管理工作的负责人应当主动承担相应的责任，主动汇报学生在学习或生活中的动态情况，全面地培养人才。

④ 根据每一批学生所表现出的个体差异性来修改和完善学校相关的规章制度，最大限度地满足学生的身心需求。

⑤ 制定的规章制度和实施方案时应当有助于校园的安全和稳定。

⑥ 对于与学生有关的财产和人力资源能够实现有效的管理。

⑦ 引导学生积极自主地履行学校规定的学生行为准则，教导学生甄别好坏，充分体现学校的价值理念。在执行和修订学生管理规章的时候，学生事务管理部门就应把学校的办学价值理念和指导思想具体化。

⑧ 对于学生自发成立的管理组织，学校要进行支持和协助，适当地参与到学生的活动中去。

⑨ 加强教师与学生之间的双向交流，帮助双方保持良好的互动关系。

⑩ 制定和完善应急制度，以便在遇到紧急情况或突发状况时，能够冷静地做好应对措施。

⑪ 认真做好学校的专业活动和学术活动，即与学生工作相关的学术和专业活动。

3. 学生

① 帮助大学生构建良好的团队意识、人际关系，让学生能够在面对该类问题时能够灵活解决。

② 帮助大学生学会基本的判断和选择。

③ 帮助大学生以最快的速度融入到大学生生活中去，并引导他们养成健康、正确的良好生活习惯。

④ 为大学生提供在学习上或生活上所需的各种资料，如勤工俭学、参与社会实践等。

⑤ 帮助大学生完成学业、科学地进行职业生涯规划，获得进一步发展的各种机会。

⑥ 为大学生拓展更丰富的发展平台和途径，帮助他们实现人生价值。

（二）总体要求

从总体层面来讲，大学生事务管理的工作要求主要集中在四个方面，即具体事务、专业人员、学生、学生事务专业。其中专业人员和学生在学生事务管理中占据核心位置，是最重要的两大主体，具体事务则是两大主体的活动的载体，也是两大主体进行交流沟通的桥梁。学生事务专业作为一个系统的体系和组织，是在具体的事物过程中不断提升的，如该行业自身的专业发展、专业标准、专业组织等。总之，这四个要素之间是具有较强的逻辑关联的，各自之间相互作用、相互关联，形成了一个完整的体系。

第三节　大学生事务管理的主要内容

一、大学生事务管理内容的分类

随着时代的不断发展，每一代的青年学生都会表现出不一样的特质，因此，大学生事务管理的内容也会在不同时期有不同的调整。以学生的全面发展为基准，加强学生在交流沟通、人际交流、组织等方面的能力提升，为学生构建良好的学习氛围和生活环境，等等。大学生事务管理的具体内容可以分为以下几类，如表1-1所示。

表1-1 大学生事务管理内容分类表

类型	项目	具体内容
思想政治教育	政治引领	① 政治认同教育 ② 形势与政策教育 ③ 党组织、团组织建设
	人格塑造	① 人生观教育 ② 品格教育 ③ 审美教育 ④ 劳动教育 ⑤ 自我认知与发展教育 ⑥ 心理健康教育
	成长辅导	① 新生辅导 ② 生涯辅导 ③ 升学辅导 ④ 留学辅导 ⑤ 就业辅导
学生发展支持	学习支持	① 学业规划辅导 ② 学习方法指导 ③ 学习兴趣培养 ④ 学习困难帮扶
	素质拓展	① 通识教育 ② 创新创业教育 ③ 社会实践 ④ 社团活动 ⑤ 情商培养 ⑥ 领导力培养 ⑦ 交际能力培养 ⑧ 国防教育素质培养
日常事务管理	招生注册	① 招生管理 ② 迎新工作 ③ 学籍注册管理 ④ 学历学位信息服务
	毕业就业	① 毕业教育 ② 毕业典礼 ③ 就业市场建设 ④ 就业管理服务
	行为规范	① 法律法规与纪律教育 ② 行为规范与礼仪 ③ 学术规范 ④ 安全教育管理 ⑤ 突发事件处置 ⑥ 违纪处理与权益保护

类型	项目	具体内容
	奖励资助	① 评优评先 ② 奖助学金管理 ③ 家庭经济困难资助 ④ 勤工助学
	生活服务	① 住宿服务与公寓管理 ② 健康服务 ③ 文体服务 ④ 少数民族生服务
团队自身建设	体制机制	① 制度与规范建设 ② 运行机制 ③ 工作规划管理 ④ 经费与资源管理
	队伍建设	① 辅导员选拔与管理 ② 岗前培训 ③ 专项培训 ④ 挂职与交流访学 ⑤ 教学与研究 ⑥ 学位进修
	考核评估	① 单位年度工作绩效考核 ② 人员年度与聘期履职考核 ③ 人员职务与职称晋升考核 ④ 评优评先与典型选树 ⑤ 专项工作督导评估

二、大学生事务管理内容的解析

(一)思想政治教育类主要内容

大学生事务管理的内容和思想政治教育是相互作用、相互融合的,思想政治教育中包含有学生事务管理,同样地,思想政治教育也是大学生事务管理的重要内容,是根据我国的根本国情所作出的必然选择。思想引导着一切行为活动,正因如此,使得思想政治教育在学生事务管理中占据重要位置。加强学生的政治认知也是学生事务管理的主要内容。

1. 政治引领

加强对大学生的政治引领是大学生全面发展的需求,也是社会主义大学本质属性的基本要求。对大学生的政治引领主要体现在三个方面,分别为形式与政策教育、政治认同教育、党团组织建设。引领的主要途径即课堂教育和相关的社会实践活动,让学生对国家、党组织、社会环境等方面的认知从表面进入到内化,真正从内心深处认可中国特色社会主义文化理论,能够看清中国在国际发展中所面临的问题和挑战，形成正确的政治观，使其政治行为也受到影响。

2. 人格塑造

为了让大学生在新的历史时代中具有良好的适应力，高校和社会对大学生均提出了不同的要求。当代大学生除了要独立自强，具有崇高的精神品格，还要具有良好的人格和健康的身心状态。大学生人格的塑造主要可以从价值观、劳动、审美、自我认知等方面来进行教育引导，让学生完成自我教育，重视自己的未来发展，在不断的社会实践中实现人生价值。

（二）学生发展支持类主要内容

学生发展支持是学生事务管理中的重要内容，它包括三项具体内容，即为学生提供学习支持，对学生的成长辅导，帮助学生拓展素质。

1. 成长辅导

成长辅导就是关注学生在成长过程中的相应需求、性格特征、内在潜能等，对学生正确地引导和教育，使他们能够适应新的社会形势，让每个学生的天赋都能得到最大限度的激发，这是帮助学生全面发展、提高人才培养质量的有效举措。对学生的成长辅导不只是在学业方面的辅导，还包括生活、心理、就业等方面的辅导。

2. 学习支持

学生支持就是指帮助大学生更好地学习，养成良好的素质素养，具有积极的学习态度等，并有专职的辅导员或教师来对他们进行辅导。该项服务活动的核心目的和任务就是让学生知道学什么、怎么学等在学习过程中所面对的一些基本问题。让学生树立良好的学习观念，明确自身的学习目标，找准自身的优势和不足之处，保持良好的学习状态，保证大学期间的学业能够顺利完成，为未来进入社会的就业做好充分的准备，将大学学习作为职业生涯的铺垫和起点。具体来说，对学生的学习支持就是对他们的学习观念、学习方式、学习习惯、学习模式、学习心理等方面的引导和督促，不管是优秀学生还是在学习过程中表现出一定困难的学生，学习支持都能让他们得到相应的支持和帮扶，推动他们的学习积极性和主动性。

3. 素质拓展

对学生的素质拓展即提高学生的科学素质和人文素质，这既是学生事务管理的重要内容，也是思想政治教育的核心内容，重点是培养当代大学生的实践应用能力和创新能力，根据当代社会对人才类型的需求以及人力资源开发的思想和理念，来对大学生做出针对性的教育引导。根据素质拓展的根本目的原则，对学生的情商、道德、人际交往、社会实践等全面培养。

（三）日常事务管理类主要内容

日常事务管理分为招生注册、毕业就业、行为规范、生活服务和奖励资助五个方面的内容。

1. 招生注册

可细化为四个专项，即迎新工作、招生管理、学历学位信息服务和学籍注册管理，由学生管理和招生服务部门负责。

2. 毕业就业

学生的毕业与就业就是指学生在学业结束之后的毕业典礼，就业之前的就业教育，以及帮助学生能够顺利就业所作出的一系列服务和指导等。

3. 行为规范管理

学生的行为规范主要是指七个方面，即学生的礼仪和行为规范、法律与纪律意识、安全教育、学术规范、违规违纪处置、学生自身合法权益的保障、突发事件的应对等，均由学生管理部门负责。

4. 生活服务

对于学生生活方面的服务内容主要就是指与学生衣食住行相关的内容，如宿舍管理、健康服务、文体服务等，由学生管理和后勤服务部门负责。

5. 奖励资助

奖励资助主要是对有突出表现或作出重要成绩的学生给予奖励资助，或是对家庭困难的学生给予扶持和帮助，以及为学生提供社会实践和勤工俭学的平台和途径。

除此之外，加强学生的自我管理也尤为重要，学生能够从自身角度发现问题、解决问题，最终的管理成效要比其他管理效果更好。总的来说，学生事务管理工作需要更细致更精确，满足学生的实际需求，同时为学生搭建一个广阔的成长成才平台。

（四）团队自身建设类主要内容

团队自身建设这一大类是以上三类工作的有力保障。我们将学工自身建设分为三个具体内容，即内务管理、队伍建设和考核评估。

1. 体制机制

体制机制主要是指四个方面的内容——制度与运行机制、规范建设、经费与资源管理、工作规划管理。制度与规范即学校内部各个层级中的学工建设，它是学生自身建设的客观载体，即意味着学生事务管理工作需要与员工的切身利益保持协调统一而不相悖，也就是说要将"事"与"人"有效结合，其制度和规范才具有可行性。运行机制则包含了工作机制、保障机制、领导机制等，是由下到上递进的一种体制，使学工系统有效运行。经费与资源管理、工作规划管理则是学生事务管理的基础。

2. 队伍建设

队伍建设就是对学校的师资队伍和学生事务管理的专业队伍建设，一方面要加强对教师的专业技能和素质培养，另一方面要激励教师的教学研究。在队伍建设过程中，在提升整体队伍素质时，还要与教师的个人职业规划相结合，以教师的工作技能和角色定位为基础，再进行强化和进修。

3. 考核评估

考核评估必须要遵循公平、公正、客观、全面的原则，所考核评估的内容则主要是以五个方面的内容为主，即评优与典型选材、工作成绩考核、职务的晋升考核、履历考核、专项工作督导评估。其中对人员的履历以及工作单位的绩效考核是最为基本的内容考核，职务的晋升和人员考核均是对人员标准的一种设置，是从可持续发展角度对人员的考核，同时也对在职人员起到一定的激励作用。典型选材和评优则是为了在队伍建设中树立榜样效应，从而起到模范、引导、激励作用，能够在工作队伍中形成良好的工作氛围，激发从业人员的热情和积极性。这几项考核评估内容缺一不可，共同组成一个完整的评估系统，是转向工作顺利实施的重要保障。

第二章 新时代大学生事务管理的理论与理念

研究国内外有关大学生事务管理的相关理论对于我国各大高校开展大学生事务管理创新工作具有非常重要的指导意义，有利于为进一步夯实新时代大学生事务管理的理论基础提供必要的理论支撑，也为理论创新和实践探索提供了重要依据。

第一节 新时代大学生事务管理理论

在当前时代，我国的高等教育已经进入大众化阶段，并逐渐向普及化阶段发展。在此过程中，随着教育国际交流与合作的加深，我国逐步认知和接受了国内外大量有关大学生事务管理的理论，并逐渐将学生事务管理作为重要的工作内容。

一、儒家学说理论基础

（一）儒家学说理论的内涵

由孔子创立的儒家学说是以尊卑等级的"仁"为主要内容，"仁"在我国的文化中占有极为重要的地位，它长期影响着人们的价值观。迄今为止，儒学已经发展了两千五百多年，而在这两千五百多年间，无论是形式、内容，还是社会功能其都在不断地发生着变化。它的理论经历了不同的历史发展阶段，也在经受着时间的校正和检验。时至今日，儒家学说的内涵和精髓对我国高等教育仍起到重要影响和作用。

从相关研究资料来看，儒家学说理论以"亲亲""尊尊"作为立法原则，它倡导以"德治""礼治""人治"的方式来治理国家。其中，"礼治"要求人们加大对"异"的重视，即人们根据自身的等级来行事。等级秩序的稳定与否决定着国家的治乱。儒家学说之所以要强调"礼"的作用，倡导处罚违反"礼"的人，其目的在于维护宗法等级制。"德治"倡导人们通过道德来影响他人，认为只要坚持用道德影响他人，必然能够起到感化的作用。从"德治"的实施方式来看，用自身的行为来引导他人纠正行为类似于心理层面的暗示，其效果要比用强硬手段强迫他人纠正行为更好。而"人治"倡导人通过运用合理的方式进行管理统治，不仅要充分发挥人自身的引导作用，还要充分发挥人的道德的积极作用。

（二）儒家学说理论与大学生事务管理

中国传统文化的根基是儒家学说，对我国高校开展学生事务管理工作来说，它的影响非常大。与一般哲学思想不同，儒家哲学的主要目的是实现心灵的境界，而不是仅仅着眼于客观世界的实体。这种哲学思想对于我国教育的影响是极为深远的，国内大多数学校在处理德育与智育的优先关系时，往往会优先对学生进行德育，即引导学生热爱祖国、尊重师长。儒家追求的稳定、和谐也是我国大学生事务管理追求的目标之一。儒家文化从社会心理学层面来看是倡导德治的。一是指管理者想要成就大业，就必须具备仁心善性；二是规范组织成员的力量源泉为德。这导致我国一些高校在开展学生事务管理工作仍崇尚一种绝对的师道尊严模式，并没有重视学生自身的需求，形成了一种控制和约束学生行为的管理模式，久而久之，自然会影响学生的身心发展。在儒家思想中，还倡导根据人的实际情况来选择不同的教学方法，这些都可以运用于大学生事务管理工作之中，形成相应的管理方式和管理技巧。

二、人的全面发展理论基础

（一）人的全面发展理论的内涵

从国外一些学者的观点来看，人的全面发展就是完善自身各个方面的不足，成为一个完善的人。一切社会关系的总和就是人的本质，它的内涵主要有以下三个方面：

① 人是一种感性动物，要实现人的全面发展，就应当使人的感性活动得到充分且全面的发展。

② 人的社会关系是相当复杂且丰富的，人的全面发展实质上就是个人与他人、他人与他人，人们之间的各种关系全面生成。

③ 人自身个性和素质的发展是相当重要的，因此人的全面发展也包括了人自身个性的自由发展和素质的提高。由此可见，人的全面发展并不是指某个方面、某个特征的发展，而是各个方面、各个特征的发展，其中包括人的社会关系、人的能力、人的主体性、人的需求等多个内容。

（二）人的全面发展理论与大学生事务管理

马克思关于人的全面发展理论始终是指导我国高校开展学生事务管理工作与实践的理论基础。高校以培养"全面发展的人"为宗旨，教育与引导大学生树立正确的人生观、世界观和价值观，促进大学生全面发展。学生事务和高校管理者应该全面正确地理解全面发展教育观的科学内涵，明确学生的主体性地位，为学生提供良好的教育环境，注重平衡学术事务管理和学生事务管理之间的关系，防止片面的专业教育，避免忽视教育引导的作用。与此同时，协调好学生事务各个事项之间的关系，结合学生的个性和特点，自觉地坚持和贯彻全面发展的教育理念。

三、素质教育理论基础

（一）素质教育理论的内涵

开展素质教育的目的在于将高校大学生培养成为守纪律、有远大理想、有较高文化知识水平和思想道德水平的社会主义新人。在此过程中，高校教师要引导学生学习思想道德知识、科学文化知识，培养学生的动手实践能力，使学生能够形成良好的审美观念和健康的体质，从而促进大学生各方面的全面发展。从素质教育的内容来看，思想道德素质、身体健康、个性发展、能力培养等都是其中的重要内容。由此可以看出，素质教育是以提高国民素质为根本宗旨，以培养大学生的实践能力和创新精神为重点，将德育、体育、智育、美育等有机地统一在教育活动的各个环节，进一步提高和培养大学生的自主意识，以达到进一步促进大学生的健康和全面发展的目的。

（二）素质教育理论与大学生事务管理

在全面推动素质教育的进程中，我国高校所开展的学生事务管理工作发挥了重要作用和影响。它对大学生的身心素质教育、业务素质教育、思想道德素质教育、文化素质教育产生了积极的影响，对增强大学生的实践能力和创新精神具有不可估量的作用。高校和学生事务管理者应该以全面提高学生的基本素质为根本目的，尊重大学生的主动精神和主体性，以个体性格为基础，注重开发大学生的智力潜能，使他们成长为有道德、有理想、有纪律、有文化的新时代建设者和接班人。

四、和谐发展理论基础

（一）和谐发展理论的内涵

和谐发展指的是人们在发展的过程中始终坚持平等思想，从大自然中获取相对应的智慧成果，以此来组成生态系统中的不同子系统，并且不同子系统之间相互促进，使生态系统得到进一步发展。在和谐发展的过程中，和谐与发展两部分都是不可忽视的。其中，和谐主要指的是生态系统中各子系统之间的和谐、子系统内部要素之间的和谐及在未构成子系统之前各要素之间的和谐；而发展指的是指的是在构成子系统之后各要素所得到的发展、子系统内部要素之间的发展及各子系统之间的发展。共同发展是和谐内涵的本质，想要和谐发展，就必须实现共同发展。

（二）和谐发展理论与大学生事务管理

和谐发展理论作为一种社会追求和哲学理念，对高校开展学生事务管理工作具有重要的现实指导意义。它要求学生事务管理者一方面要帮助大学生养成健全的人格，促进大学生身心的和谐发展；另一方面要注意大学生自身与社会环境和周围环境的和谐发展，重视大学生与社会之间的和谐互动，培养他们公正的、诚信的道德理念，养成对自我行为的负责意识和能力。实现社会发展与个人发展的具体统一，促进人与社会的和谐发展。

第二节 新时代大学生事务管理理念

一、大学生事务管理的核心理念

与一般的组织管理理念不同，高校开展学生事务管理工作的核心理念是实施大学生事务管理的首要问题之一，必须立足于大学生事务管理本身去理解、认识大学生事务管理，从国情出发，从学生事务管理的功能、作用和性质等宏观层面来对大学生事务管理的核心理念进行描述，使之成为指导大学生事务管理工作的行动指南。

（一）定性

具有生命的个体统称为有机体。高校有机体就是一个基于高校教学科研等活动的各种基本要素相互作用、相互联系的动态的统一体。学生事务管理是以学生为本，以促进学生发展为核心的，在实现高校的整个有机体的功能中，起着关键、重要的作用。

1.学生事务管理是高校有机体的组成部分

高校开展教学活动的目的在于将提高学生的综合能力，因此学生事务管理工作会直接影响到高校总体的管理工作。与此同时，涉及学生事务管理工作的各个要素不是封闭独立的个体，而是相互作用、相互制约的共同体。

（1）高校有机体结构的重要组成部分

学生事务管理体系是高校有机体结构的组成部分。人才培养作为高校的首要功能，也是高校有机体三大功能之一。学生事务管理就是实现这一首要功能的主要体系。学生事务管理的部门在高校有机体结构中包括了大学生就业指导中心、招生办公室、创新创业学院、院（系）学生工作部门、校团委等机构，在高校有机体机构中占有十分重要的地位。

（2）高校有机体内容的重要组成部分

高校有机体由教师、学生、社会、家长等因素构成，帮助其中的每一位学生获得全面的发展与充分的成长是其核心目的。为此，学生事务管理致力于学生工作，是实现这一目标的载体，成为高校有机体内容的重要组成部分。学生事务管理通过教育教学与行政管理相结合，集中资源来满足学生的发展需求，以便于将学生培养成为未来建设中国特色社会主义的中坚力量和国家宝贵的人才资源。

2. 学生事务管理是高校稳定的生命线

高校作为社会的重要组成部分，是社会保持稳定的所需的中坚力量。大学生对于新事物的接受能力较强，但缺乏一定的社会经验和正确的价值判断，极容易受到一些不良信息的误导，从而影响自身的正常发展。因此，学生事务管理作为高校有机体重要组成部分，对于确保高校的可持续发展、维护当前高校稳定、维护整个社会的和谐安全有着非常重要的作用。

（1）学生事务管理是维护高校自身发展的基本保障

如今，我国高校竞争越演越烈、高等教育快速转型，学生事务管理以维护高校稳定安全为出发点，通过发挥学生事务管理效能，降低各种危机事件对高校的影响，维护高校正常的教学科研秩序，使广大师生能在和谐、有序的环境中学习、生活和工作，以此来促进高校自身的可持续发展。

（2）学生事务管理是维护高校人才培养的重要前提

人才培养是高等教育的根本任务，而稳定的高校环境是高校开展科研、教学、进行教育教学改革以及管理的条件和前提，直接关系到高校培养人才质量的高低。学生事务管理作为高校人才培养的支持力量和间接责任主体，理应加强与高校其他部门的合作，将一些先进的管理理念运用到学生管理工作之中，为学生营造良好的校园环境并提供多方面的服务，尽可能地满足学生的发展需求，以便于更好地提高学生的整体素质水平。

（3）学生事务管理是高校构建和谐校园的必然要求

对于国内高校而言，建设和谐校园是不可忽视的重要工作内容。而要做到这一点，首先必须要坚持学生的主体地位，了解学生的实际情况和发展需求，为学生提供多方面的帮助，营造和谐的校园氛围。在开展学生管理工作的过程中，应当将和谐校园建设作为具体的实践目标,在科学管理之中体现人文关怀。学生事务管理主要通过加强思想政治教育和组织文化建设,为构建和谐校园提供政治、思想和组织保障;通过坚持以人为本,营造轻松和谐、健康向上的科研和教学环境;通过促进以学生成才为中心,构建和谐的人才培养环境和安全、健康的校园环境;通过加强学生"自我服务、自我管理、自我教育"教育,构建积极向上的、健康的校园文化,从而实现建设和谐校园的目的。

3. 学生事务管理是高校发展的新动力

信息和创新是全球化的基础,知识是全球化的先导,知识为全球化带来了竞争激烈的高度知识密集型经济,从而对家庭、劳动力市场、教育以及知识的传播和大学的发展产生了深远的影响。我国高等院校在新形势、新挑战下,应当谋求发展,必须重视并重新建构学生事务管理体系和机制,使学生事务管理体系和机制成为大学生发展的新动力。

(1)学生事务管理有助于高校创新型人才的培养

对于现代高校而言,创新是推动高校开展管理工作的必不可少的要素之一,也是我国高校可持续发展的源泉,对高校的改革与发展具有重要的现实意义。作为社会系统的一部分,我国高等院校的生命力取决于高校本身对社会的贡献能力及社会对高校的需要程度,即高校所培养出来的人才能否满足社会的需求。现阶段我国已经相当一部分高校在学生事务管理工作上取得了长足的进展,工作主体逐渐从"辅导员—学生单向互动"逐步转向"辅导员—学生—专业教师、家庭—学校—社会多向互动",注重学生主体发展;学生事务管理工作目标已从"保稳定"逐步转向"保稳定、促发展";工作模式从"单纯学生工作"逐步转向"学生工作与学校学科资源优势整合发展",注重创新服务;工作载体从"课堂、班级"逐步转向"公寓、校园社区文化活动",注重学生的自我教育;工作内容从"专业学习"逐步转向"通识教育",着重注意"服务学习"方式的培养;工作管理从"多层级"向"扁平化管理"转变,注重学生自我管理。由此,我国高校的学生事务管理为高校培养国家和社会需求的"厚基础、宽口径、高素质、强能力"创新型人才提供了有力的保证。

(2)学生事务管理有助于高校科学研究的创新

教育与科学技术、经济社会的发展日益紧密,人类人才观念、所需知识的内涵也随之发生变化。高等院校作为实施高等教育的场所,不仅能够开展高素质人才培养工作,还能够开展高新技术研究工作,这对于完善国家创新体系具有重要意义。而大学生是高校的重要组成部分,学生事务管理可以为大学生提供多方面的帮助,引导学生加强对科学创新的重视,着力培养积极参与科研的创新人才,通过与教师、社区、市场等多方面的良性互动,瞄准社会需求,引导高校科学研究,并在学科体系、科研方法等多个方面不断进行创新,从而达到促进学校发展和学校科学研究工作进步的目的。

（3）学生事务管理有助于高校与社会的互动和共赢

当前，我国正处于社会转型发展的关键时期，而高等院校作为培养人才的重要场所，应当加大对社会发展的重视，了解社会各行业对于人才的需求，从而有针对性地开展相关的研究工作和人才培养工作，以便于更好地促进社会发展。在具体实施过程中，大学生事务管理部门应当引导学生关注社会发展信息，鼓励学生参与到社会服务工作之中，通过协同育人，促进"大学生—学校—社会"间良性互动，实现社会、学校、大学生共同受益。

（二）定位

在高校开展学生事务管理工作之前，应当先明确学生事务管理的定位，根据外部环境的变化与时代的发展来对学生事务管理的一系列内容进行调整，以便于更好地满足学生的发展需求。与此同时，学生事务管理者在处理具体的事务时要确保不偏离自身的定位，有序地开展学生事务管理工作。

1. 从属性

从学生事务管理工作的归属来看，它可以作为高校管理系统中的一个子系统，也可以作为高校行政结构中的一部分。它的从属性体现在以下两个方面：

（1）学生事务管理从属于高校管理系统

在管理系统上，高校管理工作的运转依赖各个管理系统的相互协调和相互配合。学生事务管理体系属于高校整个管理系统，必须在整个高校管理工作的框架下进行运行和操作，服从和服务于高校社会服务、培养人才和科学研究的功能需要，和其他管理系统配合完成整个高校的功能和任务。

（2）学生事务管理从属于高校行政结构

从高校的行政结构来看，学生事务管理主要是作为高校管理系统的一个组织构架，不能离开高校而独立存在。高等院校的教学工作除了会影响人才的培养质量之外，还会影响到我国的教育发展和相关战略的实施。高校在开展教学工作时会受到国家政策的制约，必须要严格按照国家相关规定来进行育人工作，因此学生事务管理机构也必须要明确国家规章制度要求、高校的决策和高校行政机构的指令等高校的宏观战略目标。

2. 服务性

高校在开展学生事务管理工作应做到以学生为主体，坚持为学生提供服务，以达到促进学生发展的目的。

（1）转变管理理念，树立教育、管理、服务三位一体的意识

现阶段，以人为本的高校管理价值取向要求高校的学生事务管理必须改变线性式、传统单一的思维方式，以促进大学生全面发展的思想引领管理过程和教育活动；适时转变管理理念，将过去以控制为主的管理理念转变为现在以服务为主的管理理

念，把更多的工作重心放在完善管理工作之上，同时加强对教学中心工作的重视，为教师提供教学方面的便利，以便于促进学生的自主学习、学校的改革与发展、科技创新；进一步确立在学生事务管理中的主体地位，明确服务的对象，服务学生的自主性和全面和谐的发展，达到管理即服务，管理为教育的最终目标。

（2）管理与服务协调统一

发展学生、以学生为本是学生事务管理的核心理念，以学生事务管理为逻辑起点，以学生事务管理为最高目标。结合高校育人的中心任务，学生事务管理应时刻以高校育人为核心追求，在工作流程、机构职责、协调机制、管理制度等方面，紧紧围绕学生发展这一核心目标，进一步处理好服务与管理的协调统一，深刻理解管理是服务的有效保障、服务是为了更有效地管理这一关系，保证两者职能的相得益彰、相辅相成。同时，在管理中加强服务也要切忌因强调管理的科学、追求服务的完善而忽视或淡化学生事务教育功能的发挥。

（3）加强管理的教育职能

对于国内各大高校而言，开展学生事务管理工作主要是为了提高学生提高的综合能力，为学生日后适应社会发展做好相应的准备。管理是一种特殊的教育方式，大学生自身的自制能力有限，因此要通过学生事务管理工作来引导学生加强自我管理的意识，逐渐从他律转变到自律、从自在转变到自为。因此，学生事务管理要加强其教育功能，向引导性的管理手段过渡，通过非强制性的启发式形式，使管理工作以理服人，以情感人，理情结合；同时，在教育中周到服务，关注大学生协调发展中的生存力、发展力、学习力的问题，使学生能够不自觉地受到校园文化的积极影响，积极地面对校园生活中可能会遇到的问题。

3. 整合性

大学生事务管理是我国培养大学生政治意识与组织能力的重要一环，保障高校教学与科研得以正常开展，是高校管理机制中的难点与重点，要整合构建大学生事务管理系统，不断优化各种资源配置，最终达到教育人、发展人、培养人的作用。

（1）学生事务管理理念的整合

目前，随着高等教育改革的不断深入，学生事务管理的理论得到完善和发展，在学生事务管理实践的同时又不断产生新思想、新理念。因此，学生事务管理理念不可能是单一的，是基于多种理念的融合形成的整合性的理念。就我国学生事务管理理念来说，一是有关高校人才培养的人类生态学、社会学以及心理学等方面的理论；二是有关人的全面发展的理论与以儒家学说为核心的传统文化思想；三是西方管理学尤其是高等教育管理等学科的发展与研究成为大学生事务管理实践的理论基础。我国高校的学生事务管理者只有在不断探索中，把多种理论融会贯通，才能整合出一套与中国国情相适应的大学生事务管理理念。

（2）学生事务管理目标的整合

学生事务管理的目标不是单一的，是多样化、多层次的，是要根据具体情况，如高校的学生实际需求、发展战略定位以及师资力量、学科专业特色等多种内外因素来决定的。大学生事务管理只有不断进行目标整合并调整，才能既满足多种影响因素的需求，又能高效完成学生事务管理。

（3）学生事务管理内容的整合

大学生事务管理工作并不是固定不变的，其内容的完善是不断发展的过程。学生事务工作部门管理内容面临着整合和拓展。学生事务管理不仅包括常规管理、表彰奖励、处罚惩戒、奖助学金发放、困难补助、学籍管理和心理疏导与干预等工作内容，而且还要向职业生涯规划、学生创新创业等多个方面发展。这些零碎、繁琐的学生事务工作，需要进一步完善和整合，这样才能满足学生的全面综合的需要，才能有条不紊地进行学生工作，这样的学生工作才具有针对性和高效性。

同时，学生事务管理内容的整合性还体现在高校资源的整合上，即整合校友、家长、社会企业等丰富资源。高校通过各种形式的活动联系和辐射校友、学生家庭、社会企业等，凝聚多方力量共同参与学生事务管理，积极营造良好的学生事务管理生态。

（4）学生事务管理实现路径的整合

高校之所以要开展学生事务管理工作，其目的在于根据运作机制来为学生提供服务。在此过程中，高校应当做好学生事务管理工作的安排，以此来提高学生事务管理水平。倘若没有成功整合的学生事务管理实践路径，其理论、目标与内容将始终停留在理念层面。在具体的实践中，要将高校、院（系）、社会、学生多方资源作为节点，把这四个节点各自视为一个几何平面，并在学生事务管理过程中排列组合，发展出循环运行的学生事务管理的实现路径，体现出不同的阶段性特点。要学会判断、学会选择，帮助大学生树立团队意识，学会解决实际困难和问题，构建良好的人际关系，切实有效地提高大学生的综合能力，弥补大学生在发展过程中的不足。另外，高校在开展学生管理工作的过程中应当坚持以学生为主体，根据学生的实际情况来选择不同的培养方式，使学生能够充分发挥自身的优势，朝着更符合自身情况的方向发展，为社会发展与进步作出一定的贡献。

（三）定能

大学生事务管理工作是高校不可忽视的重要工作。在开展学生事务管理工作的过程中，学生事务管理者应当加强与教师、校内其他部门人员之间的交流，为大学生提供一个既能充分享受自由又强调责任的成长环境。只有这样做，学生事务管理才能实现其功能，进一步为学校发展和人才培养发挥积极的作用。

1. 维护稳定

对于学生事务管理者而言，开展学生事务管理工作的一个重要作用就是维护校园的安全和稳定。这表现在学生管理工作的方方面面，很多大学生事务管理工作都在一定程度上体现了学生事务管理工作的维稳功能。例如，学生事务管理工作能够将班主任、生活管理教师等的作用充分发挥出来，定期开展大学生心理健康状况及思想动态摸底调查工作，对于学生的思想动态能够达到大致了解的水平。当大学生存在心理方面的问题时，学生事务管理者能够在第一时间制定相应的解决方案，帮助大学生尽早摆脱心理疾病的困扰。与此同时，学生事务管理者还会定期进行回访，为心理存在障碍的学生提供完善的服务，引导学生正确面对自身的心理问题，以便于学生能够及时缓解自身的心理压力，从而减小过激行为的发生概率。

2. 促进发展

促进学生发展是高校开展学生事务管理工作的另一个重要作用。这体现在学生事务管理系统在大学培养人才，提倡人文教育和终生学习，使学生能够在学习知识的过程中不断巩固知识，充分明确学习和生活的重要意义，并通过与人沟通交流，成为善于处理情感问题和生活问题的人，并能真正地做到宽以待人、严于律己。与此同时，高校开展学生事务管理工作能够使大学生更好地融入到大学生活动之中，在学习时做出正确选择，帮助他们构建良好的人际关系，树立团队意识，学会解决困难和问题。

最后，学生事务管理通过在教育体制和培养模式上坚持以人为本，从而创造一个有利于大学生成长的基础条件，营造一个有利于大学生健康发展的成长环境，促使大学生能够全面可持续发展，帮助大学生在发展中实现自己的人生价值，并成为一个对社会有价值的社会人。

3. 提供服务

大学生事务管理工作的作用还体现在面向所有的学生提供各种服务，各个学生事务部门都会设立专门工作人员为学生提供各种各样的服务。在学生事务管理工作中，首先，大学生都是成年人，都具有独立行为能力，都能够为自己所做的事情承担责任；其次，学生事务管理是为学生服务的，理应根据学生的需求来提供相应的服务，具体的服务应当包括以下几种：

① 生活方面的服务，例如定期下寝对学生进行心理疾病排查，解决学生的心理问题；

② 助学方面的服务，例如为学生提供兼职、根据学生的表现来帮助学生申请特困生补助等；

③ 就业方面的服务，例如为即将毕业的学生提供就业咨询会、为毕业生举办招聘会；

④ 党团知识方面的服务，例如为学生举办党团知识培训会、为学生举办党团知

识竞赛等。

与此同时，在新时代学生事务管理要摒弃"训人""管人"的传统教育管理思想，而要坚持以学生为主，充分发挥学生事务管理的服务功能，促进学生成长与发展。在此过程中，学生事务管理者要深入学生群体，了解并满足学生的发展需求，拉近与学生之间的关系，急大学生之所急，想大学生之所想，做大学生之所需，为大学生提供更好更优质的服务，以解决大学生在成长成才过程中遇到的实际困难。

二、支撑理念

大学生事务管理的根基为若干支撑理念，全面、深刻的理解学生事务管理不能脱离其支撑理念泛泛而谈。学生事务管理的运作，更是需要着力理清这些支撑理念各自的内涵与相互关系。人性观、学生观、学生事务观、管理者观这四个方面基本将学生事务管理支撑理念的主要内容全部涵盖了，并在实践的发展过程中逐步适应与完善。

（一）人性观

我国大学生管理工作随着高等教育改革的不断深化带来了前所未有的挑战和迅猛发展。我们面对这些挑战，可以从管理学人性假设理论中寻求启示，并完善、创新我们的工作机制。从管理学的人性假设来看，它所强调的是人们在一定的条件下对人的需求进行预设，以此制定相应的管理策略。国内外学者对于这种人性假设有着不同的认识，并开展了相关的研究工作，其中影响较为显著的论述主要有五种，分别是"经济人"论、"管理人"论、"工具人"论、"社会人"论、"自我实现人"论。

1."工具人"论

从"工具人"论的观点来看，管理者与被管理者是相对立的，其中管理者的作用在于发号施令，而被管理者则需要完全以管理者指令为指导来行事，如同一个"工具人"。然而，这一观点始终将人只看成组织发展的手段，从根本上忽视了人的主体性存在，这与现今的学生事务管理已经脱节。与"工具人"论的基本思想不同的是，高校的管理者与应用到学生事务的管理学生并不是完全分立、对立起来的，学生事务管理者在开展学生事务管理工作时应当从学生群体中选取一定的学生参与到管理工作之中，加强对学生总体情况的了解，完善学生管理工作的内容，以便于更好地服务于学生。与此同时，学生事务管理者还应当通过引导的方式来使学生认识到加强自我管理的重要性，使学生能够合理地控制自身行为，从而更好地达到学生事务管理的管理目的。

2."经济人"论

从"经济人"的观点来看，利益是人们实施某种行为的重要驱动力，因此人们在开展管理工作时应当充分运用物质奖惩来加强管理。国外一些学者认为，人一生所做的行为是不计其数的，有的行为在受到强化后可能会再次出现，而其他没有受到强化的行为就可能不会再出现。当人们通过奖励来强化人的某种行为时，人的需求就得到了一定满足，从而产生再次实施该行为的想法。正因如此，"经济人"假设应用到学生事务的管理上体现为：

学生不可能在任何时候都对教学活动、学习内容等产生较强的学习动力，针对这一情况，学生事务管理者可以通过给予一定奖励的方式来吸引学生注意力，使学生积极参与到管理工作之中。在此之前，学生事务管理者要深入学生群体，在了解学生实际需要的基础上，制定能够满足学生需求的奖励措施，例如，对于成绩优异的特困生而言，学生事务管理者可以通过资金奖励来进一步激发学生的学习动力；对于有着科研兴趣的学生而言，学生事务管理者可以为学生提供科研平台，并为取得研究成果的学生提供物质奖励，鼓励学生代表院、校积极参加各类文体比赛、学科专业竞赛等，按照获奖者等级的不同给予一定的物质奖励；鼓励学生积极拓展第二课堂，开展创新创业训练等社会实践活动，根据活动效果对活动的参与者给予相应的奖励等。在一定奖励的作用下，学生逐渐培养了良好的学习兴趣，形成了良好的道德素养，有助于更好地开展学生管理工作。

3. "社会人"论

从"社会人"论的观点来看，管理者与被管理者之间的人际关系是影响管理工作的重要因素，当管理者能够真诚地理解和关心被管理者时，就能够更好地开展管理工作。而高校要将"社会人"论应用到学生事务管理工作，就应当加强对学生情况的了解，做到以学生为主、为学生服务。因此，"社会人"假设应用到学生事务的管理上体现为：

首先，学生事务管理者应明确学生自身的人际关系是影响学生发展的因素之一，其中良好的人际关系能够对学生的发展产生积极的影响的作用，而较差的人际关系会对学生的发展造成阻碍。因此，学生事管理者应当深入了解学生的实际情况，为学生提供交际方面的帮助，例如为学生组织社团交流活动、社会实践活动等，使学生能够利用自身的空闲时间来锻炼自身的交际能力，结识一些志同道合的朋友，处理好自身的人际关系，从而更好地培养学生健康的心理和提高学生的综合能力。其次，学生事务管理者要坚持以学生为主体，真诚地关心学生的问题，与学生展开深入的交流活动，使学生能够及时地反映自身所面临的问题，从而有针对性地进行解决。这样一来，学生事务管理者就能够更好地开展学生事务管理工作。

4. "管理人"论

"管理人"论认为，应该在生产活动中意识到并充分发挥人的管理生产活动的能力与自主管理能力，将人从单纯的被管理者角色中超越出来，成为管理人，以实现管理目的。正因如此，"管理人"论应用到学生事务的管理上体现为：

随着我国高校管理体制的不断发展和完善，高校管理者在制定和实施某些决策的过程中会更多地考虑学生、教师等的意见。对于大学生而言，他们是高校的重要组成部分，可以在高校管理过程中发表合理的意见，也可以对高校政策的实施过程进行监督，这对于高校开展学生事务管理工作具有重要的积极意义。在此过程中，大学生理应从单纯的被管理者角色中超越出来，成为特定的管理人，将学生自主参与高校管理的能力充分发挥出来，以达到自我管理的目的。

5. "自我实现人"论

从"自我实现人"论的观点来看，管理者不应强制被管理者实施某些行为，而应鼓励被管理者发挥自身的潜力，实现自我管理。可以看出，"自我实现人"论强调的是调动被管理者的主观能动性，使其各方面的需求得到满足，主动地参与管理工作，实现管理目标。正因如此，"自我实现人"论应用到学生事务的管理上体现为：

首先，应当着重注意育人环境的营造，着力为大学生的全面发展营造良好的氛围。一方面，高校教职员工应树立以人为本的观念。注重为人师表，加强学高为师，德高为范的师德建设。实行导师制，由品德高尚、学识渊博的教师作为学生的导师，以高尚的品德来影响学生，使学生在一个较好的氛围中学习。另一方面，学生事务管理者要投入更多的精力来改善校园文化，使校园内充满正能量。以校园网站为例，学生事务管理者应积极以校园网站作为工作平台，运用学生喜闻乐见的网络语言来拉近与学生之间的关系，利用便捷的网络途径来了解学生的发展需求，有针对性地为学生提供信息服务，使学生能够及时地接受最新、最贴近学生生活的信息，从而满足学生在思想文化层面的需求。

其次，高校应鼓励学生参与到学生事务管理工作之中，学生管理学生，学生为学生服务，从而提高学生事务管理工作的效率。在实施过程中，可供高校选择的学生事务管理方式主要包括两种，分别是制度化管理和民主化管理。其中，制度化管理主要指的是高校根据学生的实际情况制定行为规范，通过行为规范来督促学生改善行为，并逐渐形成自觉按照行为规范行事的习惯；而民主化管理指的是依靠学生自觉管理的方式进行学生事务管理，使学生能够充分表现自身的发展需求，寻求多方面的帮助，从而达到管理的目的。这两种管理方式各有优缺点，因此学生事务管理者在具体实施过程中应当将制度化管理和民主化管理有机地结合起来；学生内部自我管理与外部制度管理有机地结合起来。

（二）学生观

从大学生工作者的角度来看，学生观表现为教职人员对学生的不同认识的集合。学生观并不是固定不变的，它会受到国家经济、政治、文化等因素的影响，从而发生相应的变化。通过对于学生观的研究，人们可以更加明确学生事务管理者、教职人员与学生之间的关系。

1. 学生是学习者

作为社会的未成熟者，教育专门的培养对象，学生承担着学习科学文化知识的重要任务，是理所当然的学习者。作为受教育者，学生是教育的特定培养对象，而学习是学生生活中的一部分，因此，学习者是学生最基本的角色定位。

把学生当"人"是学习者角色的前提和基础，是尊重并承认学生之为人的动机、需要、人格特性、情绪情感。每个学生都是不同的个体，他们对于学习往往会产生不同看法，学习效率也会有所不同，这表明了学生并不是被动接受教育的学习者，而是有着自主学习意识的学习者。换言之，学习是学生主动探求未知知识的过程，是必须依赖于学习者参与、体悟才能够实现的行为，绝不是由他人灌输或授予的活动。

2. 学生是消费者

如果从市场经济的角度来看待高校与学生之间的关系，那么人们可以将高校看作是为学生提供教育服务的"卖家"，将学生看作是向高校购买教育服务的"买家"，只有当高校所提供的教育服务满足了学生的需求，才能真正地保障学生的权益。这样一来，高校与学生之间的关系将会发生根本性的变化，作为教育服务的提供方，高校理应满足学生的学习需求，为其提供相关配套的服务，这就是一种消费者与服务提供者之间的关系。

从相关调查资料来看，无论教师、学生，还是其他行业的人员，大多数人都认同"教育是一种消费"的观点，但是在实施过程中，教育更多的是作为一种管理活动来实施。而大多数人之所以认同"教育是一种消费"的观点，主要原因在于学生需要缴纳上学的费用，这代表着学生购买了教育服务。事实上，高校作为"卖家"并没有表现出对学生消费者身份的认同感。而造成这一情况的原因主要有两个：其一，高校所提供的教育服务有限，因此对学生"消费者"的教育作用也有限；其二，过去我国的公立高校受市场的限制较少，一些公立高校并没有及时、灵活地调整教育内容，导致学生的发展需求无法得到满足。现阶段，我国高校与市场之间的联系较为密切，能够及时、有效地调整教学内容，这表明了高校逐渐认同学生"消费者"身份，将其作为高校运行与管理工作中必须要充分考量的重要因素之一。

3. 学生是被管教者

在传统观念的影响下，师生之间长期保持着"上对下"的关系，教师所说的话就是"权威"，学生只能按照教师所说的内容来执行，否则就是违背了道德。现阶段，家庭环境的教育功能日趋衰弱，其主要原因是家庭难以提供大学生健康成长所需要的教育影响和支持，为解决上述问题高校就必然要承担愈来愈多的以前只是属于家庭内部履行的职责，再加上高校面对市场化办学的竞争压力，促使学生事务管理者扮演了父母的角色，在学业之外更多地承担起"替代父母"的职责：

指引、陪伴，确保学生不出危险和举止得体。也就是说，对于大学生来说学生事务管理者俨然成了父母之外的另一个管教者，在高校这个场域里，学生自然就成了被管教的对象。

高校和教师运用相应的手段、方法管束学生的言行或行为被称为管教。对于高校教职人员而言，实施管教行为目的在于及时纠正学生在学习过程中的不良行为，使学生能够更好地接受教育服务，提高学生的文化知识水平和思想道德水平，从而促进学生更好地发展。从中可以看出，管教有着两种不同的含义：其一，高校教职人员按照正常、合理的程序对学生进行教育，使学生能够得到各个方面的提升，从而推动高校育人目标的实现；其二，高校教职人员根据学生的实际情况来规范学生的学习行为，使学生能够尽快回归到正确的教育途径上，但在管教的过程中必须要保障学生的基本权益，避免造成学生身体或心理上的损害。所以说，只有当高校教职人员以合理的方式来教育学生和管理学生，才能将其称之为管教行为。

高校或教师在"学生是被管教者"的观点影响下，其管教行为会出现一定的偏差，即忽视学生的差异性，统一管理学生，使得学生无法发展自身的个性，只能被动地接受教师的指挥，完全按照教师的指挥来发展。当过度强调学生管理的权威性时，教师在管教时就会强制要求学生服从规定，并按照规定来调整自身的学习行为，而不能按照自身的想法来行事。这样一来，学生事务管理的服务功能就会弱化，而更多地强调其控制和约束功能，从而达到维持高校的秩序和等级分差的师生关系的目的。

4. 学生是创造者

经济全球化的大趋势下，都在着重强调创新的重要性，自主创新能力已成为国与国之间竞争的核心能力。高校承担着培养具有自主创新能力人才的重任，但是由于历史传统和认识偏差等因素的影响，学生在过去很长一段时间里，还是以客体的身份参与科学研究、人才培养、教学管理等高校事务，学生作为高校教学管理和人才培养的重要参与者，实现学生的客体性参与向主体性参与的转变成为大学生管理工作的重要课题。

与国外相比，我国的大学毕业生尤其是本科生具有基础理论宽厚、基础知识扎实之长处，但是不足之处在于学生缺乏将所学知识应用到具体实践之中的意识和能力。面对这一问题，我国国务院专门设立了"大学生创新型实验计划项目"，这一项目能够为学生提供实践的平台和充分发挥自身主观能动性的机会，并以此来达到提高大学生的动手实践能力和创新能力的目的。据相关资料显示，全国已经有近5万多名大学生近千余所高校参与其中，学生的主体性参与意识正在逐步增强，表现出踊跃的创新意愿与能力，达到了行动创新与思维创新的知行合一。不仅如此，在政府的进一步介入下，通过建立一个专业性的大学生创新成果转化平台，将社会、学生、企业三者有机的联系在一起，在实现创新成果转化为现实生产力的过程中给予了多方面的帮助，"孵化计划"等项目支持学生自主创业，极大地促进大学生的创新激情。

除此之外，在高校的管理、人才培养计划的制订等方面学生也逐步地参与进来，学生的创造者身份在通过学生自身的努力后得到了来自社会和高校的承认。

（三）管理者观

管理是一个比较宽泛的概念，涉及实现组织目标（目的）、管理的资源（对象）、计划—组织—领导—控制（手段），是一种动态的过程。而学生事务的管理观则侧重于高校管理者关于活动规律和管理现象的必然性、普遍性的认识，是高校管理者经过长期实践和思考中概括总结而来的理性观念的体系。大学生事务的管理观可以从高校辅导员的身份论、功能论来进行探讨。

1. 身份论

一直以来，我国高校辅导员存在着"身份模糊"的困惑。随着《普通高等高校辅导员队伍建设规定》的发布，人们可以明确高校辅导员具有双重身份，分别是高校的党政管理干部身份和教师身份。因此，作为高校辅导员，可以自身的实际情况来评聘专业技术职务，也可以根据实际表现和工作年限晋升相应的行政职务。从身份论来看高校辅导员，其具有两种角色：教师和干部。

（1）教师

韩愈在《师说》一文中描写道："师者，所以传道授业解惑也。"给教师这个职业下了定义。所以，时至今日，人们更多地会将登上讲台的人看作是教师，而很少将奔走于教室与学生宿舍对学生进行思想政治教育的辅导员看作是教师。事实上，辅导员的身份就是教师。

辅导员的教师职能主要表现在对学生的思想政治教育、社会实践教育等多个方面。在当前的高校教育中，高校必须要引导学生明确辅导员的身份，投入更多的精力来培养具有较强的专业能力和专业素养的辅导员队伍，这样才能更好地调动高校辅导员的工作积极性，促进学生更好地发展。

（2）干部

高校辅导员主要负责的是学生思想政治层面的教育，因此辅导员是不折不扣的政党管理干部，在大学生事务管理工作中具有重要的影响作用。从发展的角度来看，辅导员能力水平的高低会直接影响到学生的发展，而学生的发展情况又会影响高校的发展，因此辅导员是影响高校长远发展的不可忽视的因素。当前，国内高校中的辅导员无论是在思想品德方面还是专业素养方面，都已经达到了较高的水平，已经成为高校干部梯队建设的重要基础。

2. 功能论

从大学生的主体性出发，高校辅导员有参与者、陪伴者；实施者、组织者和指导者；知心朋友和人生导师；引路人等四种功能。

（1）参与者、陪伴者

辅导员承担着参与者、陪伴者的角色。大学生进入大学后，离开父母之后，辅导员成为父母之外参与学生生活、陪伴学生度过其大学生涯重要人物。要扮演好参与者、陪伴者的角色，辅导员就要与学生做到平等相处，积极参与到学生的成长过程之中，了解学生在成长过程中所遇到的问题，与学生一起解决当前存在的问题，从而更好地促进学生成长。但是，参与者与陪伴者的身份意味着辅导员不是灌输而要分享，不是强制而是引领，不是居高临下地施舍而是平等地给予。对于高校大学生而言，分享是彼此相互交流的过程，只有这样才能形成辅导员与学生之间良好的师生关系。

（2）实施者、组织者和指导者

虽然大学生在大学校园中会遇到大量的教师，但是见面次数最多的往往是辅导员，因为辅导员除了在学生学习上提供帮助之外，还会在学生生活上提供较多的帮助。据相关统计资料显示，我国有相当一部分大学生是独生子女，受家庭管教的程度不同，很多大学生存在缺乏自我管理能力的问题。因此，辅导员必须要承担起相应的责任，为这些大学生提供帮助，使他们能够掌握必要的自主学习和生活技能的能力，达到自我管理的目标。

除此之外，辅导员还有必要引导学生认真学习法律法规、严格执行高校规章制度等。每当高校制定了新的规章制度时，辅导员都要第一时间向学生讲解，使学生更好地明确高校规章制度的内容，规范自身的行为，使学生能够更好地适应大学生活，从而促进学生身心健康发展。

（3）知心朋友和人生导师

对于大学生来说，辅导员也是促使其健康成长的知心朋友。在大学生面前，辅导员应该以兄长、同辈人的身份出现，尽可能地消除教师与学生之间的距离感，尽量多用课余时间与学生沟通和交流，逐渐成为学生认为值得信赖的朋友。只有这样做，才可以使学生在遇到问题时及时地向辅导员汇报和反应，辅导员才能全面真实地了解情况，进而有针对性为学生提供帮助，切实地解决问题。

从高校辅导员的工作内容来看，既包括了学生学习上的帮助，又包括学生生活上的帮助，因此辅导员可以算得上是大学生的人生导师。辅导员在处理学生问题的过程中也会遇到一定阻碍，这要求辅导员不断加强对学生的研究，深入地了解不同学生的情况，从而为学生提供多方面、深层次的指导。

（4）引路人

大学生需要得到精神上的支撑和鼓励。绝大多数青年大学生是蓬勃向上的、有朝气的，他们从思想上追求进步，追求真理，渴望获得成功，得到社会和他人的认可，希望从大学和社会中得到更多的精神层面的鼓励以及帮助。而辅导员主要负责的就是学生的思想政治教育工作，应当将促进大学生社会化作为重要的工作任务，通过形式多样的教育和实践以及各项活动的开展来使大学生逐渐确立自身的人生理想，对自己的人生产生更深层次的认识，从而使大学生能够更加明确自身存在的意义。与此同时，辅导员还要引导大学生坚持以正确的价值观念来处理自身所面临问题，成为一个能够为社会不断创造价值的人才。要做到这些，高校辅导员应当具备较高的思想道德素质，在面对工作中出现的问题和社会现实问题时，能够做到正确的评价及引导，循循善诱，以身作则，真正实现思想政治教育的目标价值。

（四）学生事务观

学生事务观主要是指人们关于大学生事务工作的观点的集合。从有关学生事务观的研究来看，学生事务观的内容主要包括两点，分别为开展学生事务工作的原因和开展学生事务工作的过程，这能够为高校开展学生事务管理工作提供一定的指导。因此，高校在开展学生事务管理工作之前，应当以正确的学生事务观作为指导，以便于更好地开展学生事务管理工作。

1. 载体论

从载体论的观点来看，大学生事务管理工作的载体包括了所有能够承载有关大学生事务管理工作内容信息的形式。管理的载体基本特征为相称相配、体现承载、具体形象、有效传达等，其主要作用为媒介负载作用，主要包括传媒、文化、管理、典型等几大类载体形式，存在着目的与手段的二元关系。

大学生思想政治教育管理载体是思想政治教育内容与学生事务管理工作相结合的产物，这使得高校在开展学生事务管理工作的过程中能够有效地对学生进行思想政治教育，以便于更好地提高大学生的思想道德水平。总的来说，高校思想政治教育管理载体具有综合性、社会性、广泛性、艺术性的特征，与及时有效、深入细致、影响持久、感染力强等属性，其功能主要包括修身育人功能、规范行为功能和素质培养功能，这些都有利于实现思想政治教育的目的。

2. 需求论

科学发展观中的"以人为本"理念对于高校有着重要的影响作用。当"以人为本"的理论应用于学生事务管理工作之中时，学生事务的管理不再当作是单向的控制、管理、约束，而是对大学生的基本尊重和对其人性的唤醒。从需求论的观点来看，要促进学生的发展，首先要了解学生的发展需求，然后尽可能地满足学生的发展需求。在具体实施过程中，学生事务管理者应当将注意力放于人的情感、社会、心理因素、归属感上，强调人的合理需求。学生主体对学生和自身的发展负有责任，而学生事务的管理在于直接服务于高等教育的使命——促进学生全面而个性地发展，形成健全的人格。大学生需求内涵也日趋丰富，特别是在价值观日趋多元化的情况下，高校应当不断更新学生管理理念，创新学生管理模式，丰富学生管理手段，健全和完善学生管理制度，以科学的方式促进大学生的全面发展。

只有真正做到把学生作为管理、教学和教育的主体，充分尊重学生的主体性，才能够构建"以人为本"的学生管理体制。在学生管理的过程中，应当做到以下几个方面。

① 要给予学生基本的尊重；

② 要拉近与学生之间的关系，来了解学生的实际需求，从而有针对性进行制定解决方案；

③ 要引导学生探究书本以外的知识，使学生充分发展自身在某些方面的优势。同时，要积极引导学生将所学的知识运用到具体的实践之中，促进学生身心健康发展；

④ 无论是在课堂教学，还是创业训练，学生事务管理者要坚持为学生服务，在满足学生发展需求的过程中实现管理目的，同时拉近与学生之间的关系，真正做到"一切为了学生，为了一切学生，为了学生的一切"。

3. 问题论

从问题论的观点来看，要做好管理工作，就必须要重视现实的问题，通过对问题的预判、查找、分析和解决来进行有针对性的管理。对于高校而言，如果能够将问题管理法运用到学生事务管理工作之中，那么通过分析学生存在的问题就能够有针对地解决学生的问题。问题论主要关注于采取什么措施或方法能够使管理加更富有效率，重视学生的个人感受，强调通过建立详尽的工作规划、合理的组织架构、明晰的职责分工、严格的规章制度，来约束与强制工作中的行为活动以及管理程序化和采用物质激励等，其实质是以事为本的管理理论。

大学生管理工作中运用问题管理，其主要特征是制度化、规范化、模式化，强调制定行之有效的规章制度，这规章制度应包括组织、掌握、实施等多个方面的具体内容。在问题管理法的作用下，大学生学习模式、行为准则、纪律制度、运作程序都更加具有规范性，同时学生也能够通过发现问题来学习新的价值理念，重新认识自我管理的重要性，从而更好地推动学生事务管理工作的开展。

在具体实施过程中，高校可以通过制定和强化科学的管理制度来实现问题论的管理。以学生安全管理制度为例，高校可以定期对学生进行安全教育，引导学生提高安全防范意识，以此来减小学生安全问题的发生概率。再以高校与学生家长的沟通管理制度为例，高校教职人员可以定期与学生家长开展交流活动，使学生家长能够根据学生在学校的情况来了解心理状态，又能及时向学校反馈教育学生的意见建议，打通家校管理的双向通道，真正实现教育管理的全域覆盖。

三、治管理念

大学生事务管理在支撑理念与核心理念两个方面，为大学生事务整体治管理念的搭建奠定了基础。在实际操作层面上，治理论、自治论以及在前述两者基础上融合发展起来的管理观，成为指导大学生事务管理工作的重要模式，三者共同构筑了大学生事务的治管理念。

（一）自治论

在中国古代的文献中，"自治"一词有"自行管理或处理"之意，例如，在《新唐书·北狄传·黑水靺鞨》中的"离为数十部，酋各自治"，其"自治"一词的含义为自行管理。除此之外，古代文献所记载的"自治"一词还具有"修养品德"之意，例如，在宋程颐《辞免西京国子监教授表》中的"伏念臣才识迂疏，学术肤浅，自治不足，焉能教人"。在现代，"自治"可以理解为自我组织、自我教育、自我管理、自我服务，可以概括为"独立地思考问题，处理事务"。"自治"在大学生事务管理中，可以理解为依靠大学生事务管理者的主导作用，将学生的主体参与意识充分调动起来，发挥学生自主积极性，是一种以培养学生自我教育、自我管理、自我发展为目的的管理模式。

在高校开展学生事务管理工作的过程中，学生事务管理者应当鼓励学生根据自身的实际情况来进行发展，这样既能够充分满足学生自我发展的需求，也能够有意识地为学生提供服务，久而久之，必然会对高校教育事业产生积极的影响，进一步适应新时代高等教育事业发展的要求。但是，根据我国大学生事务管理的实际情况来看，现阶段，大学生自治主要是通过参加学生组织机构和行政管理机构来实际进行高校自治管理活动，这种学生自治模式并不等同于西方国家的自治模式，而是有一定的限度和条件的。大学生自治的过程并不是一蹴而就的，它是一个循序渐进的过程，并且应该以积极的措施进行引导。在现有的条件下，大学生事务管理的自治建构具体表现为由外到内、由浅入深的若干形态，即制度环境、自治行为、物质文化、精神文化等，将四者有机的联系在一起，互相影响，相辅相成，互相制约。在此基础上，大学生事务管理自治的新机制要围绕以下方面进行建构。

1. 表层的物质文化：学生自治的环境保证

以环境为载体是大学生自治的一个重要特点，主要包括两个方面，分别是软件方面和硬件方面。其中，软件方面主要指的是学生在进行自治时所处的环境与氛围、高校各职能部门对于学生自治所提供的帮助等，而硬件方面主要指的是学生在自治过程中所需的活动场地、相关设施等物质形式的内容，学生的情绪和心理受到硬件好坏的直接影响。正因如此，高校必须要加大对学生自治工作的环境的重视，一方面通过满足学生在软件和硬件方面的需求来调动学生自治的积极性，另一方面为学生提供自治方面的指导，使学生能够更顺利地开展自治工作。与此同时，要保证学生自治环境的良好运作，使其激发学生自治成员的凝聚力和自豪感，提高工作和学习的效率，提升学生的人格及其行动的培养水平。

2. 浅层的自治行为：学生自治的形象塑造

从学生自治过程中的行为来看，它并不是以静态的形式呈现在人们面前，而是学生在学习、工作、社会实践活动中通过行为习惯、精神面貌等以动态形式呈现在人们面前。在大学校园中，人们往往可以通过学生干部的言谈举止、校园整体的学习氛围来了解学生的自治行为文化。换言之，学生的自治行为是相当活跃的，是动态变化的，是随处可寻的。正因如此，我们要重新塑造学生自治的形象，使其在一定程度上将学生干部的基本素养和理想信念反映出来，进而展现学生自治的魅力。

3. 中层的制度环境：学生自治的结构重组

通常情况下，人们都会自觉地遵守制度，将其看作是实施某些行为的准则。在大学校园中，学生自治组织有着特定的组织结构和规章制度。从学生自治组织的组织结构来看，它有着明确的层级关系、隶属关系等；从学生自治组织的规章制度来看，它包括活动制度、财务制度、值班制度、组织章程等，整体较为完善。由于学生自治组织是高校的重要组成部分，因此在开展相关工作时应当以严格遵循学校要求。学生事务管理的学生自治组织结构应服从学校的制度安排，与此同时，还要着重突出自治管理的方式，以达到更好地为学生服务的目的。

4. 深层的精神文化：学生自治的理念培养

与物质文化建设相比，精神文化建设更多的是着眼于学生的心灵活动，通过一系列活动来使学生获得新的精神层面的感受。在大学生开展自治活动的过程中，做好精神文化建设能够改善学生的价值观念，从而对学生产生积极的指导作用。因此，学生自治组织在大学生事务管理的过程中，应该继承优良传统，并在改进中不断创新精神文化内涵，总结和确立适合于学生自治的共同价值观，培养自己深层次的自治精神文化，构建健康的精神家园。

（二）治理论

与自治论相比，自理论并没有那么悠久的历史，它是近年来在各种国际组织中以及西方乃至全世界的学术界广为流行的一个新概念，"治理"一词来源于古希腊语和拉丁文，意为操纵、控制和引导，可以说，"自治"与"治理"是两个相对的概念。治理论之所以重新获得学者的青睐与政府和市场的失灵有关，随着社会的不断发展，人们迫切需要一种新的理念作为指导，尤其在现有理论解释不了公共管理问题的情况下，以便于更好地开展活动。当"治理"有了新的含义之后，该词在社会经济领域出现的频率逐渐变高，并且受到了学界的广泛认可。

而将治理论在此处引入高校的学生事务管理工作当中，主要含义是指相对于之前所述的学生占主体位置的自治论，在大学生管理工作的治理论的范式下，高校在学生事务管理中起到主导作用，其主要目标是通过一系列手段引导、管理、鼓励学生工作的开展。在提供服务时处于主导性地位，自上而下地为学生提供服务。

综上所述，基于我国现阶段高校治理论的发展状况，高校治理论存在的不少困难和问题。当前，在学生事务管理中高校应主动作为，进一步强化内部治理建设，着力从内部组织、外部环境以及互动机制等方面对该理念加以构建，使其更加完善。

（1）构建更加多元的大学生事务治理理念的外部环境

从传统的治理理念上分析大学生事务的管理，我们不难发现其仅仅局限于两个纬度，即学生、高校，且指向仅为自上而下的单一形式。然而，我们发现当今社会已经逐步转变为多元发展的社会，高校管理亦不例外，正因如此，在进行高校治理理念的构建的时候，我们应当做到从原先二维的环境向更加多元的环境发展，使高校治理理论更加丰满、更加充实。毫无疑问，这需要资源的优化与整合。因此，高校在开展学生事务管理工作的过程中要加强各方之间的联系，有针对性地对资源进行整合，提高学生事务管理的效率。首先，要实现从"学校—学生"的单向互动到"学生—家庭—学校—社区—社会"的多向互动转变，这样做一方面加强了学生与学校之间的沟通，搭建了与社会和社区互动的桥梁，另一方面也可以全方位关注学生外界环境，为学生提供更多资源方面的帮助；其次，在资源整合的过程中，逐渐将重心从校内转移到校外，以便于更好地发挥其他资源的优势，从而更好地为学生服务。除了要加强与校内各方的合作伙伴关系之外，还要强化与校外相关组织的合作伙伴关系，吸纳社会、社区、校友等多方面的力量，通过全方位的资源优化与整合，尽可能地、最大限度地为学生的发展提供机会，达到公共利益的最大化和资源整合的最优化的目的。

（2）构建完善大学生事务管理的内部组织体系

在建设学生事务管理队伍时，高校应当投入较多的精力，以便于提高其专业性。对管理者而言，治理理论的提出为其提供了更高的要求。与过去单纯要求专业不限、工作热情高、政治素养高不同，新的学生事务管理需组建一支专业化职业化程度较高的管理组织队伍，主要是由包括社会工作、教育学、心理学、法律、体育、管理学、信息技术等专业背景的具有硕士研究生及以上学历的优秀人才组成。与此同时，进一步完善管理人员的用人机制，改变传统"保姆式"管理与教育，而是实现专业分工，直接帮助、支持、服务学生的全面发展。

在方式上要从管束转变为激励，治理不限于管理者发号施令或管理者的权威。在我国高等教育的发展过程中，学生会不断产生新的发展需求，因此学生事务管理者应当对管理工作的内容和方式进行调整，不再简单地根据问题解决问题，而更多的是在坚持为学生服务，从组织方式上满足学生的不同需要，激发学生的潜能，最终实现学生发展。

（3）构建更加合理的互动机制

传统的治理理念机制比较僵硬，着重于自上而下权威式的治理模式。随着社会的发展，传统治理理念愈发的显露出它的弊端，正因如此，想要解决传统治理理念的弊端，我们就需要创建出更加合理的互动机制来取代原有的僵化管理机制。而这种机制即"高校—学生"双重的互动。作为个体的和公共的参与管理共同事务，学生也应该定位为学生事务管理的行动主体之一。治理理论强调学生的积极参与和良好合作，这不仅仅是自上而下的行政命令，而是一个上下互动沟通的过程。以学生发展为核心就需要关注学生群体的组织关系，要让学生在自我组织中实现成长成才。学生组织亦是大学生事务管理行动充分实现学生参与的有效途径。在面向学生组织发展的学生事务服务中，我们一方面要关注传统性组织（校团委、学生会、班级、团支部、党支部等），另一方面还要关注对新型的学生组织（如，各种学生社团等）提供服务和支持。通过指导学生组织发展，实现学生组织的多元化再造，从而激发学生的参与能力。在具体参与的项目上，基本包含监督参与、决策参与和评议参与。监督参与在于对教学管理和教学质量、教学过程等的监督，激发学生参与其中；评议参与在于办学思想、校园文化等顶层设计。决策参与涉及学生切身利益的规章制度，如学生工作管理的规章、评优选优、奖助学金的评定、宿舍管理、生活保障服务等。

（三）管理论

从国外的研究资料来看，"管理"的传统含义为"领导、执行的艺术"。而到了现在，人们更多将"管理"解释为对指导某个组织开展活动，即通过科学、有效的方式来指导组织成员运用物质资源、知识、人力等完成某个特定的目标。在开展管理工作的过程中，管理者就是指挥组织成员执行相关指令的人，他起着重要的统领作用，是管理工作中必不可少的一部分。而学生事务的管理则侧重于校园课堂教学之外的管理，即学校管理者怎样利用教育内部各种有利条件，组织协调学生工作队伍，充分利用财力、人力、物力等资源，高效率地实现管理目标的活动过程。

总而言之，管理理论认为，管理并不是由个体单独展开的活动，而是管理者和多个组织成员共同展开的活动。学生事务管理是高校管理工作中的不可忽视的一部分。在开展学生事务管理工作之前，学生事务管理者必须要先以高校教育理念作为工作中的指导思想，建立完善的组织结构，以确保能够顺利开展管理工作。在此过程中，学生事务管理者应当处理好学生与学生、学生与高校、学生与校外方的关系，了解学生实际情况和发展需求，以便于更好地为学生提供服务。应当明确的是，这里所说的管理论指的是那些经过人们反复验证修订后，用以解释管理现象的理论和观念及其模式。

从当前的情况来看，我国的高等教育已经发展到了大众化阶段，并继续向新的阶段发展。在这一时期，高校大学生的个性特点、行为习惯等已经发生较大的变化，过去的学生事务管理模式对于学生发展的推动作用是相当有限的，甚至还会阻碍学生的发展。因此，高校必须要正视这一事实，及时地对大学生事务管理模式进行调整。

基于对大学生事务管理理念的定义，我们把学生事务管理看作一种行动，行动的主要目的在于促进学生发展，使其形成自主而全面发展的、健全人格的"最优化人"。由此，大学生事务管理是由行动者（学生工作者与学生）之间的互动构成。事实上，大学生事务管理工作并不是由学生事务管理者或学生主导的管理工作，而依赖于学生事务管理者与学生之间的交流。在大学生事务管理工作的实施过程中，学生事务管理者与学生之间要积极交流，即学生要及时向学生事务管理者表达自身的发展需求，学生事务管理者要及时为学生提供相应的帮助。这样一来，既可以满足学生的发展需求，又可以实现管理目标。总而言之，管理论的提出和的发展，对于我国高校开展学生事务管理工作有着重要的积极意义，能够弥补"治理论"和"自治论"的不足，与此同时，借鉴了国内外各种先进理念的优直和可行之处，最后不仅提出自身的模式和理念，也在此理念上构建出更适合于现实需要的管理体系。

四、学生发展理论

（一）学生发展的哲学观

1. 理性主义

埋性主义的起源最早可追溯到 17 世纪，当时笛卡尔理论对理性主义的形成影响最大。主张理性主义的学者一般认为人的知识不仅仅来源于书本与实践，还来源于人的推理，并将其作为人区别于动物的重要标志之一。在此基础上，他们还提出了伟大真理和伟大理想都包含在古典著作的观点，引导人们通过学习古典著作来认识真理、认识理想，并以此为指导来开展社会实践活动。

在理性主义学者看来，人们接受教育的主要目的是开发自身的智慧，如果要使自身的智力得到长足发展，就必须要接受高等教育。但是，那些主张理性主义的高等教育机构并没有真正地重视教育，将教育的结果摆在了第一位，导致学生的个性无法得到有效的发展，所学的知识也无法在具体实践中得到巩固。与此同时，这些高等教育机构在开展学生事务管理工作的过程中也存在一定的问题，即简单地以提高学生成绩作为工作目标，而没有强调学生其他方面的发展，并且这些高等教育机构缺乏专业的就业指导服务，因此无法为学生的未来发展提供一定的指导。

2. 人道主义

在人文主义教育思想的影响下，人们对封建教育的抨击越来越强烈，并逐渐形成了一种新的教育观念即人道主义教育观。人道主义与其他思想观念最大的不同在于它强调人的价值和主体性地位，这就意味着人道主义教育以人的发展作为重要的原则，因此人们可以通过教育来发展自身的优势，提高自身的学习能力，并为自身的全面发展奠定良好的基础。

主张人道主义的学者认为教育事业是一项重要的社会事业，它必须要以培养优秀人才作为主要目标，以学生为中心来开展一系列的教育活动，从而实现学生的全面发展与进步。所以，从这个角度可以看出，人道主义教育对人的价值的重视是毋庸置疑的，以教育学生的方式使学生了解自身的发展需求，从而为学生全面发展奠定良好的基础。在人道主义学者眼中，高等教育除了能够提高学生的文化知识水平和思想道德水平之外，还能够提高学生其他方面的能力。因此，他们认为高等教育机构应当重视学生事务管理工作，以便于更好地培养学生的学术研究能力和学术水平。因此，人道主义学者强调高等教育机构应当将注意力集中在学生的全面发展之上，而不是仅仅学生的学业成绩，即通过培养专业化的学生事务管理人员，从而引导学生参与丰富的课外活动和社会实践活动，达到提高学生各方面的技能和综合能力的目的。

3. 实用主义

实用主义的创始人为美国哲学家、逻辑学家、自然科学家查尔斯·桑德尔·皮尔士，他告诉人们如何科学地进行深思考、逻辑推理、准确表达。这种思想观念一定程度上推动了人们对法律、政治、艺术、教育等领域的研究，并且对于 20 世纪美国社会的发展具有一定影响作用。从实用主义的观点来看，开展认识活动的首要目的在于了解自身实施行动的意义，以便于引导人们开展行动，而不是单纯为了了解客观世界的规律。由此可以看出，实用主义实质上就是将知识作为行动的工具，即人们所学的知识最终都是为开展行动服务，而不仅仅是停留在表面上的认识。实用主义者对个人发展较为重视，认为学习知识是一个积累行动经验的过程，这在一定程度上推动了高等教育向平民化方向发展。与此同时，实用主义者认为文化教育与职业教育是一致的，学生在接受文化教育的同时，也要接受职业教育，从而更好地促进学生的未来发展。

在实用主义者眼中，高等教育的教学过程应包括理论的学习过程和理论的应用过程。换言之，学生在学习完理论知识之后，要通过实践的方式来应用理论，并解决一些现实问题。如果片面地强调理论的学习，而不重视理论的应用，那么高等教育的教学过程将失去实际意义。在学生事务管理方面，实用主义者强调学校应开展就业指导工作，指导学生开展自我管理活动，并引导学生参与学校的管理工作，从而有效地提高学生的理论应用能力和实践能力。

4. 存在主义

存在主义起源于德国，目前在整个西方资本主义世界都较为流行。存在主义强调人的主观性，认为人的自我意识要先于人的本质，因此在开展教育工作的过程中要坚持以人的自由发展作为教育目标。与此同时，存在主义认为每个人的道德标准都不一致，他们认为人们在接受道德教育的过程中应当自主地选择道德标准，而不是被动地接受统一的道德教育。对于学生而言，存在主义认为学生应当根据自身的实际情况来学习知识，而不是被动地接受所有的知识，这要求高校教职人员应了解学生的实际情况，根据学生的实际情况来设置相应的教学内容。与此同时，由于每个学生的个性特点、学习能力有所不同，教师还应根据不同的学生来选择不同的教学方法，以便于保证每个学生都能够学到最适合自己的知识，从而更好地促进自身的长远发展。从这个意义上讲，存在主义还是基本符合人的发展规律的。

存在主义一般认为，高等教育对学生学习与发展的作用为辅助作用，而学生必须要主导自身的学习和发展，即在学习计划、学习环境等因素的影响下，学生自主地制定学习任务并安排相应的学习课程。这意味着，高等教育工作者并不能控制学生的学习行为，而是为学生提供鼓励和支持，使学生能够坚持以正确的方式学习，促进自身身心健康发展。另外，存在主义还强调高校应该重视学生事务管理工作，培养学生的自我责任意识，从而使学生通过自身的努力来实现自我发展，而教师和学生事务管理工作人员的主要为学生提供一定帮助，并不是为了控制学生而进行的管理。

综上所述，理性主义、人道主义、实用主义、存在主义等思想观念都对高等教育机构具有一定的影响，不仅影响了教育活动的开展，还对影响了学生事务管理工作的开展，并进一步影响学生的未来发展。因此，在开展学生事务管理工作之前，我们应先明确不同学生发展理论的内涵，并将其融入于学生事务管理工作之中。

（二）我国学生发展的教育观

1. 全面发展

人的全面发展一般指的是人的各方面能力都得到显著的提高，常用于区别人的局部发展和畸形发展。就人的本质而言，由于人的感性因素的存在，人们在开展大多数活动时都是凭着感觉进行的；人是社会的重要组成部分，因此大多数活动都是为了满足社会发展的需求；人是多种因素的综合体，其中包括社会层面的因素、精神层面的因素以及自然层面的因素。所以说，人的全面发展除了能力和素质方面的发展之外，还包括了其他方面的内容。具体表现为以下三点：

其一，应包括人的感性活动的发展，即活动方向多样化、活动内容多样化、活动形式多样化；其二，应包括人的社会关系的发展。人作为社会的成员并不是孤立存在的，人与人之间的关系是丰富多样且复杂的，这种社会关系会随着社会交往的深入而不断变化；其三，应包括人的素质和个性的发展。从人的素质方面来看，素质可分为两部分内容，分别是生理素质和心理素质，因此要全面发展人的素质即要做到生理素质和心理素质的完善以及生理素质与心理素质的均衡发展。从人的个性方面来看，人的个性具体表现为人的主体性，因此要全面发展人的个性即要增强人的主体性，使人具有明显的个人独特性。

从我国现阶段高等教育的发展状况来看，高校要不断深入开展学生事务管理的研究工作，才能够更好地推动学生向全面发展的方向发展。在具体实施的过程中，高校教职人员首先要对全面发展教育观进行深入研究，借此来了解如何为学生提供帮助，满足学生的发展需求；其次要分别要对学生事务管理和学术事务管理进行深入研究，不仅要重视学生专业学科的教育，还要重视学生其他专业的教育，从而避免学生出现片面的学习观念。与此同时，学生事务管理工作者应当引导通过学习知识的方式来提高自身的综合素质，以便于更好地为学生提供服务；最后根据研究成果与学生的实际情况来进行开展学生事务管理工作，做到因材施教。

2. 素质教育

素质教育指的是提高学生各方面素质的教育模式，教育内容主要包括社会公德教育、创造能力的培养、自学能力的培养、世界观的教育等。从我国出台的有关教育改革的文件来看，其中明确提出要加强学生的素质教育，这为我国教育事业提出了新的发展目标。

对于高等院校而言，开展学生事务管理工作对推进素质教育具有重要意义。从思想道德素质教育方面来看，开展学生事务管理工作有助于大学生系统学习中国特色社会主义理论体系，有助于明确中国特色社会主义事业的政治方向，有助于学生树立正确的价值观念，从而提高学生的思想道德水平；从业务素质教育方面来看，开展学生事务管理工作有助于大学生培养自身的创造能力和创新能力，有助于提高大学生的团队协作能力和社会实践能力，有助于培养大学生勇于钻研的科学精神；从身体心理素质教育方面来看，开展学生事务管理工作有助于培养大学生运动健身的良好习惯，有助于磨砺大学生的意志，从而提高大学生的生理素质水平和心理素质水平；从文化素质教育方面来看，开展学生事务管理工作有助于加强大学生对知识的理解与运用能力，有助于大学生的审美能力。

3. 和谐发展

和谐发展指的是人类从自然生态的发展过程中汲取经验，在不破坏生态平衡的情况下实现各要素之间的和谐稳定，并进一步优化生态系统，从而促进发展。和谐发展主要包括两个部分，分别是和谐和发展，二者密不可分，即只有同时兼顾和谐与发展，才能实现真正意义上的和谐发展。

对于高等院校而言，和谐发展理念可以作为引导学生发展的重要理念之一，具体表现为两个方面：其一，促进学生生理层面和心理层面的和谐发展；其二，在促进学生健康成长与发展后，以此来促进社会发展与进步。而要做到促进学生身心健康发展，高校要加大对学生事务管理工作的重视，不仅要提高学生的学习能力和思想素质进行，还要引导学生积极参与社会实践活动，使学生对社会产生更深层次的认识。在具体实施的过程中，高校教职人员先要使学生明确培养学生健全人格的重要性，高校大学生大多数时间用于学习知识，而对自身的实际水平没有形成正确的认识，这难以形成健全的人格，导致他们无法正视社会竞争压力，容易在激烈的社会竞争中迷失自我，从而无法真正实现自身的人生价值。因此，高等院校应当重视学生的人格培养工作，将人格培养其作为学生的必修课程，同时还要引导学生参与社会实践，将自身所学的知识充分运用到社会实践过程之中，从中体会到成功与失败的滋味，并在此过程中磨砺自身的意志，从而不断完善学生的人格。加强学生与社会之间的联系实质上就是使学生明确自身的责任，从而积极地投入到社会主义和谐社会的建设工作之中。所以说，学校在教育的过程中不能忽视对学生社会层面意识的教育，应当不断地以引导学生参与社会实践，使学生的所作所为合乎道德规范，从而更好地推动社会发展与进步。

五、学生事务管理理论

（一）人本主义管理理论

1. 人本主义的基本理论

我国早在春秋时期就已经出现与"人本主义"相关的思想，例如，《管子·霸台》中的"夫霸王之所始也，以人为本"，这表明了要想成就霸业，首先要做到以人为本。在当时的诸子百家中，儒家和道家最为推崇人本思想，并且这种以人为本的思想观念影响了一代又一代的君王。从当时人们的认知来看，"以人为本"的思想一般外化为体恤百姓、爱惜民力，以此来稳定社会制度，维持封建统治。

从国外有关管理学的研究资料来看，早期人的主体作用没有得到管理者的重视，人被当作"物"来看待，甚至人的价值还比不上物。行为科学的奠基人乔治·埃尔顿·梅奥证明了人的行为与情绪密切相关，即人们的工作积极性主要受情绪的影响，人在管理工作中的地位逐渐受到重视。特别是梅奥的霍桑实验说明了只赖于技术和经济来开展管理工作是不可行的，还要重视人们的感受，这也为后来人们地位的提高提供了依据。到了 20 世纪 50 年代，国外一些学者提出了 X-Y 理论，从不同角度来看待两种类型的人，其中一种为厌恶工作、不承担工作责任的人，另一种为喜爱工作、勇于承担工作责任的人，并针对这两种类型的人进行深入分析。

从 1980 年开始，"人本管理"逐渐成为西方管理学家关注的重点，这也意味着西方国家的管理手段逐渐从"硬管理"转变到"软管理"，人的主体地位更加显著化。过去，西方管理者重视理性，从理性层面出发来开展管理工作，而现在西方管理者重视人的情感，从情感层面出发来开展管理工作。在具体实践过程中，管理者更加重视员工的情感诉求，通过对不同员工的情况和需求的了解来调整工作内容，以此来缓解员工的身心压力，使其更加积极地参与到工作过程之中，例如大多数西方管理者所采用的在职进修制、弹性工作制、参与决策制、非连续工作制等，这些都是管理者重视员工情感的具体表现。

由此可以看出，我国的传统"人本"观与西方人本管理观念存在明显的差异，其中我国传统"人本"观的重点在于发挥人的集体作用，即集合所有民众的力量来开展某项事业；而西方人本管理观念的重点在于发挥的个人作用，即通过满足社会个体的需求来实现社会整体的发展。相比之下，我国的传统"人本"观更适合我国国情，对我国现阶段社会发展具有重要意义。

2. 人本主义管理理论与大学生事务管理

人本主义管理理论对于高校开展学生事务管理工作有着重要的指导意义，因此管理者同样要坚持人本主义理念，做到以学生为本，并选择柔性管理作为主要的管理方式，以便于促进学生的个人发展。"以生为本"的管理观念表现为重视学生的主体地位，这意味着学生事务管理者应当在多来考虑学生的需求，站在学生的角度来思考问题，还要经常关心学生学习生活与精神生活。与此同时，学校管理者不仅要关注学生之间的共性，还要重视不同学生所具备的个性，发展学生的个性化思维方式，增强学生的自主意识。对于大学生事务管理工作人员而言，必须要充分满足每个学生的需求，促进学生身心健康发展，从而更好地成长为社会所需的专业性人才，为社会发展与进步做出一定的贡献。

柔性管理是相对于硬性管理而言的管理方式，这种管理方式充分展现了人本主义理念。对于学生事务管理者而言，将柔性管理运用到大学生事务管理工作的目的就是形成以学生为主体的管理模式，通过满足学生的多样化发展需求来提高学生的综合能力。一般认为，学生事务管理工作与规章制度的联系较为密切，严格的规章制度是开展学生事务管理工作的重要保障。然而，柔性管理与学生管理制度之间并没有明显的冲突，一定的规章制度有助于培养学生的自制力，规范学生的言行举止，但是如果学生完全按照规章制度来开展实践活动，那么学生就无法充分发挥自身的主观能动性，无法创造出富有创新性的事物。所以说，柔性管理是建立在高校规章制度的基础上引导学生发挥主观能动性的管理方式，这对于满足学生的发展需求有着重要的意义。

在高等院校开展学生事务管理工作的过程中，学生事务管理者应当坚持为学生服务，根据学生的实际情况来开展相关的管理工作，以便于更好地促进学生发展。在过去较长的一段时间，国内大多数高校会指定一些学生干部作为学生事务管理工作的管理成员，而学生干部过度重视自身权利，导致大学生事务管理工作过于形式化，从而影响学生主体性的发挥。在以人为本的学生事务管理工作中，学生干部与普通学生之间的差距逐渐缩小，都能够自主进行管理，极大地保证了学生发展自身个性的机会。

在以人为本的学生事务管理工作中，管理人员主要是以满足学生的需求为主要的工作内容，这能够极大地促进学生综合能力的提高，明显区别于以强制性管理为主的传统学生管理工作，在传统的学生事务管理工作中，学生必须要严格按照学校规章制度来开展相关的活动，而不能自作主张地作出某项决定，这极大地阻碍了学生主观能动性的发展。相对而言，将以人为主的管理理念运用到学生事务管理工作之中更有助于学生的发展，有利于引导学生充分发挥自身的创造能力与创新能力，并且还为学生实现自我目标提供一定的帮助。

在过去，学生干部和辅导员主要按统一标准来开展学生事务管理工作，用同一种标准来规范学生的言谈举止，并且还要求学生在统一标准下开展相同的学习工作，否则就无法顺利地开展学生事务管理工作。而以人为本的学生事务管理工作者尊重学生的个体差异性，并且根据学生的个体差异性进行划分，使得学生事务管理工作具有明确的针对性，真正地做到了从学生的实际情况出发，充分发挥学生的主体性。

（二）科层制组织理论

1. 科层制的基本理论

关于"科层制"管理，德国社会学家马克斯·韦伯在《社会组织和经济组织理论》中进行了解释，即"科层式管理体制"是一种具有严格的权责划分、完善的规章制度等特征的管理体制。在科层制管理体制提出后，原来的世袭管理体制受到了极大的影响，这也为新的管理体制的形成奠定了理论基础。

从马克斯·韦伯的观点来看，科层制具有其他管理体制所不具备的优势，具体表现为以下五个方面：其一，科层制组织具有自上而下的等级系统，这意味着科层制组织内部的职位并不是随机安排的，而是按照严格的分级原则来安排；其二，科层制组织对人员的任用要求较高，主要通过教育训练的方式来保证人员的合理任用；其三，科层制组织内部分工明确，即对于组织内部各个职位都有着明确的要求，职工必须严格按照要求来开展工作；其四，科层制组织对职业管理人员的要求较高，即对职业管理人员进行科学的训练，并且还设立了升迁制度；其五，科层制组织对于规则和纪律的要求较高，所有组织人员都必须严格按照要求来开展工作，否则将会面临相应的惩罚措施。

2. 科层制组织理论与大学生事务管理

从马克斯·韦伯的观点来看，科层制适用于人数较多、规模较大的组织，这样能够更好地对人员进行分工，使组织制度更加科学规范化。因此，高校应当积极引入科层式的组织机构制度，并将其运用于学生事务管理工作之中。在过去，大多数高校都不重视学生事务管理工作，甚至没有安排专门负责学生事务管理的人员。但是，到了今天，学生事务管理工作已经成为高校管理工作中的重要组成部分，并且学生事务管理工作的内容也越来越丰富，这些都要求高校管理者改革学生事务管理体制，建立一个科学、高校的学生事务管理体制，从而为学生提供更高质量的服务。

在引入科层式管理体制之前，大学生事务管理者应先做好以下三个方面的工作：其一，加强大学生事务管理工作人员的培养，从而建立专业水平较高的管理人员队伍。在具体实施过程中，学生要积极组织学生事务管理工作人员的培训工作，并引入管理学、教育学的专业性人才来提高管理人员队伍的专业水平。其二，建立严谨的组织机制和等级系统，加强学生事务管理工作人员的责任意识；其三，明确组织规章制度和成员的分工。在正式开展学生事务管理工作之前，每个管理人员应当明确自身的优势与劣势，从而自觉地根据自身情况来负责不同工作内容。与此同时，还要严格规定奖惩制度，能够圆满完成工作内容并超常发挥的职员应当给予一定的奖励，而无法完成工作内容或违反工作要求的职员应接受相应的惩罚。

对于高校而言，科层式的学生事务管理制度与其他管理制度相比具有明显的优势，但是这并不意味着科层式的学生事务管理制度是完美的，虽然科层制要求职员严格按照规章制定来开展相关工作的出发点是好的，但长此以往不利于发挥职员的主动性，他们长期依赖于规章制度，对问题的思考缺乏自己的观点，必须会影响自身的工作效率。因此，高校在应用科层式的学生事务管理制度的过程中，应当根据实际情况来采用柔性化管理方式，以便于更好地开展学生事务管理工作。

（三）结构功能主义理论

1. 结构功能主义的基本理论

从西方社会理论的相关研究来看，结构功能主义是不可忽视的重要内容之一，该理论的观点主要来源英国和法国古典社会学家的社会研究。其中，法国社会学家孔德和英国社会学家斯宾塞对结构功能主义的贡献是相当显著的，他们通过研究发现社会个体、社会团体、社会制度对整个社会的作用类似于器官对人体活动所发挥的作用。

在人类学研究工作中，功能学说的影响也较为明显。例如，在法国社会学家杜尔克姆的功能学说的影响下，一些人类学家在研究社会发展的过程中会先对当时的文化进行深入研究，以便于延伸到社会整体的研究工作。布朗认为整合是每一社会生存的必备条件，所以社会的组织结构都是为了整合而不断地运动，例如宗教组织、家庭组织等。马林若夫斯基认为社会制度、社会风俗、社会思想等都不是自发产生的，它们都来源于人们的生理需求，并最终成为社会的重要组成部分。

综合来看，结构功能主义学者认为社会是一个整体，而社会其他结构与社会的联系是较为密切的，我们可以通过对社会中每个结构进行深入研究，从而得知不同社会结构在社会整体中的作用。

2. 帕森斯的结构功能主义理论

通常情况下，一提到结构功能主义，人们首先会想到帕森斯的结构功能主义理论。派森斯的结构功能主义理论内容主要体现在著作《社会系统》和《现代社会体系》之中，该理论的理论基础主要体现在《社会行动的结构》之中，而理论的基本思想和主要概念主要体现在以下三个方面：

其一，帕森斯将社会秩序作为社会学研究工作的中心议题，这为人们开展相关的研究工作提供一定的指导。他认为人们普遍存在着相类似的价值观念，从而才能凝聚人们的力量来促进社会的发展与进步。换句话说，没有相同的价值观，人们难以集中力量来开展社会实践活动。

其二，帕森斯在原有理论的基础上提出了社会系统论的概念，他将社会系统划分为政治子系统、经济子系统、亲属子系统和法律子系统四个部分。从经济子系统的功能来看，其功能包括获取资源和分配资源；从法律子系统的功能来看，其功能为规范社会行为，维护社会稳定；从政治子系统的功能来看，其功能为设定社会目标，引导民众完成目标；从亲属子系统的功能来看，其功能为传递社会价值观。由此可以看出，社会实质上是一个完整的系统，社会个体则是按照具体的要求来发挥自身的作用。

从帕森斯的研究来看，完整的生命系统主要有四个功能，分别是目标实现功能、模式维持功能、适应功能和整合功能。在这四个功能中，适应功能具体表现为生命系统在一定资源的帮助下能够充分适应社会环境；目标实现功能具体表现为生命系统能够明确奋斗目标，并发现实现奋斗目标的方式和方法；整合功能具体表现为生命系统能够对各种不同的因素进行协调，从而维持系统的和谐发展；模式维持好功能具体表现为生命系统能够按照一定的要求来维持系统的动态发展。如果按照此观点来对社会系统进行分析，那么社会系统中的经济组织主要执行的是适应功能，社会系统中政治制度主要执行的是目标实现功能，社会系统中的法律制度主要执行的是整合功能，社会系统中的教育制度主要执行的模式维持功能。对于一个稳定的系统而言，除了要具备政治子系统、亲属子系统、经济子系统和法律子系统之外，还应确保四个子系统之间能够保持平衡。

其三，帕森斯在原有理论的基础上发展了社会进化论，他认为人类历史的发展实质上是进化的过程。从帕森斯的观点来看，社会进化分为四个过程，分别是分化过程、适应能力的提升过程、容纳过程、价值的通用化过程。其中，分化过程主要指的是完整的系统分化为多个体系的过程；适应能力的提升过程指的是完整系统分化后的多个体系都得到提升的过程；容纳过程指的是一个系统不断容纳新成员的过程；价值的通用化过程指的是这些分化出来的体系被社会认可的过程。

3.结构功能主义理论与大学生事务管理

从帕森斯的观点来看，如果将社会作为一个包含多个子系统的完善系统，则高等教育系统就属于其中的子系统；如果将高等教育系统作为一个完整的系统，则高等院校就属于其中的子系统。对于高等院校而言，学生事务管理机构是高等教育决策过程中制度安排，其主要包括两个方面，分别是大学生事务管理的内部组织结构和外部组织结构。

在高等院校的组织结构中，学生事务管理机构属于子系统，并且与其他子系统保持平等的地位，因此在高等院校的治理过程中必须要充分发挥学生事务管理机构的作用。另外，为了更好地发挥学生事务管理机构的作用，应当建立与之联系密切的学生事务体系，并且这个体系必须要具备整合、规范、适应等功能，使其体系内部的各个结构能够发挥自身的作用，从而为学生提供高质量的服务，保障学生的应有权益。

（四）学习型组织理论

1. 学习型组织的基本理论

随着越来越多的人将注意力集中于信息与知识，学习型组织理论应运而生。学习型组织指的是通过培养学习氛围的方式来激发人们的主观能动性和创造意识的组织。这种组织的绩效并不是组织成员个人绩效的简单相加，它实质上远超于组织成员个人绩效之和。美国管理学家彼得·圣吉在其著作《第五项修炼——学习型组织的艺术和义务》中对学习型组织进行了系统的阐述与研究

一般认为，人们要建立学习型组织，首先要完成系统思考、自我超越、建立共同愿景、改善心智模式和开展团队学习五项工作。而这五项工作的内容具体为以下几点：

（1）自我超越

这项工作是对自身目前情况的超越，但它并不是一蹴而就的，它需要人们不断地投入时间与精力，从而不断地接近目标，使自身持续地保持学习动力。

（2）建立共同愿景

一般来说，共同愿景是所有组织成员想要共同实现的目标，其作用表现为促进组织成员共同努力。共同愿景一般包括三个要素，目标、价值观念、使命感，这就意味着组织所制定的共同愿景包括相同的目标、相同的价值观念以及使命感。当组织成员都认可共同愿景时，就会充分调动自身的工作积极性，为实现最终目标而不懈努力。

（3）开展团队学习

这项工作要求各组织成员相互学习彼此的优点，加强组织成员之间的联系，形成一定程度的团队意识，使团队整体的实力得到显著的增强。

（4）系统思考

这项工作指一定关系中的各要素的集合，它在这五项工作中居于核心地位。系统思考要求组织成员通过运用系统理论和系统方法来分析管理组织和管理过程，从而为系统整体的优化提出一定的意见，从而更好地促进管理工作的开展。

（5）改善心智模式

所谓的心智模式，就是人们在经历一定的社会实践后产生新的认识的模式。每个人的心智模式都不同，因此在改善心智模式的过程应对自身原有心智模式中的不足进行研究与分析，并按照标准来约束自身的行为。

2. 学习型组织理论与大学生事务管理

上文中我们已经说到科层化的学生事务管理制度并不是完美的，过于刚性规章制度会导致学生事务管理者无法将自身的想法运用到具体实践之中，从而阻碍管理和服务功能的发挥。所以，我国高校应当充分学习与研究学习型组织理论，将其运用于学生事务管理工作之中。在建设学习型组织之前，学生事务管理人员首先要根据管理队伍的建设情况来树立共同愿景，从而为管理工作的开展提供一定的指导，并推动管理人员不断学习和不断进步。在具体实施过程中，学校应当从价值观念出发，为学生事务管理人员营造良好的工作环境，调动学生事务管理人员的积极性，以便于更好地为学生提供服务。

值得注意的是，学校管理人员的工作目标往往不是个人制定的而是学校管理者制定的，因此学校管理者应当明确自身的重要性，充分考虑教职员的实际需求，树立正确的发展目标，使管理人员能够按照学校管理者的要求来进行工作。当领导所提出的发展愿景能够满足教职工的需求时，那么它将受到教职员工的欢迎，从而成为促进高校开展学生事务管理工作的重要动力。

另外，学生事务管理工作者要重视组织学习机制的建立。随着时代的发展。学生事务管理工作的内容会不断更新，学生对于学生事务管理工作的需求也会不断发生变化。在这种情况下，学生事务管理工作者应当在原有工作内容的基础上进行创新，充分发挥自身的主观能动性和创造能力，跟随社会发展前进的步伐，在学习的过程中不断超越自己。

第三章 大学生事务管理的运行机制与法规保障

第一节 大学生事务管理的内部运行机制

一、基于促进学生成长发展的大学生事务管理

人才培养工作是高校教育工作的重中之重，人才培养质量直接关系到高校的办学水平，影响着学生发展与成长，必须要关注大学生的发展需求，促进大学生健康成长成才。在具体实施过程中，大学生事务管理者应从以下三个方面着手：其一，学校。大学生事务管理者应明确大学生的发展需求，完善相关的教学设施和学生管理制度，为学生提供良好的学习环境和生活环境；其二，教师。大学生事务管理者应重视教师在高校教育工作中的重要作用，加强与教师之间的沟通，为教师提供良好的教学环境和科研环境，充分调动教师的工作积极性，为学生提供优质的教学服务；其三，社会力量。比如，社会企业参与人才培养，在校企合作中大学生事务管理者应了解企业对人才的需求，针对企业所需求的人才类型来调整其教学模式和人才培养目标，为学生提供恰当的实习平台和途径。以便于积累足够的实践经验。

（一）大学生成长成才相关概念的内涵

1. 人才

过去，人们一般认为，人才指的是在某些方面有一定才能的人。在社会文明的不断进步下，人才的定义开始更加多元化，目前所说的人才往往指的是具备一定的专业知识或专业技能，并且能够运用这些专业知识或技能为社会创造价值的人。同时，我们还可以根据不同的专业知识和能力来区分不同类型的人才，例如，专注于

学术研究，具有一定理论研究成果的人才被称为"学术型人才"；专注于工程理论和技术研究，具有较强实践能力的人才被称为"工程型人才"；掌握一定的技术手段并能够创造经济效益的人才被称为"技术型人才"；掌握一定的操作技能并能够运用于社会实践之中的人才被称为"技能型人才"。严格意义上来说，除了知识水平、技能水平，价值观念、精神品质、理想信念也是评判人才的重要标准。换言之，一个优秀的人才不仅具备了一定的技能和知识，还具备了高尚的品德、吃苦耐劳的精神、积极向上的生活态度，因此他能够直面生活中的考验，坚定前进的方向，最终取得成功。

对于人而言，知识与能力都非常重要。其中，知识能够为人们提供智力支持，使人理智、客观地看待周边的事物；能力则可以让人们在面对问题和困难时可以灵活解决。但是在具体的应用过程中，人们对于能力的重视程度要高于知识。例如，在面试过程中，面试官会优先考虑有技能证书、丰富实践经验的人才，而不是空有高学历的人，因为有能力、有丰富实践经验的人能够在最短的时间内为公司创造价值，极大地减少了学习时间和学习成本。在过去，人们通常是以学历为主要标准来选拔人才，这种方法选拔的人大多是一些空有高学历却无法适应公司发展的人，因此以学历为主要标准并不利于选拔人才；在现在，从社会的需求来看，能力已经成为各行各业选拔人才的主要标准之一，有能力的人就是公司所需的人才。简单来说，人们可以利用自身的能力和资源优势在为公司创造出一定的价值和收益，并能够让公司保持持续的发展，即为真正的人才。

2. 大学生成才

大学阶段是人们学习知识与技能、促进自身成长发育的重要时期，这客观上要求大学生不仅仅要学习理论知识、提高自身的思想道德水平和树立正确的价值观念，还要积极开展社会实践，提高自身的解决实际问题的能力。因此，在大学生成才过程中，各学科的教师应当以马克思关于人的全面发展理论为指导开展教学活动，结合多方面的知识理论来丰富和拓展学生知识结构，提高学生的综合应用能力和文化认知水平，同时，高校还要加强与各社会组织或企业单位保持良好的合作关系，为教师和学生提供一定的实践途径，让他们能够有平台、有机会来积累自身的实践经验。近些年来，我国对于大学生成才的重视程度越来越高，并明确要求高等院校强化人才培养目标的契合度，将大学生培养成为具有较高思想道德水平、丰富文化知识和掌握一定专业技能的人才，从而更好地适应当前社会对人才的需求，进一步推动社会发展与进步。

3. 大学生成长成才的影响要素

关于大学生成长成才的影响要素，各专家学者都有各自的界定，比如，有的专家认为影响大学生成长的主要要素是遗传，有的学者认为后天教育和环境具有至关重要的作用，还有的学者认为学生自我教育的影响巨大。综合上述学者的观点来看，影响大学生成长成才的要素主要有以下四种：其一，遗传，父母的基因对于孩子有着重要的影响；其二，环境，影响大学生的环境因素除了学校环境外，还有从小到大的家庭环境，以及每个人都无法脱离的社会环境，且在学生的不同成长阶段，其环境的影响都会不同；其三，教育，教育主要包括家庭教育、学校教育以及社会教育，这些对大学生的成长有着重要作用；其四，自我教育，自我教育是引导学生制定自我目标，并通过自身行动最终实现自我目标的教育方式，对于大学生的成长成才有着较为深远的影响。

（二）基于促进学生成长发展为核心的大学生事务管理的运行机制

1. 树立整体性的人才观

从总体上看，大学生的成才过程包含了多个方面的内容，因此大学生事务管理者应树立整体性的人才观，从宏观视角来看待大学生的成才，帮助大学生一步一步成长和发展，使其成为社会所需要的人才。在大学生事务管理过程中，我们应当对大学生作出严格的要求，不仅要提高学生的文化知识水平和思想道德水平，社会实践能力也需要得到一定的提高，在实践过程中不断累积社会经验，以便于大学生更好地适应社会发展的需求。

现阶段来看，我国社会主义国家的建设正处于一个崭新的历史时期，各行各业对于高素质人才的需求较为强烈，但是高校大学生的就业情况并不理想，大多数学生热衷于体面、轻松、薪酬高的工作，而其他工作却少有人应聘，这就形成了一种"怪圈"，一些岗位人才爆满，有的岗位却无人问津。因此，大学生就业表现出了一系列问题，在针对大学生的教育过程中，就务必需要帮助大学生形成正确的就业观和择业观，同时提高大学生的文化知识水平和动手实践能力，使大学生的整体能力水平可以满足社会中各个行业的岗位需求，推动企业发展，促进社会经济增长。另外，从长远发展的角度来看，高等院校还应树立培养国际化人才的目标。在经济全球化的趋势之下，各国之间的交流日益频繁，使得我国对于国际化人才的需求也逐渐加大，这要求各高等院校承担培养国际化人才的重任。在具体实施过程中，大学生事务管理者应积极借鉴国外高校的大学生事务管理经验，在学习生活中培养大学生的国际思维，同时制定出符合我国国情的国际化人才培养方案，并严格按照要求实施。

2. 服务于学生发展核心素养的形成

学生发展核心要素的养成就是指学生精神品质和能力的养成，这对于学生自身的长远发展具有重要意义。近些年，我国针对不同学段的学生进行了深入研究，其中包括了学生的成长规律、发展要求以及社会对于人才的需求的研究，以学生为中心制定了新的素养发展体系。在新课程改革的过程中，我们主要通过以下五个方面的统筹工作来促进学生发展核心素养的形成：其一，统筹各学段的教育目标，加强各学段之间的联系；其二，统筹各学科的知识内容，强化各学科之间的配合；其三，统筹各个教学评价环节，避免出现"唯分数论"；其四，统筹各教育资源，提高整体的教育水平；其五，统筹各育人阵地，加强彼此的联系。而在高等院校，学生事务管理者应将工作重心放在提高大学生的文化知识水平与思想道德水平、培养大学生的动手实践能力与创新发展能力、塑造大学生吃苦耐劳精神与敬业奉献精神之中。

3. 构建"以学生发展为本"的大学生事务管理体系

大学生事务管理体系"以学生发展为本"，首当其冲地就是要以学生为主体，以促进学生的长远发展为目标，将大学生培养成为高素质人才。为了更好地开展大学生事务管理工作，构建"以学生发展为本"的大学生事务管理体系，大学生事务管理者应做到以下几点：其一，保障学生的切身利益。这就要求大学生事务管理者不断完善高校的基本办学条件，加强校园文化风气的营造，为大学生构建一个良好的学习环境；其二，重视学生的自我教育和自我发展，并建立相应的发展机制。这就要求大学生事务管理者为学生提供正确的引导，激发学生的内在学习动力，积极主动地完善自身的不足，完成全面发展，譬如，在引导学生参加社会实践活动时，就要在服务社会的过程中逐渐积累实践经验；其三，建立并完善学生事务管理体制。这就要求大学生事务管理者为学生畅通意见反馈渠道，以便于学生能够集中反馈意见，从而及时、有效地进行处理。同时，也有助于发现学生事务管理工作中的不足，从而提高大学生事务管理者的管理能力。

二、基于增强社会服务能力的大学生事务管理

（一）增强社会服务能力是高校管理工作的重要内容

高等院校的职责不仅仅是培育高素质人才、传播科学文化知识，还包括将知识转化为具体的科研成果，服务于社会进步，促进经济发展。因此，高等院校不能关起门来办学，必须"开门办教育"，特别要加强与社会的联系，为促进社会发展贡献力量。就目前而言，我国高等院校在服务社会的过程中仍存在一定的问题，具体表现为以下几点：一是高校教师的服务意识还不够强。一些高等院校的教师将主要精力投身于学科的科研工作之中，这些科研成果大多停留在理论层面，无法真正地解决社会问题，也因此无法转化成具有实际效应的社会服务项目；二是相关的激励评价体制机制还不完善。对于大多数高校教师而言，开展科研工作的主要目的在于提高自身的学术水平和职称评审，但是开展与社会服务相关的科研工作并不会带来实质性的利益，因此一些高校教师的主动服务社会的参与度并不高；三是缺乏服务社会的长远规划。一些地方高校在服务社会的过程中追求短期内的效益，无法持续地投入精力来开展社会服务工作，因此无法与地方政府形成稳定的合作关系，极大地影响了社会服务的效果；四是内涵发展体制机制不足。一些高等院校主要将工作重心放在招生上，没有充分考虑自身的教学条件、师资

力量等，从而导致自身的人才培养水平不高，无法为社会提供大量高素质人才，进而影响自身服务社会的水平。

为了更好地增强高等院校的社会服务能力，应该做好以下几点工作：第一，加强与社会组织、企业之间的联系，鼓励社会人员进入高校再学习再深造，加强技能操作能力。第二，在人才培养过程中增强其目标性和指向性。一般认为，高等院校能够为社会提供大量的高素质人才，从而为社会提供优质服务。但是，目前一些高等院校仍没有认清现实，主动对接社会需要，开办不少不符合社会需求甚至已经被社会淘汰的专业，这意味着很大一部分大学生毕业等同于"失业"。因此，必须要增强人才培养工作的指向性，从而为社会培养所需的人才和能够适应当前时代发展的人才。第三，有针对性地开展科学研究工作。这就要求高校管理者明确社会发展过程中所缺失的内容，从而有针对性地开展科研工作，解决社会最实际的问题，提高高等院校的社会服务能力。第四，要立足高远，增强高等院校的创新能力。这要求高校管理者具备较强的创新思维，以独特的视角来审视当前所处的时代，从而形成全新的科研目标，集中精力办大事，将科研成果转化为具有社会效益的实际产业。第五，优化高等院校的服务体制机制。这要求高校管理者对服务水平考核机制、激励奖励机制、人才资源分配机制进行优化，以便于更好地引导高等院校教师为社会提供服务。

（二）开展社会服务是对大学生事务管理的新挑战

在高等院校增强社会服务能力的过程中，教师、学生与社会之间的联系会逐渐变得密切，因此也会对大学生事务管理工作产生一定的影响。从目前来看，高等院校增强社会服务能力对大学生事务管理工作的影响具体表现为以下三点：其一，大学生事务管理的具体工作内容得到了扩充。大学生在初步步入社会任职一份工作时，务必会碰到一些无法解决的问题，因此大学生事务管理者除了原本要做的工作之外，还要针对大学生在社会服务工作中遇到的困难提出相应的解决方案，以便于大学生更好地适应社会；其二，拓展了大学生事务管理工作的范围。过去，大学生事务管理工作的范围主要是在校内，而现在已经拓展到了校外，并成为重要的组成部分；其三，提高了对大学生事务管理者的要求。社会服务工作的内容较为复杂，客观上要求大学生事务管理者了解更多的专业知识，从而为大学生提供专业的指导。

（三）加强以提高社会服务能力为目标的大学生事务管理体系建设

1. 变革制度

随着高等院校社会服务能力的不断增强，客观上要求大学生事务管理工作作出相应的改变，这些变化主要体现为以下三个方面：其一，建立服务社会的导向机制。在高等院校服务社会的过程中，教师会引导学生参与社会服务，这一方面有助于加深学生对专业知识的理解，另一方面能够提升学生的社会服务意识；其二，完善相应的评价机制。在参与社会服务的过程中，学生的表现情况和实践成果会对自身的学业水平考核产生一定的影响；其三，建立社会服务的管理机制。在参与社会服务的过程中，大学生事务管理者对大学生出现的问题进行整理，并针对这些问题制定相应的解决方案，提高大学生的社会服务水平。

2. 创新手段

随着高校社会服务能力的不断增强，大学生事务管理工作的内容也会逐渐丰富化，这就要求大学生事务管理者创新管理方式方法，以便于更好地开展学生事务管理工作。在具体实施过程中，大学生事务管理者要抢占先机，借助微信、微博、短视频等媒体通道来进行信息发布，用学生乐于接受的方式来建立双向信息沟通交流，从而帮助学生解决问题。

三、基于提高教育治理能力的大学生事务管理

（一）治理、教育治理和大学治理

1. 治理

在当今时代，治理是一种全新的管理范式，是协调相互冲突或不同利益的对象，从而采取联合行动的过程。治理是一个互动的过程，其对于社会管理的影响是显著的，例如治理可以将公私对立转变为公私合作，可以将控制转变为协商，可以将命令转变为谈判。治理的主体并不是单一的个体，而是由多个对象共同组成的多元主体，每个对象都能够平等地参与到治理之中，分享自身的观点，进行相应的互动，因此治理能够有效地避免单一主体主导下所产生的错误，充分考虑多元主体的观点，从而产生彼此都能够接受的结果。

2. 教育治理

教育治理即一项针对教育的治理工作，与过去政府主导的教育相比，当前所采用的教育治理模式更具多元化特征，是由多个主体共同参与的教育治理过程，共同协商来决定教育的发展方向，充分体现了民主性。从长远发展的角度来看，教育治理的参与主体越多，越能够保证教育成果。

3. 大学治理

大学治理即指各个大学之间形成联盟关系，共同参与大学管理工作，从而提高大学办学水平的过程。目前，我国的高等教育发展速度较快，各高校的办学水平也在不断地提高，在客观上要求高校管理者必须提高大学内部治理水平，以便于更好地适应社会发展需要。在具体实施过程中，我们始终要坚持党领导高等教育的一切，坚持党委领导下的校长负责制，积极推动各利益主体共同参与决策，充分发挥各个利益主体的作用，针对大学治理过程中的各个阶段进行研究，以科学、民主的方式决出最佳实施方案，并付诸实施。民主性是大学治理的主要特征，这要求各利益主

体必须要坚持民主决策，共同提高大学的办学水平。

（二）基于治理的大学生事务管理的基本特点

大学治理工作是由多元化的利益主体共同参与和治理，以及协调行动的过程，其中的多元利益主体主要包括政府、企业、教师等，它们在大学的发展过程中有着重要的影响作用，同时对于大学生事务管理工作的开展也有一定的影响。在当前的大学生事务管理工作中，大学生事务管理者需要面对不同学生的发展需求、不同的人才培养模式以及不同办学主体的要求，这极大地影响了大学生事务管理者的工作效率，并进一步影响学校的办学水平。在此背景下，我们应当积极推动基于治理的大学生事务管理新机制的建立，以便于更好地适应学生成长成才的需要。在具体实施过程中，大学生事务管理者必须要明确大学治理的内涵，坚持多元主体共同参与学生事务管理，在治理过程中协调各方意见，科学、规范地实施管理手段。与此同时，还要始终以学生为主体，为学生的学习、生活做好服务工作，帮助学生形成正确的价值观，最终促进学生成长为高素质人才。

1. 尊重学生的主体性

开展大学生事务管理工作的过程中，大学生事务管理者应强调学生的主体性，积极为学生提供相关的服务，为学生提供正确的引导，同时纠正学生的不良行为。当学生没有明确的发展方向或需求不明确时，大学生事务管理者应当引导学生明确发展方向和自身需求，运用科学、规范的方式来激发学生的学习动力，从而真正推动学生成长成才。在具体实施过程中，大学生事务管理者可以通过问卷调查、举办交流会、实地调查等方式来了解学生的需求，使学生明确自身的主体地位，从而积极主动地提出自身的意见。当学生主动参与学生事务管理工作时，大学生事务管理者能够制定具有针对性的人才培养方案，从而促进学生成长成才。

2. 重视协商沟通机制

在传统的大学生事务管理工作中，大学生事务管理者的主要任务是发号施令和督促学生完成一系列目标任务，这使得学生的个性特征和主观意识被磨灭，导致学生自身的发展需求无法得到满足。而在基于治理的大学生事务管理工作中，大学生事务管理者主要是通过协商、引导的方式来解决学生的问题，学生能够主动参与到事务管理工作之中，极大地满足了自身的发展需要。另外，大学生在面对发展问题时容易陷入迷茫，如果采取强硬的手段来命令学生，容易引发学生逆反心理，从而对大学生成长成才产生不良影响，因此大学生事务管理者应当采取协商、引导的方式来开导学生，明确学生在发展过程中存在的问题，并针对这些问题作出相应的解答，与学生随时保持交流往来，才能得到学生的认可和信任，才能进一步满足学生的发展需要。

3. 重视平等互助的新型师生关系

在传统的大学生事务管理工作中，大学生事务管理者与大学生的关系表现为"上"对"下"的关系，即大学生事务管理者是主导者，而学生是被动者，教师与学生这种不对等的关系使得双发缺乏一定的交流与互动，使得双方关系疏远，学生即便有问题也不会向教师求助，从而导致自身发展需求无法得到满足。而在基于治理的大学生事务管理工作中，大学生事务管理者与大学生的关系表现为亦师亦友的平等关系，即大学生事务管理者能够放低姿态，以"知心朋友"的身份与学生互动，学生也能够及时向大学生事务管理者反馈自身的问题，二者处于和谐的氛围之中。长此以往，大学生事务管理者能够充分了解学生的发展需求，尽可能地满足学生的发展需求，而学生也能够保持愉悦、轻松的心情，促进自身健康成长成才。

4. 树立以法治观念为核心的大学生事务治理观念

法制观念即人们对法律的认知，如法律的性质、法律的地位、法律的作用等。而在法治观念的影响下，人们能够自觉地运用法律手段来解决学习与生活中的问题，形成相应的法治思维。对于大学生事务管理者而言，需要将法律意识贯彻在学生事务管理活动的整个始末过程，包括用法制观念去看待问题和解决问题，以此来帮助学生不断成长。在具体实施过程中，大学生事务管理者应做好以下四点工作：其一，履行教师的责任与义务，这要求大学生事务管理者以严谨、认真的态度面对每一位学生，以科学、规范的方式来处理学生的问题；其二，合理合法地制定学生教育管理制度，这要求在高校的事物管理过程中，必须以学生为核心，充分尊重学生的主体地位，使学生的各项基本权益得到保障，同时满足学生在发展过程中的合理需求，帮助学生成长成才；其三，坚持依法依规办事，这要求大学生事务管理者严格按照程序处理学生问题，不偏袒任何学生，不贬低任何学生，并向全体师生公开处理结果；其四，依法处理与学生相关的纠纷，这要求大学生事务管理者公正地处理问题。当学生无法按时完成相关工作时造成与他人的纠纷时，大学生事务管理者应严格按照要求来处理问题，保证双方都能够认可处理结果。此外，还要给予学生法律救助，帮助学生维护自己的合法权益。

（三）基于治理的大学生事务管理的运行机制

1. 提高大学生事务管理主体的治理意识

在基于治理的大学生事务管理中，大学生事务管理者与学生共同参与事务管理工作，所以要增强其主体意识，务必要在两个主体角度着手，即管理者和学生。首先，对于大学生事务管理者而言，必须要转变自身的观念，从管理学生转变到主动帮助学生，深刻、主动地去了解学生的实际需求，并根据学生不同的实际情况制定相应的培养方案；其次，对于大学生而言，不仅要转变自身对于教师的看法，积极参与大学生事务管理工作，还要运用合理的方式保障自身的权益。另外，学校也要开展相关的引导工作，加强大学生事务管理者与学生之间的联系，推动形成多元主体共同治理的局面。久而久之，学校、大学生事务管理者和学生都能够在大学生事务管理中充分发挥自身的作用，从而形成新的协商治理机制。

2. 建立起开放的大学生事务管理评价制度

一般认为，大学生事务管理评价的作用在于明确当前工作中的不足之处，调整工作内容，以便于更好地促进学生成长发展。在基于治理的大学生事务管理中，对学生的评价应包括多个方面，例如学生的思想道德水平、学业水平、身体素质水平、社会能力等，这样做有助于大学生事务管理者从多个方面着手制定人才培养方案，为不同学生提供不同的选择。与此同时，大学生事务管理评价应由多个评价主体共同参与，在多个评价主体的共同协定之下制定具体的评价标准，以此保证评价结果的客观性与公正性。例如，在校企合作中，大学生事务管理者与企业管理人员共同进行评价，充分发挥不同评价主体的作用，明确当前人才培养方案的不足之处，从而制定更加完善的人才培养方案。另外，大学生事务管理工作受高校治理结构和学校整体治理能力的影响较大，我们必须要不断完善高校治理结构和提高学校整体治理能力，从而推动大学生事务管理工作的开展，进一步促进大学生成长成才。

3. 管理模式契约化

对于高等院校而言，开展大学生事务管理工作的主要目的在于教育学生、引导学生和为学生提供服务，而思想政治教育工作也具有同样的作用，这客观上要求高等院校构建新的学生事务管理模式，使学生能够明确大学生事务管理工作和思想政治工作之间的区别。目前，"契约化"的大学生管理模式逐渐受到各高等院校的重视，这种管理模式不仅能够保障学生的正当权益，还能够加强学生与大学生事务管理者之间的联系，减少高等院校在教学和管理过程中出现的问题。"契约化"的大学生管理模式主要通过"契约"的方式来明确高等院校与大学生的权利与义务，这有助于大学生事务管理者明确自身的工作内容，从而针对性地开展工作。当高等院校与大学生之间形成"契约"时，学生和大学生事务管理者就必须要按照约定内容来履行各自的义务，直至完成"契约"中所规定的各项内容，否则将会面临"违约"，并承担"违约"后果。

在"契约化"的大学生管理模式中，"契约"内容是由学生与大学生事务管理者共同制定，因此能够保证学生与大学生事务管理者共同参与，促使学生与大学生事务管理者积极主动地践行"契约内容"，二者相互影响、相互督促。久而久之，学生与大学生事务管理者之间的交流日益密切，最终以合作的方式共同完成"契约"内容。

四、基于运用信息技术的大学生事务管理

随着信息技术的不断更新换代，人与人之间的信息交流越来越便利，这对于大学生事务管理来说也是一个良好的契机。在大学生事务管理中，大学生事务管理者能够通过 QQ、微信等平台同时与多个学生进行交流，了解不同学生的发展需求，从而在较短的时间内解决多个学生的问题。但是，并不是每个学生的问题都能够通过线上的沟通交流来解决，因此会无法满足所有学生的发展需求。针对这一情况，高等院校应当运用计算机技术将教学、生活服务、科研等相关的信息资源上传至云端，并通过集成任务来完善大学生事务管理工作内容，为大学生事务管理者和学生提供便利，以便于更有效、及时地满足学生的发展需求。

集成任务主要包括三个部分，分别是信息集成、职能和部门集成、任务集成。其中，信息集成指的是将各种信息资源集中在一起，以便于人们一次性获取所需的信息资源，从而提高工作效率；职能和部门集成指的是将职能相近的部门集中在一起，以便于人们能够通过一个部门完成多项工作任务；任务集成指的是将内容相近的活动集中在一起。在大学生事务管理中，集成任务有助于提高大学生事务管理者的工作效率和学生的学习效率。

在建立全校性的管理服务协同工作信息系统的过程中，高等院校可以通过信息技术手段来建立学术资源共享平台，以便于共享优秀科研成果，推动教师开展科研活动，还可以利用信息技术手段来构建专门的平台来让全校学生得到信息共享，加强校内各部门之间的联系，简化相关的审批流程，使大学生事务管理者能够花费更少的时间来解决学生的问题，为学生提供更优质的服务。全校性的学生事务管理协同信息系统融合到了学校的多方资源，如教学、科研、管理等多方面数据且功能完善的信息平台，它同时面向教师和学生开放，可以同时满足教师和学生各自在学习中的不同需求。在使用该系统之前，学生与教师必须要先进行身份认证，然后系统根据用户的需求跳转到相应的界面，从而为用户提供相应的服务，简化了传统的审批程序，极大地提高学生的学习效率和教师的工作效率。应当明确的是，一个数据丰富、功能完善的信息平台并不是简单地运用信息技术就能够完成的，它需要高校管理者注入自身的管理理念，将现代教育治理与传统教育过程中的优秀经验相结合，并在发展过程中不断完善。

五、基于推进"一站式"平台建设的大学生事务管理

近些年来，信息化平台建设对于大学生事务管理的重要性越来越显著，它不仅能够为提高教师的工作效率，还能够满足学生的发展需求。从目前来看，常见的大学生事务管理平台主要有两种，分别是以学校内部人员、辅导员为主的大学生事务中心和以学生为主的大学生事务中心。其中，以学校内部人员、辅导员为主的大学生事务中心的作用在于简化审批事项和处理流程，为学生提供"一站式服务"，从而达到提高工作效率和及时解决学生实际问题的目的。在我国，一些高校的大学生事务中心除了解决学生教育问题和管理问题，还能够给学生提供就业指导和后勤保

障，针对不同学生制定不同的培养方案，从而促进学生成才成长。还有一些高校与时俱进，运用信息技术手段建立了线上的学生事务管理平台，通过网上来完成相应的工作，并且保证了线上办公的质量，为学生带来了较好的体验。而以学生为主要工作人员的大学生事务中心的作用在于发挥学生主导作用，通过对学生进行教育培训，提高学生的专业技能水平，从而为其他学生提供服务。这种大学生事务中心不仅能够充分发挥学生的主观能动性，还能够缓解高等校园的师资压力，使教师更加专注地进行科研工作。与此同时，学生与学生之间的交流较为顺畅，学生可以通过了解其他学生来解决发展方面的问题，促进双方共同成长。

随着我国高等教育的不断发展，学生对于大学生事务管理的要求也越来越高，因此建立一个集教育阵地、咨询窗口、办事平台等于一身的大学生事务中心是十分必要的，这要求大学生事务中心应继续坚持学生的主体地位，为学生在学习和生活做好相应的服务工作，对于学生的合理要求应该最大限度地满足，学生应当享有的权益要得到保障，让学生得到全面发展。以我国部分高校为例，在大学生服务方面设定了专门的服务窗口，便于学生给出一定的建议或信息反馈，学校能在第一时间了解到学生的真实想法，然后根据其中具有代表性的建议来改善大学生事务中心的服务内容，同时不断拓展大学生事务中心的服务项目，尽可能地满足学生的发展需求，帮助大学生解决大部分问题，为学生提供"一站式"服务。

我国一些地方政府高度重视学生事务中心的建设，要求高等院校明确做好学生服务工作的重要性，不断丰富学生服务工作的内容，不断满足学生的发展需求，从而促进学生成长成才。对于高等院校而言，学生是大学生事务中心的服务主体，解决学生问题、保障学生的正当权益是做好学生服务工作的重中之重，必须要严格按照"一切为了学生、为了学生的一切、为了一切学生"的要求来建设大学生事务中心。目前，社会对于高素质人才的需求越来越强烈，这迫切要求高等院校加快人才培育工作，处理好学生事务管理工作。在此背景下，大学生事务管理者应认真对待每一个学生的发展需求，加强与学生之间的联系，制定个性化的人才培育方案，与学生共同建立一个"一站式服务"的学生事务中心。在具体实施过程中，大学生事务管理者应坚持以下五个原则：其一，便利化原则。大学生事务管理者应明确学生事务中心的主要功能在于简化学生办理事务的程序，为学生提供便利的服务；其二，实效性原则。大学生事务管理者应明确建立学生事务中心的目的在于集中各个部门的职能，帮助学生一次性办理完事务；其三，规范性原则。大学生事务管理者应保证大学生事务中心的办事标准，严格按照规范要求来办理学生事务；其四，多样化原则。大学生事务管理者应明确每个学生的接受能力有所不同，有的学生热衷于在学生事务中心办理事务，而有的学生则热衷于线上办理事务，因此应同时建立实体学生事务中心和线上学生事务中心，以满足学生的不同需求；其五，可持续原则。大学生事务管理者应明确学生事务中心的服务对象是全体学生，而不是刚入学或即将毕业的学生，从而建立受众广、服务全面的大学生事务中心。

在建立大学生事务中心的过程，大学生事务管理要整理出针对学生的服务内容，以及管理者所承担的具体服务事项，例如，对一些不符合当前发展要求的事项进行调整，对于较为繁琐的事项进行简化，同时将一些学生关注度较高的事项列为重点事项，以便于为学生提供便利、高效的服务。为了保证学生事务中心的服务水平，管理者还要将相应的管理制度和工作事项完善，同时对学生的服务工作进行严格的督促，如果学生对服务工作不满意，可以及时向大学生事务中心反馈，调整服务内容，以便于后续为学生提供更加优质的服务。与此同时，管理者还需要对从事学生事务管理的人员定期进行培训提升，建立完善的奖惩制度、考核机制和评价机制，逐步提高工作人员的服务水平，为学生制定相应的人才培养方案，尽可能地满足学生的发展需求，从而促进大学生成长成才。

第二节 大学生事务管理的政策法规保障

一、大学生事务管理政策法规保障的建设现状

在新的特色社会主义道路建设中，法治观念逐渐深入到人们的生活中，人们对于高等院校依法治校、依法管理的关注度越来越高，一些典型案例成为推进教育法制改革的重大事件，推动着涉及高等教育领域的立法工作的进程，如田永案、刘燕文案等。而对于高等院校而言，要推进依法治校、依法管理，就必须要推进大学生事务管理的法治化。但是，从目前的情况来看，我国大多数高校在推动大学生事务管理法治化的过程中都存在一定的阻碍，具体表现为以下三个方面：其一，一些高校没有真正贯彻依法治校的理念，仍以行政手段来处理校园事务，导致无法形成相应的法律威慑力；其二，大学生事务管理者缺乏强烈的法治意识，无法利用法律手段来保障学生权益；其三，缺乏完善的高校法治制度，无法形成法治校园的氛围。由此可以看出，无法有效推进大学生事务管理法治化的主要原因在于高校管理者缺乏法治意识，仍以行政手段来处理校园事务，无法起到良好的示范作用。久而久之，学生无法形成法治思维，难以通过法律手段保障自身权益。

二、大学生事务管理政策法规保障的基本要求

一般认为，大学生事务管理政策法规保障的基本要求主要包括以下三点：其一，建立完善的政策法规体系，除了国家层面的法律规范和教育主管部门的规章之外，还要对高校的一些管理行为进行立法授权，以便于保障教师和学生的正当权益，如

近年来教育主管部门要求各类高等院校必须建立起完备的办学章程；其二，涵盖大学生事务管理的具体内容，对大学生可能遇到的情况进行预判，以便于在面对突发情况时能够及时作出反应，充分体现学生的主体地位；其三，建立完善的大学生事务管理监督体系，在开展大学生事务管理工作的过程中，大学生事务管理者和学生的行为都应当受到监督，这样做不仅有助于保障教师和学生的基本权益，还有助于及时纠正一些不当行为，以便于更好地实施依法治校。对于大学生事务管理者而言，合理的监督有助于更好地为学生提供服务，约束自身的行为；而对于学生而言，合理的监督有助于保障自身的正当权益，更加积极主动地参与大学生事务管理工作之中，促进自身健康成长。

三、推进大学生事务管理法治化建设

对于高等院校而言，推进大学生事务管理法治化建设对于推进依法治校、依法管理具有重要意义。在具体实施过程中，高校管理者首先必须要加大对大学生事务管理工作的重视，并作为大学思政教育中的重要内容，再结合法制教育全面提升人才素质；其次，教育立法有助于推进大学生事务管理法治化建设。不仅仅要在教育基本法的基础上进行完善，还要加强教育行政立法，从而以法律强制手段来推进大学生事务管理法治化建设。从目前来看，还应通过制定相关法律来明确大学生事务管理者与学生之间的关系，以便于更好地保障教师与学生的正当权益。

在推进大学生事务管理法治化建设的过程中，高校管理者应当加强学校章程等相关的制度体系建设，通过内部规范化建设来探索大学生事务管理的法治化建设，从而积累一定法治建设经验。以大学生事务管理的程序化建设与监督为例，高校管理者应严格按照法律要求来制定校规，保障大学生依法参与大学生事务管理的权利；高校管理者应以严谨、科学的态度来制定相关程序，如大学生参与大学生事务管理工作的程序，大学生反馈意见和提出建议的程序等，避免在管理细节方面出现问题。当大学生与高校管理者存在意见冲突时，应当加强双方之间的沟通交流，以共同协商的方式产生双方满意的结果，而不是由高校管理者单方面决定。另外，在推进大学生事务管理的法治化建设过程中，不能忽视管理层的法治化建设。大多数情况下，高校管理者法治意识的强弱会直接影响到下级部门的具体实施，因此必须要加强高校管理者的法治意识和法治思维，以法律手段处理校园事务，从而起到良好的示范作用。

第四章　新时代大学生事务管理的专业队伍建设

党的十八大以来，以习近平同志为核心的党中央把大学生思想政治教育工作摆在了突出位置。进入新时代，大学生群体特征发生了显著变化，对大学生事务管理者（辅导员）的基本能力、素质技巧、工作方法等都提出了新的要求。大学生事务管理者是开展大学生思想政治教育的骨干力量，也是大学生事务管理的组织者、实施者、指导者，建设一支专业化程度高、职业化素养强、创新能力突出、育人成效显著的学生事务管理队伍是新时代高校思想政治工的要求，也是深入推进大学生思想政治教育工作，提升育人水平的必然选择。

第一节　新时代大学生事务管理队伍现存问题

一、岗位职责不明晰

目前，辅导员在不少高校被形象地比喻为"救火员"，往往只要涉及与学生相关的事项就少不了辅导员的身影。从工作职责角度看，不少事项是不属于辅导员职责范围之内的，这从一个侧面反映出辅导员的岗位职责含糊不清。就目前的情形而言，主要有两种关系亟须理顺和明确。第一种是学生事务与教学事务的边界关系。长期以来，教学和日常管理是学生面对学校管理事务的主要方面，而辅导员是与学生接触最密切的管理者，学生从意识上和情感上把辅导员作为处理所有事务的管理者。同时，教学事务管理者一般不会面对全体学生，对学生的影响力不够，也习惯于通过辅导员实现教学管理事务。这从一定程度上增加了辅导员的实际工作量，影响了辅导员的工作效率和质量。第二种是辅导员和班主任的边界关系。从身份定义的角度，辅导员和班主任都是学生事务管理队伍的重要组成部分，从职责定位的角度，辅导员和班主任在各自工作的侧重点上有明显的不同。但是，在工作实际中，不少高校将二者职责等同对待，导致辅导员和班主任之间的关系比较模糊。具体而言，由于班主任的人员构成既有辅导员，又有专任教师，二者往往立足于各自的身份认同开展工作。辅导员担任班主任，在工作中没有区分辅导员与班主任的职责差别，往往按照一般性学生管理事务的方式方法从事班主任工作，强化了学生管理事务，对学生的专业学习指导不够。专任教师担任班主任，更多的是从学业教育、专业指导的角度去实现延生的教育过程，对于学生的思想状况、班集体建设等关注不够，参与学生思想政治教育不充分。这样导致一些学生事务处理过程中，辅导员认为是班主任的职责，班主任却认为是辅导员的工作，不同程度造成了工作的盲区和空白。

二、跟踪培训教育不到位

根据《普通高等学校辅导员队伍建设规定》的有关要求，"辅导员培训应当纳入高等学校师资队伍和干部队伍培训整体规划。并建立国家、省级和高等学校三级辅导员培训体系"。但是不少高校依然存在"重使用，轻培养"的现象，主要表现在：一是没有制订专门的培训计划。一些高校把辅导员培训纳入专任教师进修统筹安排，在人员派遣上主要依据所在学校专业学科建设的需要，留给辅导员的机会有点"少的可怜"。二是没有针对性的培训内容。近年来，一些针对辅导员的培训或再教育项目也在增多，但是培训内容过于简单，立足新新形势下学生事务管理工作的针对性不强，很多培训主要集中为理论讲解，实践指导意义不大。三是缺乏鼓励性的政策支持。由于辅导员岗位是"一个萝卜一个坑"，不少高校都担心辅导员外出培训或学历提高会影响学生事务管理工作，反而设置一些门槛或条件，如，必须送走一届毕业生才能报考博士研究生等。

三、队伍结构不合理

近年来，各高校依据《普通高等学校辅导员队伍建设规定》的要求，按照不低于 1∶200 的比例配置专职辅导员岗位，使得辅导员数量在短时间内得到了补充和一定的优化，但是这种数量上的优势，并没有引发质量的深刻变化，反而随着工作的开展，辅导员补充过程中年龄和性别结构上的不合理问题也日益显现。从年龄结构看，现在新进的相当数量是刚毕业的年轻辅导员，他们的优势在于年富力强、精力充沛，但在面对各种复杂的学生事务问题时，也往往因缺乏经验和阅历而处理不好。另外，由于集中补充辅导员使得辅导员队伍缺乏年龄梯度，势必在今后某一时间段上出现辅导员断档的尴尬局面。从性别结构看，目前，不少高校辅导员中女性辅导员的数量多于男性辅导员，甚至出现整个院（系）的学生事务管理都是由女性辅导员承担的现象，性别比例严重失调。[1]

---

① 杨锐，夏红. 内涵发展视野下高校辅导员队伍建设的思考 [J]. 教育探索，2014（4）：104-105.

四、职业发展路径不清晰

《普通高等学校辅导员队伍建设规定》明确要求，"把辅导员队伍建设作为教师队伍和管理队伍建设的重要内容"。可以说，在一定程度上为辅导员职业发展指明了方向和路径。具体而言，辅导员有三条职业发展通道，一种是成为某一学科的专任教师，另一种是转岗到其他行政管理岗位，第三种是立志长期从事学生事务管理工作。就目前的实际情况而言，辅导员职业发展空间不大，岗位流动性困难，可预期的"上升"路径较窄。一般来讲，要成为某一学科的专任教师，辅导员首先面临的是学历的提升，那就必须报考博士研究生，其次是教学技能、经验等的基本要求，再次是"转行"学科确实需要补充人员，这些既需要"机缘巧合"，又需要辅导员自己专业知识的延续，而对于从事烦琐学生事务管理工作的辅导员来说谈何容易。转岗到其他行政管理岗位也面临现实困难。目前高校的编制数难以突破现有政策的束缚，有限的编制主要用于高层次人才的引进，为缓解这一突出的矛盾，一个重要的举措就是直接压缩行政人员的数量，甚至不少高校实施"大部制"以降低对行政人员的实际需求，这在一定程度上减少了辅导员转岗从事其他行政管理的机会。立志长期从事学生事务管理工作也受到待遇问题的影响，要解决辅导员待遇偏低的问题核心还是在于如何打通辅导员职称晋升"通道"，虽然《普通高等学校辅导员队伍建设规定》明确要求高校设置专职辅导员的相应教师职务岗位评聘职称，但多数高校仍将辅导员纳入全校范围的职称评聘，这从一定程度上是不公平和不合理的。与专任教师相比，辅导员在课题申报、科研成果、教学成效、质量评价等方面都处于劣势。基于上述的现实情况，不少辅导员对个人的职业发展，特别是职业规划尤为纠结和迷茫，无法获得职业归属感，很容易造成职业倦怠，这对于辅导员的长远发展产生了消极影响。

五、人员结构不稳定

在高校，单从同一类型的师资数量而言，辅导员队伍无疑是最大的群体，但恰恰是这个最大群体，却不具备稳定的结构，这也造成在不少高校出现年年引进辅导员，而无法满足各二级教学院的实际要求的奇特现象。究其原因，主要有三个：一是人才流失特别严重。当下，不少高校把辅导员作为管理人员，甚至是后备干部的重要来源，一旦出现人员短缺的时候，各行政部门首先想到的就是从辅导员队伍中挖掘人才，特别是一些管理工作表现突出的辅导员，往往成为多个部门"哄抢"的对象，加之高校内部缺乏辅导员流动的统筹安排，时常造成学生事务管理工作的"断档"。二是辅导员待遇普遍不高。在政治待遇方面，由于学生事务管理的领导岗位职数有限，一定程度上减缓了辅导员的提升机会和速度，致使一些辅导员多年无法解决职务晋升问题。在经济待遇方面，由于在高校个人收入的高低主要取决于专业技术职称的高低，辅导员常年在一线从事烦琐的学生事务管理工作，在专业技术职称聘任方面，辅导员中具有高级职称的可以说是凤毛麟角，使得辅导员收入普遍不高。三是辅导员工作压力和强度大。对于外部而言，主要来自学生的压力，加之如今大学生的多元化个性等特征，加大了学生事务管理的难度，学生不稳定因素增多，一旦出现涉及学生的突发状况，首当其冲面临问责的就是辅导员。对于内部而言，主要来自校内的工作生态，一些内部职能部门对学生事务管理工作的认识不到位，使得辅导员工作被弱化，甚至被边缘化。①

第二节 新时代大学生事务管理队伍建设路径

大学生事务管理是高等学校通过非学术性事务和课外活动对学生施加教育影响，以规范、指导和服务学生，丰富学生校园生活，促进学生成长成才的组织活动。②在新的形势下，我国大学生事务管理也正在从传统意义上的"管"和"教"向"以人为本""服务学生"的新理念转变，这些都对大学生事务管理队伍建设提出了更高更严的要求。

大学生事务管理者，处于学生事务管理工作的最前沿，使命光荣、重任在肩。随着社会的发展与进步，学生事务管理理念在不断升级，管理内容在不断更新，管理范畴在不断扩大。因此，加强大学生事务管理队伍建设既是高校坚持党的领导的必然要求，也是高校落实立德树人根本任务的迫切需要，更是一件刻不容缓的大事。

一、进一步提高岗位准入要求

目前，高校辅导员选聘过程中，主要立足在短时间解决补充数量的问题，其实际准入条件相对宽泛，一般仅从学历要求，即硕士研究生以上学历作为选聘要求，对应聘者的专业背景、学习经历、性格特征等方面均无进一步的要求，没有结合学生事务管理的基本特点，从"专业的事交给专业的人"的角度去选聘合适的人选从事辅导员工作。首先，学校层面要对辅导员选聘有科学的规划，要针对所在院校的办学历史、学科专业、生源特点等实际，对辅导员引进计划有一个科学的设计，把应聘者有着与辅导员工作对口的专业学科背景，作为从事辅导员岗位的重要前提加以考量。其次，要有综合的选聘标准。《高等学校辅导员职业能力标准（暂行）》

---

① 杨锐，夏红. 内涵发展视野下高校辅导员队伍建设的思考 [J]. 教育探索，2014（4）：104-105.
② 蔡国春. 高校学生事务管理概念的界定——中美两国高校学生工作术语之比较 [J]. 扬州大学学报（高教研究版），2000（02）：56-59.

是指导辅导员选聘的重要依据，要结合该《标准》的基本要求，将政治素质过硬、职业素养良好、工作责任心强、创新能力突出等作为评价标准，切实将优秀的专业人才纳入辅导员队伍之中。三是要把握好选聘的梯度和性别比例。一方面，在年龄结构上，不要盲目追求一次性补充到位，要有一定的梯度比例，使得辅导员队伍良性发展。另一方面，要充分考虑辅导员的性别比例，处理好所在院校的性别特征和学生专业特征的关系，使得辅导员配备上更趋合理。

二、进一步注重专业化教育和培训

学生事务管理本身就是一种动态变化的工作事项，需要辅导员不断通过教育培训提高应对学生事务管理的能力和水平。《中共中央、国务院关于进一步加强和改进大学生思想政治教育的意见》中鼓励辅导员成为学生"思想政治教育方面的专家"。因此，高校应该加大辅导员的教育和培训力度，结合现有实际，可以从三个方面进行强化。一是将辅导员教育培训纳入学校师资培训规划，或者是制定专门的辅导员培训计划，在经费、场地等方面予以充分保障。二是鼓励辅导员提升学历水平，帮助辅导员立足思想政治教育专业学习进修、攻读更高一级学位，以提升自身的专业学术能力。三是创新教育培训模式。一方面，加强校本培训的实践性，利用校内资源，针对学生事务管理的实际开展有针对性的培训或专题教育；另一方面，引入社会培训机构，组织辅导员参与思想政治教育及学生事务管理的专业技能培训和理论素质提升活动。除此之外，还建议在现有的高等师范院校依托思想政治教育学科开设辅导员专业，以适应大学思想政治教育的实际需求。

三、进一步创新管理方式

辅导员群体不是一个完全相同的个体，在个人能力、专业背景、个性特征等方面都有不同程度的差异。要实现辅导员队伍的职业化、专业化，必须对辅导员进行分类管理，协同发展。根据学生事务管理的特点，优化设置相应类型的岗位，充分发挥每一名辅导员的专业特长，使辅导员能在学生事务管理的某一领域成为行家里手。按照专业事项划分，可以在创新创业、科技转化、学科竞赛、社会实践等方面对学生进行专项指导；按照工作性质划分，可以在心理问题干预、思想政治教育、突发事件处置、资助帮扶等方面给予学生实际的帮助；按照生涯发展预期划分，可以在行政管理、学生事务、专职教师等方面形成各自的专长优势。结合这些类别特点，制定各自的职业生涯规划，在实际工作中找准自己的发展方向，在学生事务管理中实现自我的价值。

四、进一步明确职业方向

辅导员从事的学生事务管理工作是一项特定的职业，对于辅导员而言，面对日益繁杂多变的学生事务管理工作，把握职业方向，找准职业定位，设立正确的职业目标，是可持续开展学生事务管理工作的必然要求。职业方向虽有共性，但也会因人而异，我们立足辅导员岗位，一般有以下四种职业发展路径：一是转为行政管理人员，这是辅导员的重要"出路"之一，特别是近年来，高校逐步压缩行政管理人员的编制，辅导员成员校内职能部门补充人员的重要来源，这也在一定程度上造成了辅导员队伍的不稳定性和流动性。二是成为专任教师，这条路径难度较大，一方面需要辅导员持续对原始专业坚守和提高，另一方面是所在学校相关学科专业发展的需要。三是从事职业化辅导员，这是目前各个大学生事务管理工作中倡导和引导的，让有志从事学生事务管理工作的辅导员将其作为终身职业发展路径，但是在实际实施过程中还有不少的难度，主要是如何解决辅导员终身制中待遇、职级等问题。四是成为专家型辅导员，这是从事学生事务管理者的终极目标追求，一般需要有较长时间在辅导员工作经历，且在某一项专业领域具有丰富的经验和较强的能力，能够解决学生事务管理工作中的重难点问题。

五、进一步优化评价体系

客观公正地评价学生事务管理工作，是提升辅导员队伍整体素质，促进学生事务管理创新的重要手段。因此，建立一套科学、可操作的评价体系尤为重要。从评价指标看，既要有定量的数据支撑，又要有定性的结论评价。定量上主要反映工作业绩，如从入党率、毕业率、英语等级考试通过率、考研率、就业率、及格率、违纪率等方面定量评价。定性上主要针对辅导员工作的满意度，通过对学生、家长、同行的不同类别评价，呈现学生事务管理工作的真实情况。从评价过程看，应直接客观反映辅导员从事学生事务管理工作的真实状态，尽可能地避免掺入人为的主观感情色彩，防止因个人喜恶、人际关系等对评定结果的影响。从评价结果的运用看，应当将评价结果充分得到应用，让评价结果与辅导员的工资薪金待遇、职务职称等挂钩，对于优秀的辅导员给予物质和精神鼓励，对于评价不合格的辅导员及时调整岗位、调离辅导员队伍。同时，学校层面要通过评价实现对学校的学生事务管理工作的整体把握，从而不断改进和完善学生事务管理工作。

因此，结合新形势下我国高等教育体制机制的改革，对学生事务管理队伍进行专业化职业化建设显得尤为必要和紧迫，这是我国高校内涵式发展的必然要求和社会环境变革带来的现实要求。这就要求辅导员工作必须树立以人为本的服务理念。这里的理念是把"管理"变成"服务"，正是突出以人才培养为中心、全面提高教育质量的内涵发展导向。辅导员要遵循学生的成长发展规律，始终坚持以学生为本，从学生的内在需要出发，教育、尊重、关心每一个学生，引导他们把个人的成才目标与国家的命运、社会的需要和学校的教育目标有机结合起来，最大限度地激发学生内在的成才动力，把学生事务管理工作实实在在地放到育人为本这个工作价值目标上来。

第五章　新时代大学生事务管理的具体事项

　　我国十分重视对大学生事务管理的实务研究，将大学生事务管理的实务研究作为高校思想政治教育工作的重要内容。本章主要对大学生宿舍管理、班集体建设、学生资助、职业发展与就业指导实务展开研究。

第一节　大学生宿舍管理

　　大学生宿舍是大学生在校园中停留的时间较长的场所，是学生的第二课堂，学生在这里进行休息、学习、娱乐、社交等活动，学生宿舍在学生成长中具有重要意义。因此，高校要对学生宿舍进行有效的管理，为学生打造一个健康成长、安心学习、快乐生活的良好环境，同时还有助于培养其美好品德。

一、大学生宿舍管理的含义

　　大学生宿舍管理是一种管理实践活动，以大学生宿舍为管理场所，目的是培养学生的综合素质，使其在生活中养成良好生活和学习习惯，促进其全面发展，通过科学、有效的管理手段，创造一个整洁舒适、秩序井然的环境的管理实践活动。

　　大学生宿舍管理既是学生事务管理，也是教育管理，其本质应该具有育人的意义，所以要发挥管理的育人功能。长期以来，我国大学生宿舍管理的定位局限于为学生提供住宿服务，仅仅对生活琐事进行管理，无法充分发挥其育人功能，未能促进学生的全面发展，也未能提升高校的管理服务水平和质量。当今时代的高等教育环境发生了转变，高等教育不再仅仅只涉及课堂教育，并且学生事务管理活动越来越专业化和技术化，大学生宿舍管理一定要结合学生的生活，以促进学习，为学生提供高效优质的服务为出发点和落脚点，这是新时代发展对大学生事务管理的新要求。

二、大学生宿舍管理的主要内容

大学生宿舍管理工作内容繁多复杂，因而具有综合性，其管理工作涉及多方面，例如校园安全、后勤服务以及学生教育管理等。

经过多年的发展，目前我国高校宿舍管理体制较为稳定，主要包含三种管理模式：第一种模式是将宿舍管理部门划分到后勤保障服务系统中，具有独立管理的特性，通常是设立一个管理中心，采用社区的形式进行管理；第二种模式是划归学工系统，根据学工系统传统的机关模式进行管理，在财务管理上有着显著的机关模式特点，按照学生人数均定额或宿舍建筑面积定额拨付管理费；第三种模式则是交由社会物业企业管理，以托管的方式进行。

以上几种模式都涉及众多方面的管理，是一项复杂的系统工程，例如后勤实体管理模式，社区管理模式决定了对宿舍群（社区）的内部管理要做到事无巨细，管理内容繁杂细微，如人事、财务、物业维修、卫生保洁、安全秩序、水电暖等能源管理、文化环境建设等，其管理难度犹如管理企业。

三、加强和完善大学生宿舍管理的策略

教育行业发展至今，大学生宿舍管理工作已经不再仅仅是简单的管理"人"或"物"的事务，而是一项具备综合性的工作，为了完成复杂的管理工作，不仅要依靠学校各个部门的配合协助，也需要学生发挥自我管理的功能，为宿舍管理事务减轻负担。

（一）创新学生宿舍管理模式，强化管理效能

1. 健全学生宿舍管理的组织机构

任何管理活动都必须有一个领导人或机构，学生宿舍管理要建立一个领导机构对学生宿舍管理工作进行统一安排和协调，不少高校成立学生宿舍管理委员会，并在其下设立相应的工作部门，这些工作部门根据在管理工作中发挥的具体职能来设立。学生宿舍管理委员会主要负责制定管理工作的计划和任务，并研究决定涉及学生宿舍管理的重大事项或重要经济活动。管理委员会将工作计划分派给相应的工作部门，指导并督促各部门按照要求开展工作，此外要进行明确分工，并统筹并协调各部门的管理工作，使得各部门密切配合，共同促进完整体系的发展。

2. 坚持学生事务管理人员入住学生宿舍制度

为了促进学生宿舍管理工作更有效地展开、加强对学生的引导和服务，学生宿舍内应该有着常住的学生事务管理人员入住学生宿舍，这样管理人员才能及时了解学生的生活需求以及获取学生对宿舍管理工作的反馈。由于宿舍环境的特殊性和重

要性，入住宿舍的管理人员必须具备过硬的政治素质、高尚的道德水平、专业的业务能力，还要具备细心和耐心，要主动向学生了解他们在学习和生活中的需求以及需要解决的问题，帮助他们解决处理各种问题和困难。另一方面，为了帮助学生事务管理人员高效开展工作，高校要为其提供良好的工作条件，在学生宿舍楼设立事务管理人员的办公室，同时制定完善的配套制度，明确管理人员的职责，并定期对他们的工作开展情况进行考核。

3. 完善学生宿舍自我管理的体系

学生拥有自我管理的能力，为了增强学生宿舍管理工作的有效性，应该发挥学生的自我管理功能，引导学生积极参与宿舍管理工作，使其成为学生宿舍管理活动的主体之一。同时，这种方式有利于培养学生的综合能力，促进学生的全面发展。因此，高校应该采取措施不断完善学生自我管理工作体系。要建设学生自我管理工作体系，一方面要建立一个学生管理组织，该组织一般以宿舍长、楼层长为学生管理代表，主要的管理内容是宿舍的卫生检查、信息反馈等；另一方面要使得学生宿舍管理组织与学生党团组织、学生社团达成合作，多个组织共同开展文体活动和公益活动，已达到增强学生凝聚力、丰富学生的校园生活的目的。

4. 加强学生宿舍管理的信息化建设

在信息技术高度发达的当今社会，人们的生活和工作方式发生了很大的变化。大学生宿舍管理工作也应与时俱进，不断加强信息化建设，利用现代化信息技术，以解放人力资源、提高管理效率、提高管理效果。

加强学生宿舍信息化建设要从以下几个方面展开：一是，建立学生信息库，将每一个入住宿舍的学生的信息详细录入信息库，信息库可以进行查询统计的基础操作，可以在需要的时候迅速掌握学生的动态信息，能够办理一些宿舍管理事务，如入住、寝室调整、退宿等。这样能够快速便捷地掌握学生的住宿情况，并进行有效管理；二是建立学生宿舍官方网站，利用网络平台和渠道公布有关消息，并加强与学生的交流，同时这也是学校的宣传教育阵地；三是建立反应快速的信息反馈机制，通过建立 QQ 群、微信群，专门的服务类 APP 等方式，及时获取学生的意见和需求信息；四是建立电子门禁系统，学生宿舍人数众多且与外界沟通频繁，人来人往的，是一个人员流动较大的场所，必须加强安全管理和防范，使用电子门禁能有效降低外来安全风险。

（二）创新学生宿舍服务机制，强化服务效能

1. 加强物业管理，保障宿舍生活设施的正常运转

学生入住宿舍缴纳了费用，与宿舍物业管理部门之间是契约关系，即物业管理部门有为学生提供生活服务的义务，要保证每日完成卫生保洁工作，要定期对宿舍的水电设施和墙面固定设施进行检修，保证其安全性和功能性。构建畅通的维修服

务渠道，方便学生报修，并及时进行维修服务工作。物业部门要建立反馈机制，积极听取学生的意见和建议，对于不足之处尽快改正，为学生提供更加优质的服务，创造安全、舒适、便利的生活环境。

2. 建立学生宿舍医疗急救和安全保卫于一体的服务机制

高校对学生的基础保障应该是对学生生命财产安全的保障，宿舍管理机构要落实医疗急救和安全保卫工作，要在学生宿舍设立专门的医疗救助服务点和快速报警设备，保证通道顺畅，安排专人值班，以便能够在学生宿舍发生重大伤病和突发事件时快速响应，最大限度减少损失。此外宿舍管理机构要在学生宿舍建立咨询服务机构，为学生提供心理咨询、学习指导等服务，因为服务对象是大学生，所以在服务过程中管理人员还应注重把握大学生的年龄和心理特点，提供有针对性的服务。

3. 注重发挥服务的育人功能

宿舍管理委员会在实际的工作中要注意自身言行对学生的影响，充分发挥正能量，树立健康良好的形象，做到服务育人。另外，要积极引导并组织学生参与学生宿舍管理工作，发挥其自我管理功能，同时还能促使学生在为他人的服务中感受教育，领悟教育内涵，培养其管理能力，提高其道德修养。

（三）加强学生宿舍文化建设，营造健康向上的文化环境

学生宿舍是学生进行各项活动的主要场所，宿舍的文化氛围对于培养学生的道德品质和行为习惯起着重要的作用，健康、积极的宿舍文化氛围对于学生的行为起到了无形的规范作用，有利于建立良好的宿舍生活秩序，培养学生健康的生活习惯和良好的道德品质，因此，高校应加强学生宿舍的文化建设，为学生的生活和学习营造积极健康的文化氛围。

1. 建设学生宿舍文化阵地

文化活动的开展需要依托宣传阵地和活动场所，学生宿舍学生集中，人数众多，是绝佳的文化宣传阵地。高校应在学生宿舍开辟文化活动室、资料室等场地以满足学生的实际文化需求，为学生在课余时间开展文化活动提供场所，让学生能够阅读书报、观看教育影片等。此外，高校还可以在宿舍建设宣传栏、文化长廊等设施，以便与时俱进地进行文化展示，营造良好的宿舍文化氛围，使得学生在这种文化氛围中受到潜移默化的教育。

2. 积极开展宿舍文化活动

学生宿舍管理部门要充分利用可以运用的资源，例如引入学生团委组织、学生社团等，共同组织开展形式多样的文化活动，例如文艺晚会、社区文化节等大型活动，还可以举办征文、演讲、辩论、棋类等专项比赛。此外还要充分发挥学生组织的作用，通过成立兴趣小组的方式开展学习和文化活动。

3. 建设学生宿舍制度文化

学生宿舍的各项规章制度、学生公约中蕴含着特定的价值取向，这种价值取向是宿舍制度文化的重要组成部分，对学生的行为有着规范作用。高校要重视制度文化对学生宿舍管理的有利作用，加强学生宿舍制度文化的建设。高校应不断完善宿舍的管理制度，并将相关制度进行张贴公布，便于学生及时获悉，同时要运用有效方法积极引导学生主动获取信息，促使其遵守管理规定。在制定学生宿舍的管理制度过程中，也可以让学生参与，听取学生的意见建议，这样制定的制度才会更容易获得学生的认同，执行效率更高，有利于宿舍制度文化的形成。

4. 开展学生宿舍文明评比活动

在营造健康文明的宿舍环境的过程中，为了调动学生的积极性和主动性，高校应实施一系列激励措施，在学生宿舍开展文明评比的系列活动，如"文明宿舍""文明楼栋"评选，或是宿舍形象设计大赛等评比活动。开展文明评比活动的目的在于激励学生在建设宿舍文明的过程中积极提高自身文明素养，通过自己的劳动来美化自己的生活环境。

实践证明，学生在宿舍文化评比的过程中，为了同一个目标共同投入努力，这种经历将有利于形成学生共同进步、相互关心的良好氛围，这样的氛围能够提高育人的效果。

第二节 高校班集体建设

班集体是高校开展育人工作的基本单位载体，也是开展管理服务工作的基本组织。现阶段我国高校班集体建设发展迅速，取得了不少显著成效，但仍然有一些问题没有被解决，并且在发展进程中出现了一些新问题、新情况。在信息时代，高校班集体建设要适应时代要求，符合社会发展趋势，根据学生的个性特点推进班集体建设，积极引领学生全面发展，促进学生成长成才。

一、高校班集体的内涵

（一）班级的概念

班级是学校的基层组织，是学校开展教育教学活动的基本单位，是学生进行学习活动的最基本单位，是除了宿舍外学生待的时间最长的场所，也是学生进行社交、实现社会化的重要场所。班级的概念来源于 17 世纪初，捷克教育家夸美纽斯在《大教学论》中首次提出"班级授课制"的概念，为班集体的产生和发展奠定了理论基础。班级是人类社会发展的产物，经过了工业革命，社会生产力获得空前提高，资本主义社会快速发展，对于社会劳动者的素质要求开始变高，因此社会整体的教育需求开始增加，学生数量规模不断增大，教育范围迅速扩大，教学内容不断扩充更新，传统的教育活动以个别学生为教育对象，显然已经无法适应人数众多的教育现状，为了解决这个问题，人们想到了将学生进行集体分批的方法，"班级"这种学生组织单位便出现了。

班级的组建依据是教育目的，要满足教育规范，班级成员的知识程度相同、年龄相近，这样才能开展统一的教学活动。班级具有帮助完成教学任务的使命，还要促进学生身心健康发展，具有以下特点：

1. 目标的一致性

同一个班级的学生都拥有共同的目标，即班级目标，在班级的规范下，为完成班级目标而共同努力，具有凝聚力。

2. 成员的相似性

为了开展统一的教学活动，取得好的教育效果，必须保证班级成员之间的个体差异不大，所以一个班级的学生其文化程度、年龄相近。

3. 有相对稳定的活动场所

班级一般都有对应的固定的教室，除了户外活动都在固定教室内开展班级的教育教学活动。

4. 有自己的组织机构

每一个班级都有稳定的组织机构，例如有班主任作为班级主要负责人，有任课教师，还有学生担任的班级职位，如班长、学习委员等。

5. 有一套明确的行为规范

班级都有自己的行为规范，成文或不成文，被全体成员认可，并规范着全体成员的行为，从而保证班级成员在班级活动中遵循一致的标准，以便顺利完成任务。

（二）班集体的概念

集体是为达到一定的社会目标而组织起来的群体，其集体目标明确，组织结构严密，拥有强烈的纪律性，因此具有显著的凝聚力。关于集体的定义，学界有着不同的理解角度，日本教育家片冈德熊在其著作《班级社会学》中提出自己的观点，他认为集体指的是为了共同的目标而进行角色分配和交互作用的两个人以上的群体（集合）；苏联著名社会心理学家彼得罗夫斯基认为，并非所有群体都是集体，集体是群体的高级形式，专指具有强大凝聚力的、有共同的活动目的且具有高度组织性的群体；马卡连柯则认为，集体是社会宏观层面的结合，是社会主义社会的细胞，而不是一群个体的偶然集合，集体是一个总体概念，其中的成员基于社会主义结合原则相互接触。

从以上观点来看，班级与班集体的概念是不一样的，两者的社会性质有着根本区别。班级是一个有组织的群体，而班集体则是班级的高级形式。班集体是具有高度组织性、凝聚力和社会倾向性的班级，是一个具有集体意志和社会心理的共同体。可以说，从班级到班集体的转变标志着自在群体向自为集体的飞跃。

对于班集体的概念界定，我国学术界存在一些不同的观点，有的观点认为班集体是一种按照班级授课制的培养目标和教育规范组织起来的社会心理共同体，其显著特征是有着共同的学习活动和直接性人际交往；有的观点认为班集体指的是经过各种教育者的教育，形成的具有正确的奋斗方向、向上的进取心和凝聚力、较强的骨干力量和集体信誉、具有良好的班级制度的班群体，其中的成员团结友爱，懂得互相帮助；有的观点认为班集体是班级群体的高级形式，其本质上是为了完成学校教育任务为的共同目标而组织的，有稳定的组织机构和明确的规章制度的学生共同体；还有的观点认为班集体是一种为了实现学生的阶段性发展而存在的交往共同体，其主体为学生，引导者为班主任。这些观点有着较大的差异，但都涉及了班集体的本质特征。

本书认为，班集体是具有高度组织性的班级，其建立以班级为基础，主要开展学习活动，集体成员的主要任务也是学习，集体引导者通过明确的奋斗目标、学习活动、严格的制度规范和纪律、培养集体成员的价值取向。

综合以上多种观点，我们可以对班集体的定义概括为：班集体是为了实现统一的教育目的而组成的，受到严明的制度和纪律规范着的，有着核心领导力和高度凝聚力的学生活动共同体。

（三）高校班集体的概念

高校班集体是大学生群体发展的高级形式，是高校开展教育和管理工作的基本单位，具有严密的组织性和极强的成员凝聚力。班集体内的成员所学专业相同，年龄相仿，文化程度相当。高校班集体能够帮助大学生锻炼心理素质、积累知识、提高专业知识和技能，有利于促进大学生的社会化。高校班集体主要具有以下特质：

① 以学习为主要集体活动，集体成员的首要任务是学习。

② 是有高度组织性、有纪律、有凝聚力的基层学生群体，其目的是方便开展高校教学任务、实现教学阶段性目标，促进大学生全面发展。班集体具有严密的组织结构，起到规范全体成员的行为的作用，打造积极健康的学习环境，有利于促进大学生形成正确的价值观，养成良好的行为习惯，实现自我发展。

③ 高校班集体是大学生的基本组织形式，也是高校开展教育活动的基本单位，因此班集体的集体目标应当根据高校的教育目标来制定，同时要适应社会的发展需求。

二、班集体建设相关理论

（一）人本管理理论

人本管理指的是按照人性的特性来分析人类社会的组织活动，并依据人性基础来管理活动的方式。人性是人本管理的核心要素，此外还有三项基本要素：环境、人员、价值观及文化。

人本管理的首要任务是管理人员，通过制度和活动激发组织成员的参与动机，引导全体人员参与组织活动，培养成员的集体责任和团队精神；主要目标是促进人的发展，人具有可塑性，用合理的制度对组织内的人员进行行为规范，运用文化进行思想引导，能够促进成员的自我发展和提升。

班集体建设的过程中应该借鉴人本管理理论，大学生具有社会人的属性，在班集体的管理过程中，大学生不仅是建设的主体，同时也是建设的客体，主客体之间联系紧密。班集体的目标全体成员的共同目标，同时还形成了集体文化和独有的价值观念，这些因素能够管理对大学生起到导向、凝聚、整合的作用，对大学生的思想和行为产生重要影响。

运用人本管理理论建设高校班集体，坚持以人为本管理理念，重视大学生的主体性，可以调动大学生参与学习活动的积极性和主动性，有利于激发其创造性。同时组织内大学生的目标一致性有利于促进大学生之间的关系，使得组织内部维持和谐的关系，还能提升大学生人际交往的能力，促进其全面发展。

（二）目标管理理论

目标管理是采用行为科学理论作为管理的方法，根据人性的特点，制定组织共同目标的管理方式。制定组织共同目标的前提是领导与成员集体协商，将每个角色的责任划分明确。此外要采取评估机制促使组织成员进行自我评估、自我控制，有利于培养组织成员责任心与荣誉感，充分激发其工作潜能。

目标管理理论的核心是对目标的管理，为组织设定分目标和总目标，通过实现一个个分目标来达到总目标。在设定目标时，重视目标的可行性、层次性和挑战性，以此吸引组织成员参与。目标管理思想强调的是经过上下级成员一致协商后再确定目标，在贯彻目标的过程中采取相应的方法促使组织成员进行自我控制、自我参与，以便激发其参与积极性。完成目标的欲望是人参与活动的重大动力，尤其是当集体目标为全体成员所认同时，就能够将目标的激励作用充分地发挥出来。

从目标管理的角度来看，班集体建设的目标是促使学生成长为符合高校教育目标的个体，需要通过教学活动、组织建设和制度的管理规范学生的行为、培养学生的专业能力、引导学生的思想。高校班集体里的大学生处于不同状态，具有不同水平、不同层次的多样化需求，并且这些随着客观环境和学生主观意识的改变而变化，具有复杂性。同时，班集体内成员的个体目标与集体交互发生作用，经过交融后，结合为统一的整体，这种具有一定结构的整体目标就是班集体的目标。因此，班集体目标的实现，需要以实现成员的个体目标为基础。

班集体目标是开展管理活动的出发点，也是管理活动所要达到的目标，它是管理活动采取协调手段的前提。同时班集体目标还是班集体的宗旨和制度的具体化要求，是一切管理活动的开展依据。

（三）破窗理论

破窗理论是指一扇窗户被打破，如果没有修复，将会导致更多的窗户被打破，甚至整栋楼被拆毁。这揭露了一个心理现象，人们对完美的东西有着本能的维护意识，但是对于破损的事物没有这种维护意识，甚至会加剧其被破坏程度。该理论最大的启发性在于环境能够对人的行为产生强烈的诱导性和暗示性。根据破窗理论可以发现，细节对事物性质的破坏作用会累积，同样细节对人的行为暗示纵容作用也会被累积，因而，在面对轻微违规行为、不良习气的时候也要坚决打击，彻底清除，否则对规则的破坏行为将会越来越多，愈演愈烈。

根据破窗理论的启示，利用人们对于完美事物的保护心理，建设班集体应该抓住入学教育这个最好时机，在还未出现任何不良行为之时，树立明确的集体目标，使得每个学生将集体目标作为努力的行为指导和方向；同时要建立健全组织机构，组建班干部队伍，增强核心领导的力量；还要制定严格的规章制度，严明班集体纪律，低于违规违纪行为坚决打击不容忍，防微杜渐；最后还要营造积极健康的舆论环境，引导舆论走向正确的方向，树立榜样，利用榜样的力量激励学生不断进取。

班集体建设要遵循科学规律，发挥科学理念的指导作用，保证建设方向的正确性，同时结合时代特征赋予班集体新时代的丰富内涵。这样才能充分发挥班集体在高校人才培养中的基础性作用，有效发挥班集体建设的作用，为教学目标的实现做出贡献，为管理者开展管理工作奠定基础。

（四）系统学理论

系统是由相互依赖、相互作用的若干组成部分结合的具有特定功能的有机整体。系统中的各个要素的组合遵循一定的相互关系，要素之间相互促进、相互制约又互为因果。

系统具有整体性的特征。第一，系统内的要素对系统能够产生影响，要优化系统必须要对其中的要素进行优化，才能达到系统整体的优化；第二，系统具有非加和性，系统整体并非由部分经过简单的累加构成，而是按照一定的规律和逻辑构成，因此组成整体的部分在孤立状态时所不具备整体的特性。

根据系统学理论，可以将班集体看成一个系统，每个学生都是系统中的一个要素，要使班集体变得优秀，就要使得集体中的绝大部分学生变得优秀。大学生事务管理工作体现了系统学理论，引导并帮助每个学生实现进步，确立合理的集体目标，为集体制定专门的规章制度来规范学生的行为，以此培养良好的学风，促使学生共同进步，当每个学生都取得进步时，班集体自然实现了优化。

要实现班集体的整体优化要从以下三方面入手：第一，优化成员个人要素，这是优化班集体的必要途径，也是班集体建设的基础。尊重学生的主体性，要设置合理的目标，使其有前进的目标，鼓励学生向上进取，调动每一个学生的学习主动性，激发其潜能。第二，优化班集体结构，这是班集体建设的核心。班集体是一个组织，可以看作一个系统整体，必须具备一定的组织结构和有序的秩序，班集体的组织结构即班委会队伍，如团支部、班干部、寝室长等，对于班委会的选人，要用人所长，选择最适合该岗位的人。第三，优化班集体目标，这是班集体建设的旗帜和标杆。集体目标集体发展导向，是集体的凝聚力来源，因此班集体目标要切合实际，获得绝大多数成员的认同，这样才能发挥激励和引导集体成员奋斗的作用。

（五）苏联关于班集体的理论

苏联在教育思想领域作出了卓著贡献，其中包括不少关于班集体建设的理论。

苏联著名教育理论家和教育实践家马卡连柯在教育目的方面进行了深入的研究，他认为，确定教育目的的首要依据是社会政治需要，其次，要以社会历史背景为基础。他认为，教育的需求即教育目的来源于社会需要、人民的意向、革命斗争和任务，因此要根据社会的需要、政治的需要决定教育目的。此外马卡连柯认为教育目的的确定依据还有一个重要因素，即人的个性特征。人是教育的对象，但人的个性不一，接受同样的教育也会出现不同的教育结果，需要根据个体特性制定适合的教育目标。

马卡连柯教育理论的一个重要部分是有关集体教育的内容，他认为教育工作的主要开展形式是集体教育，集体是基本单元。苏联在明确了集体教育在教育领域的主导地位之后，确立了集体教育的基本原则。

教育的对象应以集体为单位，教育活动为集体而开展，集体主义教育的目的促进集体的完善和发展，通过集体的进步促进其中个体的进步，发挥集体的教育功能，使教育形成良性循环。

尊重与要求统一的原则。教师要尊重学生的主体性，对学生表现出信任，这是获得教育有效性的前提。学生感到被信任被尊重，会更加信任教师，并主动自觉地参与学习活动，从而达到学有所得的效果，提高了学习质量，对于教育者来说则提高了教育质量。

前景教育。"前景"就是指美好的理想和前途,前景教育教育者即利用描绘蓝图的形式让学生对未来充满憧憬,设置相应的目标,学生会因为受到美好前景的激励而发奋图强。苏联教育者把前景分为远景、中景、近景三个层次,远景是指需要非常长时间的努力才有可能实现的远大、高尚的目标,中景是指在较长的一段时间里,经过一定努力可以实现的计划,近景是在短时期内便可轻易达到的目标。这三者相互联系,短期目标是实现长期目标的基础,长期目标是实现短期目标的动力。要将这三者相互结合,为集体发展提供前进动力。

三、班集体建设评价

评价体系是获得教育反馈信息的主要渠道,为了优化班集体的建设,要建立相应的评价体系及时获取反馈信息,根据反馈改进不足之处。同时,评价体系要具备配套的考核方式,根据考核方式对班集体建设进行考核。良好的班集体应该具备以下的特点:

1. 具有共同的奋斗目标

班集体的共同目标是班集体建设的必备首要条件,班集体建设的目的是实现班集体目标,目标是一切建设活动的出发点。因此,对于班集体建设和管理工作来说,一个明确的班集体奋斗目标是必要的。班集体共同目标来源于成员的个体目标,同时又是全体成员个体目标的融合和提炼,符合成员的认同和追求,因此它能够调动全体成员的积极性、主动性和创造性,成员在完善个体目标的同时也是在为实现班集体目标而努力,维护班集体的荣誉,这是班集体凝聚力的重要来源。

制定班集体目标需要考虑到一些因素,其中有两个必要因素。一是学校的办学目标,高校的办学目标是培养合格的社会主义人才;二是社会的要求,即社会要求学校应该培养出什么样的学生。此外,班集体目标还应具有层次性,如高级目标、中级目标、低级目标,以满足不同的建设情况;还应具有阶段性,如远期目标、中期目标和近期目标,以给予成员信心。

2. 有力的学生骨干队伍

班集体建设的基石是学生骨干队伍,班集体各类活动的执行都需要学生骨干队伍来完成,活动的高效运行离不开学生骨干队伍。学生骨干队伍包括党支部、团支部、班委会,这个核心团队是组织班集体内部的每一个成员的主要力量。因此,应该在班集体内部成员中挑选、培养一批适合的人组建一支学生骨干队伍,这些人选应该品学兼优、乐于奉献、具有组织才能,他们是学生事务管理者的得力助手。只有具备团结有力的班干部队伍,才能保证班集体活动的顺利和高效实施,取得满意的效果。

3. 营造风清气正的班集体舆论环境

班集体舆论是在班集体中被大多数学生形成共识的思维取向和意见,舆论环境对成员的思想产生重大影响，要建设一个优秀班集体必须要营造清风正气的舆论环境。这样才能对学生的思想进行正确的引导，促使学生树立正确的价值观和人生观，帮助学生抵御不良思想的侵蚀，增强其明辨是非的能力，有利于促进学生身心健康发展。思想环境可以对学生产生潜移默化的影响，是一种无形的教育力量。

4. 严格的制度纪律

制度和纪律是班集体建设的重要保障。没有被约束的集体就像一盘散沙，内部成员的行为没有被统一规则规范，无法集中个体的力量形成集体的合力，集体便无法发展前进。纪律和制度能够对集体内成员的言行举止起到约束和规范作用，使得班级成员的行动方向达成统一，有利于形成合力共同实现集体目标。另外，在集体内成员长期遵守纪律与制度的过程中，会将这些规范内化到思想当中，从而做出正确的自觉行为。

5. 良好的班集体文化

班集体文化是班集体凝聚力的具体体现，是班集体建设的核心内容，健康和谐、积极进取的班集体文化氛围能够促使学生自觉端正学习态度，提高学习的效率和质量，还有利于学生的心理健康。班集体的文化建设具体可分为精神文化建设、环境文化建设和制度文化建设。

班集体的精神文化是指被大多数成员认同的理想信念、价值观念等，是班集体文化建设的核心内容；环境文化是指班集体固定场所的环境布置、成员的仪容仪表等外在因素显现的文化；制度文化是指被成员共同认可的制度和纪律以及成员在这样的制度下形成的日常行为方式，例如，班集体的学风、班风、成员间的人际关系等，是班集体精神风貌的集中体现。

6. 具有优良的班风

班集体建设的最终目标是形成优良的班风，为全体成员营造一个理想的生活和学习氛围，促使班集体成为一个团结友爱、纪律严明、发奋图强的优秀班集体。

班风是班集体全体成员精神面貌的表现，反映的是全体班级成员的行为作风、道德水准、思想情操等。良好的班风具有强大的思想感染力和号召力，能够增强班级成员的责任感、集体荣誉感，培养他们的集体主义精神，并激发他们的进取之心，促使成员自觉努力，从而促进班集体的整体进步。

四、我国高校班集体建设的变革与创新

高校班集体是大学生接受高校思想政治教育的主要平台，班集体的整体环境能够对学生的价值观、世界观、人生观的形成起着潜移默化的作用。因此，高校思想政治教育要抓住班集体建设的良机对学生展开教育活动，这需要大学生事务管理部门进行配合，对班级建设进行多方面的尝试和探索，积极创新班集体建设理念、班集体建设管理模式。

（一）理念的创新

1. 以学生为本，树立创新型的学生观

"学生观"是一个教育新概念，指的是教育者在教育过程中认识学生、培养学生所秉持的观点和理念。学生是教育的对象，正确的学生观的基本判断应该是学生事务管理者要根据学生的发展需求，进行相应的教育活动。

高校思想政治教育的直接执行者是辅导员，肩负着重大使命的辅导员必须树立正确的学生观，真正为学生着想，切实满足学生的需求，解决学生遇到的问题，重视学生的主体性，充分发挥学生的主观能动性，要将为学生营造一个良好的团体氛围作为管理集体的目的。

除了要树立正确的学生观，辅导员还应该加强自身素养，提升自己的综合素质，精深专业能力，提高沟通能力、组织能力以及网络素养等，这是新时代思想政治教育对辅导员提出的新要求。

在高校里，学生代表着一切社会关系的总和，在某种意义下他们的特性反映了整个高校的关系。高校应该打造一个自由、积极、和谐的学习和生活环境，促使学生在安全舒适的环境中释放天性、张扬个性，鼓励学生发展自己的爱好特长，引导并帮助学生树立自己的理想和职业目标。学生在被尊重的环境下会对学校更加信任，对于学习也会更加主动，因此良好的教育环境有利于提高教育质量，促进学生的身心健康发展。

此外，辅导员要用发展的眼光对待学生，不能仅凭学生一个时间点的表现就固定对其的印象，因为人是会变化发展的，学生当前的表现并不意味着其未来的发展。每个人都有自己的特点，辅导员应该善于发现学生的优点，给予鼓励，引导其发挥自己的特长，促进其全面发展。

2. 创新班团活动形式，加强情感沟通

沟通是人与人、人与群体之间感情与思想的传递、反馈的过程，以求感情的通畅和思想达成一致。[①] 在美国著名的心理学家马斯洛看来，人潜在的需要根据出现的先后顺序以及强弱顺序是分为不同层次的，从低到高可以归纳为，生理需要、安全需要、归属与爱的需要、尊重需要和自我实现的需要五个层次。对于大学生来说，后三个层次的需要主要在班集体中获得满足，为了满足大学生的需求，学生事务管理者应该加强班集体的情感沟通，建设和谐的人际关系，为学生给你营造一个温馨的情感环境，有助于提高班集体的凝聚力，促进学生的个人发展。

班集体建设应强调情感的交流，有效的情感沟通可以加强学生的信任感、责任感，提升核心凝聚力，有利于培养团队精神，学生会更加积极地参与到班集体建设中来，大大提高了班集体的建设的效率和质量。情感建设是创新型班集体的

---

① https://baike.baidu.com/item/%E6%B2%9F%E9%80%9A/81026?fr=aladdin

一部分。

班集体的情感沟通需要通过班团活动来完成，所以举办各类班团活动来达到加强学生情感沟通的目的。班团活动要完整的活动计划和活动方案，并且设计要合理、科学，具有可操作性，围绕一个明确的主题展开，特色鲜明。班团活动要具有多样性，在形式上有多样性，如文体活动、主题班会、技能竞赛等；内容方面也要有多样性，如文明礼仪教育、爱国主义教育、社会实践、手工活动等。活动的设计应该充分考虑到大学生的年龄特点，要突出一定的趣味性，提高活动对大学生的吸引力，增加参与活动的人数。班团活动主要在班集体内部组织开展，还有与外部集体的联谊活动一般是跨班级或跨校组织，联谊活动可以让学生接触到新鲜事物，开阔学生的视野。

班团活动举办的频次不能过多过密，以免影响学生的学习。可以在班团活动中进行特意安排，培养学生的综合素质，通过促进学生个人的成长成才来推动班集体的建设。

3. 营造积极向上的班集体氛围

班集体氛围能够对学生产生潜移默化的作用，展开无形的教育，良好的班风能够促进学生的身心健康，促使其端正学习态度，积极进取，使得班集体变得优秀。

要营造积极向上的班集体氛围可以通过多渠道的方式实现，如将班集体内部成员分组，根据学习活动将成员分成兴趣小组和学习小组，发挥小组的自我教育、自我管理功能，使得小组成员在共同解决问题的过程中，增强团队合作意识和集体责任感。除了分组的方式，还可以通过开展集体活动来加强学生的情感交流，丰富学生的合作经历，有利于激发学生的集体荣誉感。

良好的班集体氛围一般由三方面的关系组成，即健康和谐的班集体舆论、友爱合作的同学关系、民主平等的师生关系。

现代教育与传统教育的一大区别在于学生的主体性，现代教育秉持"以人为本"的教育理念，师生关系平等，保持友好的交流，有利于学生的身心健康发展，还能提高学生参与学习的主动性，从而提高学习效率。

班集体内部的成员之间存在竞争关系，合理的积极的竞争氛围有利于促使学生争相进步，从而促进班集体整体的进步。因此管理者要注意观察并引导班集体内的竞争关系，使其保持良性。同时，也应注重培养学生之间互助合作的观念和意识，使其维系团结友爱的情感关系，为了促进学生之间的情感交流，可以开展一些有利于学生身心发展的集体活动，如远足踏青、夏令营、团日活动等。在活动中安排一些合作环节，拉近学生的距离，促使整个班集体形成融洽和谐、积极向上的精神风貌。

班集体舆论就是在班集体中占优势的为多数人所赞同的言论和意见[①]，也是班

[①] https://xueshu.baidu.com/usercenter/paper/show?paperid=1s0g0280rg620850cd6q0cp0aw021445&site=xueshu_se

集体成员观念态度的集中体现，是班集体深层次的精神文化。健康和谐的班集体舆论有利于促进学生身心健康发展，促使学生树立正确的价值观，在全体学生积极进取的过程中，学生的集体荣誉感获得提高，班集体的凝聚力也得到了增强。营造积极和谐的班集体舆论环境，可以制定合理的规章制度，对学生的行为进行正确引导，促使其养成健康的习惯，进而引导培养其正确的价值观。还可以完善网络活动阵地，在网络空间内展开学习教育活动，增强班集体的活动时间性，增加对学生的吸引力，引导网络舆论，为学生打造健康绿色的网络环境。

4. 重视班集体融合度的建设

班集体中的成员有着不同的背景，如风俗习惯、性格特点、成长环境等，加上当代大学生崇尚自由、个性独立的特点，个体之间存在较大差异，因此加强班集体成员的融合度成为班集体建设的重要内容。良好的班集体融合度可以拉近学生之间的关系，营造融洽的班集体氛围，有利于促进学生对班集体产生认同感与归属感。

增强班集体的融合度，首先要调动班委会成员的建设主动性，提高其主人翁意识，明确班委会的权利，增强其管理班集体的责任感；其次，要重点关注对于集体活动不热衷成员，运用一些奖励手段吸引更多人参加集体活动；最后，班委会要定期与班集体负责人交流班集体的融合度建设情况，班主任要统筹全局，指导班委会合理建设班集体融合度。

（二）模式的创新

1. 完善班集体制度建设

在过去，高校的班集体管理模式是学年制，关注一般专业化教育，不能很好地满足学生的个性化发展，为了切实推进素质教育，如今高校已经普遍采用学分制作为对大学生的学习管理模式，因材施教，并且促使大学生进行自我管理，有利于提高大学生的综合素质，从而培养出复合型人才。在新的高校工作模式下，班集体的建设也应建立一套相应的完善的制度体系，以辅助学分制的管理模式。

制度化建设是班集体建设毕竟途径，制度能够保证管理工作的顺利展开，使得管理工作规范化、程序化，能够规范学生的言行，营造一个良好的班集体氛围，提高班集体凝聚力，是打造优秀班集体的重要保障。

真正的教育是自我教育。只有让学生变得自律，懂得自我约束和自我提升，才是成功的教育。班集体制度的作用并不是单纯为了管束学生，其真正目的是让学生在规范的环境中培养出正确的思想和良好的行为习惯。同时在制度化的班集体建设环境中，学生有机会发挥自身特长，在参与班集体建设的过程中进一步加强自律意识和自我管理能力，实现自我教育。

对于班集体建设来说，完善健全的制度不仅有利于学生实现自我管理，而且能够使得琐碎繁杂的事务性工作变得程序化，管理者可以将这些工作交给班委会，一来管理者可以有更多时间处理复杂的重要事务，二来可以加强与学生的交流，对学生进行适当指导，提高其自我管理能力。

此外，科学合理的制度还能够为高校的思想政治教育工作机制带来创新动力，有助于营造公正、公平、公开的教育氛围和环境，激发大学生对教育活动的兴趣，提高其学习积极性和主动性。班集体的管理者要引导和鼓励学生参与到班集体的事务管理中，指导其正确行使自身的权利，争取个人成长发展的平台。

2. 形成班集体骨干培养长效机制

班集体建设应建立骨干培养的长效机制，发挥学生骨干的管理作用。班集体骨干队伍由学生干部组成，是班集体建设的具体执行者，具有自我管理、自我教育、自我服务的功能，同时也是沟通集体成员与班集体管理者的桥梁。新时代的班集体建设应整合凝聚学生骨干队伍的，在以学生为主体的集体中发挥"关键少数"的领导和管理作用。高校班集体建设要坚持育人为本的理念，将培养大学生自我管理、自我教育的能力作为目标，班集体管理者围绕这一目标和基本原则展开管理工作。

高校班集体学生骨干队伍的构成人员呈现多元化的特点，包括班委会成员、团支部成员、各门课程的课代表，班级小组长，还包括寝室长、学生会干事，他们不一定在班集体中任职，但都具有学生干部的身份，是学生群体中的骨干。班集体的管理者应该将学生骨干人员纳入相应的系统中，制定相应的管理制度，实行统一管理和指导，一次形成长效的班集体骨干培养机制。

班集体的组织系统是反映其整体管理水平和建设成效的重要标志，高校班集体应建立健全组织体系，不仅要建立骨干队伍培养机制，还要建立一些更加具体的人员机制，比如班委会、班团小组机制。这是夯实班团工作基础的重要措施。经班集体建设实践证明：建立班团小组能够细分基本管理单位，降低管理难度，还有利于促成班内小组竞争局面，例如开展各类班级小组竞赛，从而使得学生形成良性竞争关系，培养学生的集体精神和团体荣誉感，提高班集体建设的效率。

班集体骨干的长效培养机制包括几个部分组成，如班集体干部例会制、班集体干部任职情况通报制、班集体干部学习交流会、班集体干部周点评制等，这些是必不可少的内容。学生干部的任职岗位和职务内容需要通过通报制向整个班集体进行通报，让全体成员掌握班集体事务信息，保证信息的透明度，提高全体成员对学生骨干部队的信任度；干部学习交流会能够加强干部间的沟通交流，促进其团结程度，提高凝聚力，共同发挥在班集体内的带领作用，提高班集体管理效率；例会制可以让那学生骨干队伍定期了解近期发生的大事，从而掌握班集体的动态，帮助管理者部署班集体工作；周点评制主要是对一周内班集体内部的积极现象进行表扬，对负面进行批评，分析存在的问题，并提出改进建议，为班集体的建设发展作贡献。

3. 确立"三位一体"的班集体管理模式

高校的班集体建设工作与大学生的生活、思想、学习三方面的内容有着密切联系，高校要建立"三位一体"的班集体管理模式，即辅导员、学生干部、班主任共同进行班集体管理的模式。在高校班集体管理中，辅导员发挥着统筹全局的宏观调控作用，是班集体管理工作不可缺少的必要角色；班主任管理着班集体中各类具体事务，组织学生开展教育活动，是班集体建设和学生管理工作中的重要力量；学生干部是班集体管理工作中的桥梁，沟通着班主任和辅导员，同时也是学生与教师联系的窗口，他们有着自我管理的能力，因此学生干部的能力与素质影响着班集体管理工作的质量。高校要重视对辅导员、班主任、学生干部的素质和能力培养，促使三者加强合作意识，并进行管理理念和方法上的创新，以推进高校班集体管理系统化。

此外，我国部分高校还在推行指导学长制，这是一种由高年级学生引导低年级学生的管理方法。高年级的优秀学生通过培训，对低年级学生进行积极的引导，为低年级学生提供一些经过验证的生活和学习经验，帮助低年级学生尽快适应大学环境、合理规划大学生活，并为低年级学生解决一些实际问题，如帮助经济困难学生解决生活难题、帮助低年级学生克服人际交往障碍等。这种形式能够促进学生个体的成长和发展，有利于推动班集体建设。

4. 积极探索班级建设的网络模式

在信息化时代，网络技术全面渗透进人们的生活，改变了人们的生活方式和工作方式，高校应该与时俱进，充分利用新媒体技术和网络技术的便捷性与开放性，探索班集体建设的网络模式。在互联网技术发达、移动终端等硬件高度发展的情况下，高校可以依托成熟的专业网络教学平台，运用大数据、云计算等信息技术，实现异地、实时、互动教学和学习的新的教学模式。

除了在网络教学平台开展教育活动，班集体管理者还可以利用网络的开放性和实时性加强与班集体成员的沟通，如建立班级微信、QQ群等虚拟的班级形式，促进学生之间、师生之间的情感交流、交流，由于网络响应实时，还能及时发布信息、解答学生的学习疑惑。

五、高校特色班集体实例

（一）案例描述

某重点大学理工学院2018级某班，班级成员兴趣广泛，爱好多样，思想十分活跃，课余活动特别丰富。班级里很多学生都是院、校级各类活动组织和社团的成员或是担任负责人的职位，参与各类活动的经验丰富，拥有较强的组织能力、协调能力和处理解决问题的能力，因此，该班班级活动形式多样、内容丰富，深受同学们的喜爱和欢迎。同时，该班采取学生结对帮扶的方法，由一个成绩优秀的学生和一个成绩稍差的学生结对，在学习上起到促进和带动的作用，极大地调动了同学们学习的积极性和主动性，形成了良好的班风和学风。

（二）案例分析

例中的班级具有鲜明的班集体文化，并且重视培养班集体文化。班集体文化指的是经班集体成员共同认可，并被大部分成员遵守的价值观、精神和准则，班集体文化对集体成员的行为发挥指导作用。班集体文化有四个层次的内涵，即表层的物质文化、浅层的行为文化、中层的制度文化、深层的精神文化。物质文化和行为文化是班集体文化的基础，精神文化则是班集体文化的核心和灵魂，制度文化是班集体文化的保障。

1. 作用

该班级充分发挥了特色班集体文化对集体成员的无形引导作用，主要体现在以下几个方面：

（1）培养优秀的学生骨干队伍

实施班干部竞争上岗制度、值日班长制度，为更多的班集体成员提供参与班集体管理工作的机会，一方面能够促使学生干部获得更多锻炼机会，提高其管理能力，同时也增强了集体成员对本班集体的认同感和自豪感；另一方面，这样的管理形式有利于班集体形成自己独特的组织优势、竞争优势。

（2）搭建各种素质拓展的平台

通过举办班集体活动，搭建平台拓展集体成员的综合素质，如班级演讲竞赛、社会实践、专业学习讨论会，还有各种主题的班会。

（3）提高学生的思想道德素质

通过形式多样的文体活动和宣传方式传播思想道德，例如文化宣传板报、文化小组等形式对成员进行德育，以此培养班集体精神文化，对集体成员发挥潜移默化的影响。

（4）展现班集体优势，营造氛围

创建健康和谐的班集体文化，改善班集体学习氛围，从而形成良好的学风、班风，促使全体集体成员形成积极向上的思想观念，培养其集体精神和团队意识，调动班集体成员参与班集体建设的积极性。积极向上的氛围能够在无形中影响集体成员，催人奋进，激励成员下不断进取。

2. 措施

该班级在构建特色班集体文化的过程中，主要采取了以下措施：

（1）增强班集体成员班集体归属感

该班级采取轮流值日的班干部制度，让集体成员拥有轮流"执政"的权利，这种方式能够让每个集体成员都拥有管理班集体的机会，能更让成员获得锻炼机会，且有利于培养成员的集体荣誉感和团队合作精神。

轮流值日的班干部制度就是由班委干部自愿报名，公开竞选上岗，每学期更换一次班长、班委，不能连任。此外该班级还实行例会制度，每月定期组织两次班集体常规例会，提前确定一个主题，每个例会围绕该主题展开。班集体例会能更对集体成员的思想和行为产生引导作用，可以将其作为开展思想政治教育的重要方式。

（2）实施班集体成果公示分享制度，以激励班集体成员

表扬能够对人起到很大的激励作用，促使人努力奋进，追求更高的目标。在每个学期结束时班集体管理员把班集体成员的具体学习情况、各种获奖情况以及班级的获奖情况通报给家长及班集体成员，使其因受表扬而被激励，更加积极主动地投入学习和班集体建设中。

（3）创特色，抓内涵，确立特色班集体文化创建目标

班集体共同目标是一切班集体建设和管理活动的出发点和方向。该班级根据班级的实际情况，制定了被大部分成员认可的共同目标，班集体成员在努力实现共同目标的过程中形成了强烈的凝聚力，创造了具有本班级特色的班集体文化。

（4）以专业学科竞赛和专业社团建设为载体，构建学生专业学习的平台

该班级注重培养学生的专业素养，鼓励成员多多参加以专业为依托的学术活动、学科竞赛等权威性活动，此外还可以参与或创建专业社团，经常举办相关互动，以此提高学生的专业水平。这些举措使得班集体文化充满了学术氛围。

（5）建立特色班集体物质行为文化，创班集体温馨家园

该班级重视班集体物质文化建设，如特意精心布置了墙饰，张贴名人每名言警句、班集体荣誉证书，组建班集体新闻中心，创办班报等。通过具体的媒介将班集体倡导的价值观念体现出来，使得班集体成员受到物质中体现的文化的影响，营造求是进取、团结进步的班集体氛围。

（三）案例总结

绝大部分大学生已经成年，但仍处于生理和心理的成长期间，尤其是心理上，他们的三观还未成熟，思想容易被外界影响，在行为方面普遍缺少自制力，容易放纵沉迷享乐的生活，因此高校要进行班集体建设，为大学生打造一个健康成长的环境，促进其身心健康。

班集体的学风、精神内核、风貌等组成班集体文化的抽象内容是影响大学生思想和行为的重要因素，班集体建设要注重文化建设，创建积极和谐的文化氛围，在无形中激励班集体成员努力进取，进行自我管理、自我教育。而一个优秀的班集体，应该用班集体文化培养学生的创造精神，并引导其将精神文化体现出来，将思想观

念付诸实践。

该案例中的班级采取合适的班级建设制度，保证了其班集体文化的建设，创建了具有鲜明特色的班集体文化，提升了班集体成员的凝聚力，同时也对班集体成员产生了潜移默化的积极影响，促使其不断进步。

第三节 大学生资助

一、学生资助基本理论

（一）学生资助基本概念

学生资助是教育公平的一种体现，与我国教育事业的发展以及和谐社会主义建设的全局密切相关，已经深入民心，广受社会大众关注。经过多年的建设、发展和完善，现阶段来看，我国的学生资助政策体系范围已经实现了从学前教育到高等教育阶段整个教育体系范畴的全覆盖，基本能够做到应助尽助。

学生资助有狭义和广义两方面的内涵，狭义的学生资助指的是国家在高等教育阶段颁布实施的国家奖学金、国家助学贷款、国家助学金、国家励志奖学金、勤工助学、学费减免等一系列有关的政策和规定；广义的学生资助是指政府以及社会团体、企业单位、个人对经济困难的学生或学生集体提供的经济保障或社会帮助。

我国的学生资助在新中国成立初期主要为"人民助学金""免费上大学"，随后，出现了两种资助模式，即改革"人民奖学金""人民助学金"。改革开放后，我国经济得到了大幅发展，国家经济实力和人民的生活的水平不断提高，我国的学生资助开始向贷学金方向发展，后来又产生了一种间接的社会资助，即个人、机构或社会单位，向高校或大学生群体提供经济方面资助，如为高校提供资金用来建造教学楼和宿舍，成立助学基金拨款给大学生缓解经济压力等。随着我国学生资助工作的不断深入，资助工作开始广泛关注对学生的素质培养。现阶段，我国的学生资助的主要形式有"减（免）、补奖、勤、助、贷"，目的是"扶贫、助学、励志"。

（二）建设学生资助体系的重要意义

学生资助是我国社会保障体系中社会救济方面的重要内容，学生资助工作的开展有利于维护社会稳定、促进教育公平。建设学生资助体系对于我国社会主义建设具有重要意义。

1.建设学生资助体系是构建和谐社会的重要举措

教育是强国的根本举措，是提高人民科学文化水平和思想道德素质的基本途径，只有提高国民综合素质，国家才能全面进步。我国的贫富差距还较大，依然有许多家庭难以负担教育的费用，所以建立健全学生资助体系能够切实帮助经济困难的学生，为经济困难家庭减轻教育压力。学生资助体系有利于维护广大人民根本利益，促进了教育公平与正义，因此有利于维护社会稳定，是构建和谐社会的重要推动力。

2.建设学生资助体系是维护教育公益性和公平性的有效手段

教育关系到我们每个人的切身利益，对个人发展有着根本影响，也关系到每一个家庭的幸福。我国教育法中明确规定我国教育具有公益性。我国一直非常重视教育，计划将促进教育公平作为一项基本国策来施行。促进教育公平的首要措施是解决贫困家庭子女的上学问题，保证不让学生因经济困难原因而失学。这就要求各级政府必须保证对基础教育投入足够的资金，保障经济困难家庭的子女享受平等接受教育的权利，实现教育的公平性和公益性。

3.建设学生资助体系是引导学生报效祖国、服务人民的重要途径

随着我国对国际的开放程度不断扩大，以及全球信息化发展，国际各国的文化进入我国，多元化的文化思潮和价值观念不断冲击着我国民众，尤其是大学生群体，外来文化对其产生广泛影响。在西方意识形态渗透进大学生群体的情况下，我国的学生资助体系能够切实帮助经济困难的学生，这种关心和爱护将会使学生感到温暖，从而产生爱国热情，对社会主义更加认同，起到了思想政治教育作用。并且大学生在这种积极的教育氛围下会自觉将个人发展与国家发展紧密联系在一起，将来成为社会主义祖国的建设者。

4.建设学生资助体系是助力学生提升能力、实现个人价值的重要方式

学生资助工作对于被资助的学生来说有重要意义，通过为学生提供有利的发展环境，能够帮助其实现个人发展和体现个人价值，这种环境包括两层含义：一方面，学生资助体系能够为经济困难的学生提供经济资助，满足学生的生活基本需求，使其能够将更多时间和精力投入学习，在安心刻苦的学习中不断提升自己的科学文化水平，顺利成长成才；另一方面，学生资助体系为学生提供参与勤工助学的机会，这是一种社会实践。学生在参与社会实践的过程中，可以将理论与实践相结合，获得对知识的进一步理解，还锻炼了实践技能，有利于提升学生的综合能力，如工作实践能力、沟通能力和组织能力，在为集体或他人做出贡献的同时，学生也能够实现自己的价值。

二、学生资助历史沿革

（一）中国大学生资助历史沿革

1.新中国成立前的大学生资助制度

在新中国成立之前，自古以来我国大学生资助制度主要分为两种：官学和私学。

其中，以官学资助形式为主，因为在过去两千多年的封建时期，高等教育机构由政府掌管，因此学生的资助工作由政府官方负责。

（1）我国古代的大学生资助制度（1840年以前）

我国古代的高等教育史上出现过一种具有里程碑性质的官立大学，即汉朝开创的太学。太学的学生有两种，一种是正式生，家境贫寒，学校为其免除赋税徭役，国家还提供免费宿舍给其居住；另一种是特别生，上学的一切费用自理。

唐朝的中央大学设"六学二馆"，学生在校期间不需要支付任何费用，国家承担其在校期间的全部费用，包括膳食、住宿、服装等。

宋朝的官立大学已经系统化，形成了一个中央高等教育系统，该系统以国子学、太学为中心，以算学、律学、书学、医学等为辅助。官立大学有稳定的资助经费来源，因此对学生的资助非常慷慨。

明朝的官办高等教育机构只设南、北两京国子监，监生的一切费用由政府承担，监生的衣、食、住、行、病、死都由政府包揽，待遇优厚，除此之外，还能携家属伴读。

清朝从初期到鸦片战争期间的中央官学以国子监为主，监生的待遇与明朝大体一致，政府承担监生的膳食和文具费用。

我国古代处于封建社会，受教育是一种特权，官学学生将来基本上都会成为官员，所以国家对官学学生慷慨资助。但是说到底，封建时期，只有具有身份和权力的家庭，其子女才能成为官学学生，所以国家的资助对于普通百姓来说没有实际意义。

在我国古代，普通百姓无缘官学机构，但是通过私学机构进行学习。春秋战国时期以孔子、墨子等为代表的诸子百家创办了具有高等教育性质的私学。私学的学生都要缴纳学费，但是教师个人会酌情对贫困学生进行资助。古代高等教育机构除了官学和私学，还有介于两者中间的书院。书院的办学经费由官方资助、民间集资、学院创收，院方会为学生提供必需的用品，如膳食、教材等。书院在宋朝时期迅速发展，到了清代已经建立了比较完备的膏火奖赏制度，除了教育免费，还形成了膏火奖助学金的资助模式。

（2）我国近代的大学生资助制度（1840—1949年）

我国近代最初的大学是清末洋务派创办的新式学堂。最初，新式学堂生源很少，需要凭借优厚的津贴吸引贫寒子弟入学。在维新运动后，教授西方现代科学的新式学堂逐渐被人们接受，于是学堂的生源剧增，超过学堂的负荷，因此，废除膏火制已是必然。1904年《奏定学堂章程》正式废除膏火制度，延续了两千多年的中国传统学生资助制度正式终结。

"中华民国"成立后，对于学生资助制度，政府进行了相关立法。政府对学生进行资助，为保证助学资金来源，政府要通过多渠道筹集资金，并且资助的形式不再是纯粹的助学金，还增加了奖励性质的奖学金、公费等形式。此外，学生资助事务管理开始组织化，各省市建立了专门的助学管理机构、助学基金和审核机构。

2.新中国成立后的大学生资助制度

新中国成立后，大学生资助体系经历了几个不一样的阶段，可以概括为形成期、改革期、调整期和完善期四个阶段。

（1）形成期："免费"加"人民助学金"（1952—1982 年）

1952 年 7 月，我国政务院明确规定高等教育废除学费，一律实行人民助学金。这意味着，全国的大学生都能免费上学，还能拿助学金。1955 年和 1964 年我国对大学生的资助范围和资助标准进行了微调。"文化大革命"十年间我国高等教育中断发展，在 1977 年基本恢复了人民助学金发放范围，并一直贯彻实行到 1982 年。

（2）改革期：以"收费"取代"免费"，资助以奖学金为主（1983—1991 年）

在新中国建设期间，高等教育一直实施免除学生的费用加"人民助学金"的政策，这种学生资助模式在特殊时期起到了非常积极的作用，对于亟须人才投身社会主义建设的时候，输送了一批高素质人才。但实际上，这种资助模式的回报并没有达到预期，因为绝对平均的人民助学金制度不能对大学生起到激励作用，不能带来良性竞争，学生在学习生活上存在惰性，不能发挥资助的效能。因此，大学生资助政策改革势在必行。

为了提高高等教育中对学生的资助效能，必须对原有的人民助学金和学费免除制度进行改革。1983 年 7 月教育部、财政部联合颁发了有关大学生资助政策改革的文件，改由以奖学金为主的资助形式。1986 年 7 月，国务院明确规定终止人民助学金制度，1987 年 7 月我国开始实施贷学金与奖学金相结合、并行共存的制度，彻底废除人民助学金制度。1985 年 5 月开始，高等教育从单一免费制逐步转为"免费加收费"的双轨制，打破了以往教育免费的格局，逐步推行收费制，经过六年的发展，我国高等教育的收费制已经基本取代了原有的免费制，并且形成了以奖学金为主要形式的资助模式。

（3）调整期：收费制的确立和"奖、贷、助、补、减"学生资助体系初步形成（1992—1998 年）

实行新的资助模式后，资助效能获得了很大的提高，在一定历史时期对我国高等教育发展产生了较大的推动作用。但同时也存在一些弊端，由于我国贫富差距较大，存在教育公平性不足的问题。因此我国对学生资助政策不断进行着局部调整，调整后，一方面继续推行以奖学金为主的奖贷学金资助政策，另一方面则增加了对贫困学生的资助，如"特困补助""勤工助学"和"减免学费"等资助形式，采取财政拨款的方式对学生进行补助，体现了我国高等教育的公平。

1993 年 7 月，国家教委、财政部专门设立了"特困补助"名目，用财政拨款对来自边远贫困地区的"特困生"进行资助。1994 年，国家教委要求各高校必须设立勤工助学基金，为家庭经济困难的学生提供勤工俭学岗位。并于 1995 年 4 月，国家教育部发布文件要求高校对家庭经济困难的学生实行减免学费政策。

在这一阶段，我国颁发的一系列政策文件标志着我国形成了以"奖、贷、补、助、减"为一体的大学生资助体系。与此同时，我国高等教育收费制也在逐步深化。1994 年至 1996 年，我国高校实行"招收并轨"，1997 年实行全面并轨，所有大学生成为"收费生"，完全确立了高等教育收费制。

（4）完善期："奖、贷、助、补、勤、减（免）"多元化学生资助体系逐渐完善（1999 年至今）

我国幅员辽阔，地域经济发展不平衡，地区贫富差距显著，在这样的国情下，高校资助模式也应多元化，因此，"奖、贷、助、补、勤、减（免）"多元化学生资助体系对我国高等教育发展起到了极大的促进作用。

但是随着教育费用的逐年上涨，许多家庭经济困难的大学生面临失学的局面，并且问题愈加严重。同时，高校开始扩招，大学生数量大规模增加，家庭经济困难的人数也越来越多，采用原来的学生资助模式已经不能完全满足需求，政府财政负担极大。为此，国务院于 1999 年 9 月批准在部分高校集中城市开展国家助学贷款试点，开始实行国家助学贷款模式，该模式一直延续至今，成为我国高校学生资助的主要手段，在我国学生资助体系中发挥了非常重要的作用。

近些年来，我国的大学生资助体系进一步完善，国家设立了国家助学金、国家奖学金和国家励志奖学金，对体系中原有的不足之处进行了补充。国家对于贫困生的入学和资助问题非常重视，要求高校必须落实各项资助政策并保证"绿色通道"，确保贫困学生能顺利入学。2007 年，国务院再次明确提出大学生资助体系要以政府为主导。除此之外，国家还在部分师范大学实行师范生免费教育，保证基础教育的师资数量。国家为经济困难的大学生开办了生源地信用助学贷款业务，并再一次规范强调了高校各项资助政策，如减免学费、勤工助学等。各高校也纷纷扩展资助渠道设立助学金、奖学金。

至此，以国家助学贷款为重点，以政府为主导，囊括"奖、贷、助、补、勤、减（免）"等主要内容多元化的学生资助体系逐渐完善。

（二）国外大学生资助历史沿革

要梳理国外大学资助模式的历史阶段，首先要了解国外大学的起源。西方现代大学的起源与教会有着密切关联，中世纪的基督教会势力壮大，为了能够促进教会能够往更高层次发展，创造辉煌，教会需要高水平的传教人士进行传教，扩大信徒队伍。而高水平的传教人士需要具备良好的文化水平，教会要对信徒进行相关教育。彼时教会已经具有很高的社会地位，逐渐靠拢统治阶级，拥有巨大财富，因此，为了发展教育，教会开始在修道院办学，这是现代大学的雏形。

世界上第一所正规大学是在 1087 年创建的博洛尼亚大学，其最大支持者便是当时的教皇格里高利七世。当时教会控制着大学，大部分的大学教师由基督徒或传教士担任，绝大多数的大学里都开设有神学的课程。

在这样的宗教背景下，早期大学生资助政策也有宗教色彩。早期大学创立的动机和目的是为教会培养人才，其实质是附属于教会的学术机构，因此当时大学的资金来源是教会、君主以及富有的信徒。大学的学生绝大多数都是虔诚的教徒，受到大学资助完成学业后，通常会选择宗教神职事业。可见，这一阶段的大学生资助的基本理念内涵是"宗教和慈善"，本质上是为教会服务。

随着社会生产力的不断发展，资本主义工商业开始逐步发展，人们逐渐摆脱封建王权和世俗宗教的控制，开始追求新的精神信仰。在宗教势力衰减的背景下，大学也开始舍弃为教会培养神学人员的功能，转而为蓬勃发展的工商业培养应用型人才。相应的，大学生资助理念也顺应时代发展发生了变化。

18 世纪末期，资产阶级革命在世界范围内多次发生，新兴资本主义国家开始出现在世界历史舞台。新兴资本主义国家，一方面通过革命挣脱了封建王权的压迫，走上了资本主义道路；另一方面，作为新生事物，新兴资本主义面临着封建王权的威胁，并且拥有高速发展的内在需求，这使得新兴资本主义工国家商业又有着高速发展的内在需求。这使得新兴资本主义国家对经济以及军事领域的人才需求迫切，需要大学为其培养相关行业的优秀人才。

因此，这一时期的大学资助也体现出与资本主义相关的时代背景。例如，美国《独立宣言》的起草者杰弗逊，他认为"人生而平等"，一个人无论是什么身份都拥有接受教育的权利，通过教育实现个人发展，并反馈回报给社会，政府应该资助穷人上大学，帮助其接受良好教育，从而为国家和社会带来更好的服务；同时，他认为资助贫困学生提供资助在政治上具有重要意义，能够促进社会平等，维护阶级关系，从而有利于"巩固国家政权"。这种理念获得广泛传播，对西方教育界产生了深远影响，成为近现代欧美各国大学生资助政策的指导思想。

20 世纪中叶，第二次世界大战结束后，世界局面相对和平。各国面对经受战火摧毁的土地，一方面开始重建生活基础环境，另一方面，许多国家从战争中意识到教育对于国家的重要性，于是开始大力发展教育事业，反思战前教育体制，对高等教育领域进行改革和调整。这一时期，大学生资助政策的主要理念是"人力资本投资"和"教育机会均等"。

"教育机会均等"是从西方"天赋人权"的思想延伸的理念，强调的是人人都有接受教育的基本权利，教育的对象不应有阶级之分，该理念是政府进行教育资助的基本法理依据。"人力资本投资"的理念是从经济视角来看待对于大学生的资助问题，强调高等教育能够帮助人们实现个人增值，使得人对社会作出更高贡献，人力本身就是国家的资源和财富，因此资助大学生具有社会经济价值。20 世纪 50 至

60 年代，这种资助理念得到发展与推广，许多国家通过立法的形式确保资助政策的落实。在战后几十年时间里，世界上的大部分国家都建立起了以此类理念为基础的大学生资助体系。

在 20 世纪 80 年代之前，世界范围内的高等教育规模都非常小，大学生的比例在同龄人中占比不到 2%，因此当时高等院校在人们眼中是培养社会精英的机构，人们认为政府资助贫寒学生并不是为了帮助穷人，其真正目的是培养统治人才。后来随着社会的发展，科学技术在社会生活中的愈发凸显出重要性，对于普通人来说，接受高等教育成了一种提升自己能力、实现自我发展的途径，能够促使人们获得更高的社会地位和社会资源，是一种追求更好的生活的方式。另一方面，高等教育越来越普及，大学生的数量越来越多，相应的，需要资助的人数也在增加，政府财政面临巨大压力。

20 世纪 70 年代，全球经济危机爆发，各国开始认真思考高等教育资助的效率问题，重新审视对大学生"慷慨资助"的社会效果。经过研究，有学者发现，战后基于"人力资本投资"和"机会均等"理念的高等教育资助政策，其实根本没有达到之前预想的效果。于是，各国政府开始重新思考和探索新的高等教育资助理念，在这种背景下，"回报率"和"成本分担"的理念应运而生。

20 世纪 70 年代初，大学生资助政策受到"成本分担"这一理念的深刻影响，该理念认为将学生生活成本、教学成本和学生放弃的收入这三大类成本视为高等教育的成本，无论在什么社会体制背景下，高等教育的成本都必须由家长、学生、纳税人和高等院校四个方面的资源来分担。欧美许多国家的助学贷款政策就是受此理念的影响而制定的。

三、我国学生资助工作的创新发展

（一）完善资助体系，提升工作水平

1. 积极完善家庭经济困难学生资助体系

我国要进一步完善以国家助学贷款为主体，以"奖、贷、助、勤、补、减（免）"互为补充的多元化经济资助体系，充分发挥各项资助措施的作用，使得资助政策的覆盖范围扩展到全部家庭经济困难学生，最大限度满足贫困学生的需求。

（1）科学管理、理清机制，发挥国家助学贷款的主体作用

目前，我国的助学贷款形式主要有生源地贷款和国家助学贷款两种类型。高校应对需要贷款的学生给予相关指导，为学生贷款提供便利，主动与经办银行配合，承担学校方面应尽的义务，将助学贷款这项政策落到实处。

高校要深刻认识到贯彻落实国家助学贷款政策的重要意义。高校要提高认识，领导班子也要统一思想，理清资助系统工作机制，明晰工作重点。高校应成立专门的学生资助管理中心负责助学贷款工作，组织与落实具体事务，同时为学生提供咨

询和指导服务。

高校应通过多种渠道广泛宣传国家助学贷款政策，例如现场咨询、发放手册、广播、宣传栏等校园传播方式，多层次地宣传助学贷款政策，让学生全面、正确地了解政策，提高大学生资助体系的受益面。

高校要制定科学管理制度和工作方法，结合学校自身的特点，在保证严谨的前提下，简化助学贷款的程序和手续，为学生提供便利。高校要从全局出发，合理统筹工作中的各个环节，同时要保证管理规范细致，为学生办理助学贷款提供制度保障。

高校应与银行加强合作，将助学贷款工作和还款工作的细节规划清晰，落实到位，帮助学生解决实际问题。学校与银行要保持密切联系，及时沟通信息，使得贷款工作具有时效性，与实际情况相符，最大限度为学生提供宽松的还款条件，减轻学生的还款压力。此外，有经济实力的高校还可以准备专门的资金用作校内短期贷款，为经济特别困难的学生解决燃眉之急，并规定在一定还款时间内无息偿还。

（2）统筹兼顾、科学构建，提升"奖、助、补、减（免）"的辅助作用

要进一步加强多元学生资助体系中的"奖、助、补、减（免）"政策和制度的建设与完善，积极发挥这些政策的辅助作用。例如，国家奖助学金制度对于大学生资助体系来说有着重要作用，学生获取国家奖学金的评定标准是优秀的学习成绩，奖学金是为了奖励学习优秀的学生，促使大学生在校努力学习；国家励志奖学金用于奖励家境贫寒且品学兼优的学生，国家助学金则是为了帮助家庭困难且努力学习的学生。

此外，一般高校会自行出资设立各类奖学金，主要用于奖励学习成绩优秀、社会实践表现优异、科技优胜的学生。高校优秀奖学金一般的覆盖面一般较大，部分学校可以达到30%至40%的比例，是对优秀学生的主要奖励资金。高校应该紧跟高等教育体制改革不断深入的形势，充分利用社会力量，吸收企业、社会机构以及各界捐资助学，以便更好地资助大学生，将其培养成才。

高校奖助学金应作为奖励家庭经济困难学生优秀表现的、激励其努力学习的重要手段。现实的普遍情况是由于家庭环境的影响，经济困难生的学习条件落后，学习成绩一般也会落后于大多数学生，加上性格比较内向孤僻，所以经济困难生在高校中获得纯奖优的奖学金相对会比较困难。因此高校可以设置一类带有资助性质的奖学金，即专门面向经济困难学生的奖学金，这种奖学金能够发挥两方面的作用，一方面可以为经济困难的学生提供切实的经济帮助，使其感受到被关心帮助的温暖；另一方面能够激励经济困难学生努力学习、实现个人的价值。

另外，高校还可以为经济困难生补助和减免学费，根据大学生资助政策，高校根据自身实际条件，为经济困难生给予不同程度的减免学杂费。除了减免学杂费用，高校还应视学校条件适当为经济困难学生发放补贴，例如伙食、路费补贴等，对于

家庭遭受自然灾害或患有重大疾病的学生提供临时困难补助。现阶段，我国高校的经济实力有限，在对困难生的自发补助方面投入的资金只能轻度缓解特殊困难学生的经济压力，因此，高校还需要争取社会资助来补贴经济困难生。

在对经济困难的大学生的补助方面，除了高校自发采取的措施外，中央和各级地方政府也推行了一些政策，如西部开发助学工程，这是各种高校助学金类型种金额最高的一种。高校应该积极与当地政府联系，争取地方政府与当地企业的帮助。

（3）科学引导、拓宽渠道，积极开创勤工助学新局面

高校要为经济困难生提供勤工助学岗位，令其能够通过劳动获取相应报酬，为学习和生活费用积攒资金。我国高校鼓励学生在不影响学习的前提下通过勤工助学获得劳动报酬，一般在校内社区管理、公共服务等部门设立了勤工助学岗位，采取这种方式帮助经济困难生，既能够有效为学生减轻经济负担，又能使学生在实践中获得锻炼，提高其实际解决问题的能力。

教育部、财政部在联合印发的《关于在普通高校设立勤工助学基金的通知》中作出了明确的规定：高校每年必须从学费收入中安排10%作为勤工助学基金，但是随着我国大学生数量的增加，需要补助的贫困生也越来越多，勤工助学基金主要来源是国家财政拨款，单一资金来源渠道下的资金储备明显无法有效补助数量众多的贫困生。另一方面，高校在开展勤工助学工作的过程中，存在一系列不足之处，如岗位缺乏、组织管理混乱、社会支持不足等。加上当今越来越严峻的就业形势，勤工助学的开展面临重重阻碍。

我国高校可以借鉴国外高校的经验来完善勤工助学体系，例如美国高校与社区达成合作，由社区提供一些稳定的工作岗位给参与勤工助学的学生。这样不仅能够使得勤工助学岗位具有可持续性，令勤工助学工作延续下去，而且能够充分发挥出大学生的专业能力，锻炼其实践能力，实现其个人的社会价值。

可见，我国高校应积极借鉴国外的相关经验，成立勤工助学指导中心，积极拓展校内外勤工助学岗位，达成长期稳定的合作，要规范化、精细化地管理岗位，并合理组织学生参加勤工助学。同时还要建立勤工助学的岗位信息库以及经济困难生的档案库，以便查询统计。

促进勤工助学的发展可以从以下几个方面进行：

第一，丰富形式，拓宽渠道。高校应为家庭经济困难学生参与勤工助学搭建平台，不断拓展社会资源，寻求各界对高校勤工助学工作的支持与帮助，要顺应社会的现实需求，主动向社会各界、社会企业主寻求稳定、持续的岗位，建立勤工助学基地。高校的勤工助学指导中心要改变以往的被动等待模式，应该主动向市场提供服务，寻求校外资源，达成长期合作，扩大岗位规模，为更多的经济困难生提供勤工助学的机会。还有需要重视的一点是，高校应着重开拓智力型的勤工助学岗位，因为大学生的科学文化水平普遍高于一般民众，可以胜任一些智力类的岗位，如实验室和

院系开设"助研、助教、助管"等岗位，这样不仅能够让大学生获得薪酬，还能提升大学生自身的专业水平，促进其学业发展。

第二，科学引导，育人为本。勤工助学不仅能够让大学生获得经济报酬，同时也是一种社会实践，能够促使大学生融入社会，对于培养大学生的职业道德、劳动观念，以及促进大学生的社会化具有促进作用。大学生在完成勤工助学岗位工作的过程中，既可以学习职业技能，以便更好地适应社会需求，又能培养社会属性，促进心理健康。因此，高校必须充分认识到勤工助学工作的育人功能，从而重视该项工作的开展，要对勤工助学工作给予更大的支持，如资金、场地、政策、人员等方面的支持。

第三，规范制度，强化管理。勤工助学工作属于学生事务管理工作的一部分，工作内容涉及广，包括日常事务管理、市场岗位拓展、学生思想和安全教育等，是一项十分浩大又复杂的系统工程，也是一项长期的工作。做好高校勤工助学工作，迫切需要通过设立科学合理的高校勤工助学管理机构，并建立相应配套的制度体系来进行管理。因此，建立独立的、专业的勤工助学指导中心来规范管理勤工助学事务是我国高校目前的迫切需要。这就要求在实际的工作中，要注重加强与学校教学科研部门、后勤保障部门以及行政管理部门等的联系，将各项工作有机结合起来，另外，还应做好与用人单位之间的沟通，在学生和用人单位之间起到交流互动的桥梁作用，同时，在管理上要建立健全规章制度，明确职责，使勤工助学做到有法可依、有章可循，走上规范化、制度化的轨道。

2. 科学开展家庭经济困难学生认定工作

我国大学生资助的基础和前提是对资助对象进行认定，即根据一定的调查认定大学生的家庭经济困难情况属实，这是对资助资源进行合理、公平分配的前提，以便确保家庭经济困难学生真正享受到了国家的资助，是资助政策落实的保障。但是我国高校家庭晋级困难生的认定工作一直都不太顺利，遇到了现实情况的阻碍。一方面，我国高校没有形成有效的量化标准，无法对家庭经济困难学生进行准确评定；另一方面，对高校经济困难生的认定工作没有科学合理的办法和体系支持，因此认定工作缺乏科学性、针对性。现阶段，我国高校对经济困难生的认定工作有以下几个主要情况：

（1）认定标准不统一

我国高校认定大学生经济困难的判定方法是学生的家庭经济情况，并结合学生在校生活的消费情况来认定。但是由于现实客观因素，高校难以准确辨识学生的家庭经济状况，其判断依据是学生家庭所在地民政局开具的家庭经济困难证明。但是判断经济情况没有确定的标准，具有地区性，根据当地的生活标准来界定，不同的地区认定标准不同，不同的地区生活水平也不一样，所以来自五湖四海的学生的家庭状况就无法进行精确有效的对比。因为对学生家庭经济困难程度认定的标准具有地区属性，不同地区难免会缺乏可比性，也在一定程度上造成了资助不公平。

（2）认定依据不完善

目前高校对大学生家庭经济困难程度的认定，依赖于当地基层民政部门出具的证明，但是这种形式容易出现不规范的评定行为，加上出具证明的单位不统一，所以证明材料缺乏规范性；同时，因为工作人员的主观性，证明材料缺乏真实性。这些问题加大了高校认定家庭经济困难学生的难度。除此之外，还有大学生自身隐瞒的原因，也加大了认定工作的难度。一部分家庭经济困难学生不愿意透露自己家庭经济困难的情况，于是不申请困难补助；还有一部分学生为了获得资助而弄虚作假，依靠当地民政部门出具的不真实的家庭经济状况证明来获得资助资格。这些客观情况说明我国高校对家庭经济困难生的认定结果并是完全准确的，应该探索更加深入和细化的认定方法。

（3）认定过程不规范

现阶段，我国高校对大学生家庭经济困难的认定模式主要为：学生申请 + 班级评议和老师意见 + 院系评定 + 相关部门审核。认定工作一般由高校的学生工作主管部门负责，执行工作则由各院系学生工作办公室落实。资助模式合理，但是在评定环节容易得到不准确、不客观的结果，因为教师对学生的家庭经济情况没有直接了解，对学生本人的消费情况也无法进行准确估算，信息掌握不充分，而且还会受到感情因素影响，因此评定结果缺乏客观性。

在家庭经济困难学生认定工作过程中，应当尽可能地提高工作的有效性、科学性和针对性，减少各种主、客观因素的影响。要做好该项工作，应当做到以下几点。

（1）统一认定标准，规范认定依据

要确保证明材料和认定依据真实可靠，就要对出证明的部门进行严格的规范的管理，一方面，基层认定单位要建立、健全公开制度，将认定过程、操作流程和认定结果进行公示，接受群众监督，并开通接收反馈的信息通道，及时收集群众的反馈信息。另一方面，国家要出台关于认定大学生家庭经济情况的政策，将各个认定标准相统一，保证各地区基层民政部门的认定程序规范化，落实责任人和责任单位，建立责任追究制度，对于在出具证明材料过程中弄虚作假的，不按照规定办事的个人和单位，要依法追究其责任。以此提高证明材料的真实性和可信度。

（2）加强学生思想道德教育，营造良好认定环境

为了避免学生在经济困难认定过程中弄虚作假，高校要加强对大学生的思想政治教育和道德教育，引导其梳理正确的人生观、价值观，避免其出现思想错误。

一是对大学生加强诚信教育，促使学生树立良好的诚信意识，注重实事求是，不做虚假的证明材料。同时还可以建立学生诚信档案，健全信用体系，能够对学生起到一定的威慑作用，促使其规范自身行为。

二是要对大学生加强权利意识的教育，使其明白经济困难的学生具有享受国家相关资助的权利，使其梳理正确的权力观，鼓励学生正视自身经济情况，不应害羞，主动申报国家资助。

三是要对大学生加强励志教育，鼓励大学生们自强自立，不应对补助产生依赖心理，要通过自己的努力劳动获取经济报酬来改善经济状况。

四是要对大学生加强责任意识教育和感恩意识教育，让学生意识到资助不是理所应当的义务行为，而是党和国家、社会及学校对学生们的关怀和爱护，是社会担当的体现，也是社会主义优越性的体现，促使大学生懂得感恩，增强自己的社会责任感，取之于社会，回报于社会。

（3）合理完善认定体系，建立认定动态调整机制

现阶段，我国高校对家庭经济困难学生的认定结果以第一次认定为主，此后每年进行简单复查，若结果差异不大便继续发放补助。但是由于客观条件的限制，我国高校对经济困难学生的认定准确性并不高，认定结果于事实有一定的出入。高校要提高对家庭经济困难学生的认定结果的真实性和可信度，就要完善认定体系，建立认定工作的动态机制，通过各种渠道采集信息，同时还要将定量评估与定性评价两者有机地结合在一起，避免发生"谎报"和"漏报"的情况，最大限度保证认定结果的客观性、真实性、全面性。具体来说，在定量评估方面，高校要与学生生源地的基层民政部门进行直接的信息沟通，以便及时更新家庭经济困难学生数据库的信息；在定性评价方面，高校应定期或不定期向生源地民政部门了解学生的最新家庭情况，也可以采取抽样调查等方法进行调查分析。

（4）科学制定工作程序，严格落实监督机制。

完善的工作程序能促进各项工作的规范化、标准化开展。目前，我国高校经济困难学生资助体系还不完善，问题最明显的内容是受助对象的申请和评审办法、申请条件、申请人义务和责任等，要细化以上内容，严格落实。因此，制定一套合理的、科学的、行之有效的认定程序显得尤为重要而且十分迫切，程序中要对受助对象的资格复查制度进行规范，对造假的处罚办法等相关配套政策进行明确，同时，重视并严格落实对受助对象的监督机制，切实加大核实的力度和规模。但有少部分高校在具体的工作中，因为受到各种各样因素的影响，对受资助后的监督工作未引起重视，监督机制未严格落实，这就给极个别动机不纯、缺乏诚信的学生以可乘之机，为他们弄虚作假提供了便利。正因如此，要严格落实监督机制，不断健全和畅通意见反馈渠道，更好地发挥学生群体在日常工作中的监督作用，同时也要注意做好保密工作，完善保密措施，保护反映意见的学生的隐私，保护其正当利益，使其消除顾虑，真正落实监督机制，提高认定结果的可靠性。同时，还要加大信息公开力度，在整个申报、审核过程中要及时公示相关信息，主动接受师生及社会的监督。

3. 大力推进学生资助工作的制度化、专业化、人性化的建设

（1）夯实工作基础，加强机构和队伍建设

高校的学生资助工作应由专门的机构开展，建立学生资助管理中心，配备专职工作人员，由管理中心将资助政策执行到地。学生资助管理中心是沟通的桥梁，对上接受上级部门有关资助工作的指导，对下指导院（系）学生工作办公室进行资助工作；对内，学生资助管理中心需要通过沟通协调好高校内部各部门，对外，学生资助管理中心要积极与贷款银行进行合作，争取直接向学生提供服务，切实开展学生资助工作。

我国高校已经普遍开设学生事务中心，为学生提供性化的便捷服务。如，北京航空航天大学设立了"一站式"学生事务服务中心，服务中心人员组成包括 3 名专职指导教师和 20 名勤工助学的学生，主要服务内容是为全校学生收集工作材料、业务咨询、教室申请等服务，还提供咨询服务，为学生解答有关学生事务的疑问。

（2）加强制度化建设，注重精细化管理

高校应贯彻大学生资助的相关政策，如《勤工助学管理办法》《家庭经济困难学生认定工作实施办法》《国家助学贷款管理实施细则》等，依据政策规定积极建立健全资助制度，在科学依据下开展学生资助工作。

高校的资助管理工作应该坚持科学理念，将职责划分明确，建立规范的制度以及科学的评价体系。提高整体管理的意识，增强管理团队中每一个成员的责任意识和团体协作意识，完善管理职能，优化办公结构，进一步提升我国高校助学服务的质量。

（3）利用信息化手段，提升工作效率与质量

高校的学生资助工作要与时俱进，不断推进信息化，将经过认定的家庭经济困难的学生的信息集中整合，纳入专门的信息库，如学生的基本信息、家庭情况信息、资助信息、参加勤工助学信息以及学生信用档案等。信息库可以使得高校在进行学生资助工作时能够及时查询获取学生的相关信息，以便掌握较为全面的信息，提高学生资助工作的决策准确性，从而提高工作效率和质量。

（4）坚持资助育人理念，彰显资助育人效果

高校的学生资助工作不仅能够为学生解决经济上的困难，还能对其发挥一定的教育作用，因此高校的学生资助工作要坚持育人理念，发挥育人作用，使得资助工作发挥"人文关怀、思想引导、能力培养"的功能。因此，大学生资助体系在构建过程中要充分遵从科学的人才培养规律，坚持以人为本，以促进学生的全面发展为根本出发点，要发挥最基础的功能，公正、公平、科学地帮助经济困难学生得到资助，又要发挥对学生的心理、思想层面的积极引导作用，促使其健康发展，帮助其树立正确的价值观，培养其社会责任感。

（二）开拓社会渠道，丰富资助形式

1.拓展社会资助渠道

（1）利用学校教师、社区、学校产业园等各种社会关系获得广泛的社会支持

例如，华东师范大学曾经与上海市普陀区慈善基金会共同探索社会捐助项目，在校区建立了社会捐助接收点和校园慈善物资工作站，用于接收慈善基金会发动社会居民捐助的衣被等日用品以及文化用品。华东师范大学不仅在校园内设立捐助物品的接收点，还设立了为家庭经济困难学生分发资助物品的专柜，以便于学生领用。这种获取社会支持的举措拓宽了高校获取资助资金和物品的渠道，增加了资助工作的预算，有利于扩大资助工作的普范围。

（2）发挥地域优势

积极向有关企事业单位发出捐资赞助函，扩大属地社会资助规模。高校应该充分发挥地区经济优势，向社会企业以及事业单位进行积极宣传，使得大学生资助工作被社会广大人民所知，利用各种有利时机，开展募捐活动。例如温州师范学院，成立了特困生解困基金会，并积极对社会大众进行宣传，在成立之初，就得到社会爱心人士个人的捐款五十余笔，企事业单位的捐资二十余家。与此同时，学校还组织了多种形式的义卖活动，获得了数量可观的资助金额。

（3）经常与捐资的个人、单位联系，建立深厚的感情和长久合作机制

通过组织家庭经济困难学生去企业参观、新年贺卡致谢、反馈资助情况等各种形式，与捐资的个人、单位保持良好的联系，加深捐助者和捐助单位对学校的社会捐助管理工作的了解，并使捐助者和捐助单位切实感受到受助学校的认可和重视，在双方的互动中不断增进友谊，促进长久合作机制的建立。同时，保持与捐助者、捐助单位的友好关系还能形成良好的社会效应，吸引更多的有爱心、愿意奉献、支持高等教育工作的热心人士和各类社会组织参与到学校的资助工作当中，不断扩大捐助的范围，最终让更多的家庭经济困难学生受益。

（4）发挥校友的作用，扩大资助资金筹集范围

校友是高校宝贵的潜在资源。校友在各行各业工作，熟悉和掌握着相关行业或领域的信息。高校要对毕业校友的动态进行定期收集，将校友的信息资源进行整合，建立信息数据库，利用校友关系进行互动，发挥校友在学生资助工作中的作用，并通过互动获取资金渠道信息，扩大资金筹集范畴。此举有利于提高高校的人才生产率以及社会资金的回报率。

（5）大力宣传社会各界资助、捐款的情况

高校应该就资助工作向社会进行广泛宣传，提高资助工作的影响力，如举行捐资仪式，邀请资助的个人、单位以及媒体参加，介绍帮扶和资助情况。这类举措有两方面的积极作用，一来可以为企事业单位树立良好的社会形象，提高其知名度和

口碑，以达到合作共赢的局面，形成社会资助的良性循环；二来可以扩大高校资助工作的影响力，让社会大众更多人知道这项工作，激励更多的热心人士加入家庭经济困难生的资助队伍。

2.丰富社会资助形式

（1）借助企业力量，推进助学贷款

现阶段我国大学生资助体系中，助学贷款是最主要的形式，发挥着关键作用。高校助学贷款是低息或无息的，本意是为学生减轻还款负担，但是在实际的实施过程中出现了很多问题，其中最常见的就是拖欠还款的现象，由此引出学生在偿还贷款方面的信用问题，因此商业银行对发放助学贷款一事有着较多顾虑，这也导致学生助学贷款这一政策的难以落实。

在这种背景下，高校应该与社会企业加强联系，利用企业的资金实力和影响力做背书，并采取一定的措施使得银行顺利放款，如为录用的大学生垫付助学借款、督促录用的贫困大学生及时还贷等。这些措施能够有效减轻银行的担忧，放松放款条件，从而使得大学生助学贷款更为顺利。

（2）加强校企合作，拓宽勤工助学渠道

现阶段，我国高校普遍都很重视为经济困难大学生提供勤工助学的工作，但总体看来，勤工助学工作的发展并不成熟。高校提供的勤工助学岗位基本为校内服务岗，工作岗位无法满足贫困大学生的需求，工作内容也无法真正促进大学生的综合素质。因此，岗位覆盖面较小、岗位工资低是高校勤工助学工作发展中需要解决的主要问题。

我国高校勤工助学工作的发展应该借鉴国外高校的成功经验，例如，积极拓展勤工助学岗位，扩大提供渠道，主动与校外企业、社区联系，与其达成稳定的合作关系，根据企业的要求，将符合条件的大学生推荐给企业，为大学生提供社会就业机会，使其在社会岗位上进行实践，使其在获得社会能力的同时能够获得薪酬。这种形式既能够使大学生获得薪酬，解决经济困难，又能培养其社会实践能力，使其在工作过程中锻炼社会技能，提升综合素质，促进其全面发展。

（3）实现联合培养模式

高校可以与社会企事业单位达成稳定合作关系，对贫困大学生实施联合培养模式。即由贫困大学生与高校、企事业单位签定联合培养协议，企事业单位资助贫困大学生完成学业，受资助的大学生毕业之后到该单位工作。这种联合培养模式一方面解决了资助的资金问题，还解决了大学生的就业问题，提高了资助的针对性和实效性，并且能够为企业培养出更加符合需求的人才，企业资助由被动转为主动，实现了三赢局面。

（4）加强对困难学生的思想教育

高校在对经济困难的学生进行资助过程中，要对其加强思想教育，通过素质拓展、励志教育、企业参观、团队培训等活动的开展，减少其经济和心理压力，引导他们形成正确的自我认识，提升自我价值感，使其保持健康的心理状态，进而保持积极向上的学习状态，成为优秀人才。

（5）推行弹性学分制，实现教学改革

美国高校有一种非常特别的教育模式，即有偿合作教育模式。该模式将产、学、研相结合，家庭经济困难的大学生在校期间可以向学校申请休学，到工矿企业全职工作一定的时间，在获取足够完成学业的资金时再返回学校上学。

我国高校在学生资助工作中可以借鉴这种经验，根据学生所学的专业，与相应的企事业单位达成合作，为单位输送满足其需求的人才，签定学校、学生、企事业单位三方面协议书。高校允许家庭经济困难学生在入学前或中途休学去合作单位工作，为其保留学籍，学生复学后在校期间的生活费和学费由资助单位划拨给学校。

（6）营造良好氛围，着重发挥媒体作用

高校要发挥大众传媒的作用，将高校社会资助工作向大众进行宣传，能够让更多的社会人士了解学生资助工作并热心参与捐赠，来自社会的尊重和关爱还能对家庭经济困难学生的心态起到积极的引导作用，为其营造一个真诚、温暖的社会环境。

（三）注重人本理念，健全育人机制

在过去，我国高校对经济困难学生的资助工作发挥的功能比较单一，仅仅是帮助学生解决经济困难，没有充分发挥其教育功能。进入新时期，我国高校必须与时俱进，转换思路，从新的角度来理解并规划学生资助工作，要坚持以人为本理念，发挥资助工作体系的育人功能。高校要加强思想政治教育，这是发挥资助工作体系的育人作用的重要手段，是健全育人机制的重要途径。

健全育人机制是真正做到资助与教育并举，提高学生综合素质的关键。学生资助工作要发挥思想引导、人文关怀、能力提升三个层面的作用，为学生提供物质资助、精神鼓励、能力提升平台，要以拓展学生的综合素质为根本目标，促进其全面发展，培养其成为符合社会主义建设事业需求的优秀人才。

1. 以思想引导为基础，培养学生服务社会意识

健全育人机制的基础是保证有效的思想教育，要对贫困学生开展感恩教育、励志教育和诚信教育，引导其养成美好的品德，完善人格，形成回馈社会的积极意识。

（1）加强励志教育

授人以鱼不如授人以渔，学生资助工作也是如此，为学生提供物质资助只能解决一时的困难，要从根本上为学生提供资助则应加强对学生的励志教育，引导其正视现实困难，培养自强自立精神，依靠自己的双手改善经济条件。对家庭经济困难

生进行励志教育使其自立自强具有重要意义：

其一，家庭经济困难学生容易在思想上产生认识偏差，从而陷入悲观消沉的心理状态，出现"精神贫困"现象，这就学生需要依靠自强自立的精神来克服经济阻碍和心理障碍，顺利完成学业。因此自立自强精神是最重要的思想保障。

其二，我国是一个发展中国家，且人口众多，仅仅依靠政府部门来资助高校家庭经济困难学生不现实，我国的经济实力还不允许。因此，我国大学生资助体系不能只依靠外部力量，还要通过学生自身的努力完成脱贫。

其三，自立自强的精神是引导学生树立正确的世界观、价值观和人生观的思想保证，有利于其坚持正确的思想方向，走出美好的人生。

高校正确开展励志教育工作应当做到以下几点：

要发挥辅导员对大学生的思想指导作用，确立辅导员在励志教育中的主导地位。辅导员应在日常管理和思想政治教育中与家庭经济困难学生保持密切交流，要及时为其解决生活和学习上的困难，掌握其思想动态，鼓励其克服困难，引导其保持良好的心态。

高校应当定期或不定期举办一些成功案例分享会，邀请成功校友回母校，为在校学生讲述他其成功的经历，让在校学生意识到艰苦奋斗的必要性，有利于激发学生的斗志，使其努力学习，不断提升自己的能力和素质，成长为优秀人才。

高校可以通过一些激励举措来引导家庭经济困难学生克服困难，迎接挑战，例如评选"自强之星"选出优秀学生代表发挥示范作用，运用榜样的力量来激励普通学生，鼓励学生积极迎接挑战，不断进取。

经济上的困难不可怕，真正可怕的是思想上的困难，思想是一切行为的基础，因此高校在资助大学生时首先因此要通过积极向上的思想内容对大学生进行思想引导，培养其奋斗动力，使其积累精神财富。

（2）深化感恩教育

高校在资助贫困大学生的过程中，应该对被资助大学生进行感恩教育，使其对获得资助工作心怀感恩，对社会、国家产生感恩之情，培养其爱国主义精神以及为社会服务的意识。

首先要对受资助的大学生进行爱国主义教育和集体主义教育，培养其爱国主义精神和服务社会的意识，完善其价值观；其次，应该建立受资助学生与捐助人之间的联系，让受资助学生直接感受到捐助人的关心和爱护，由此生出感恩之情，同时反过来衍生出回馈社会的意识；最后，高校相关部门应号召并组织受资助学生组建志愿者团队，积极参加社会公益活动、志愿者活动，例如暑期义务支教、无偿献血等，用实际行动回馈社会，向大众传递爱心。

（3）开展诚信教育

我国大学生资助体系中最主要的资助形式是助学贷款，国家对于助学贷款的支持也加大了力度，但是实际操作中仍然出现了很多问题，其中最常见的是学生的诚信问题。助学贷款是一种不需要个人信用系统支持的无担保贷款，贷款的偿还得不到有效保障，加上学生的经济能力有限，所以银行并不乐意承担助学贷款的风险。因此，高校必须提高学生偿还助学贷款的诚信度，以便银行顺利放款，推动助学贷款工作的开展。

首先，高校要针对学生资助体系建立学生诚信档案，将受资助学生的详细个人信息、诚信评估、思想状况、综合能力等信息记录在案，一方面，增加了诚信依据，银行放款可以减少风险和顾虑，另一方面也能督促大学生提高诚信意识，这两方面的进步共同促进助学贷款工作的顺利展开；其次，高校要配合银行开展金融知识与诚信意识的宣讲活动，让大学生意识到个人信用记录的重要性，在校园内营造良好的诚信氛围，促使大学生树立良好的诚信形象。

2. 以人文关怀为核心，培养学生集体归属感

根据相关调查表明，家庭经济困难的学生群体普遍表现出较低的心理健康水平，心理状况较为封闭，不愿与他人交流，甚至有些个体会产生极端的思想，心理健康问题严重，人生价值观也容易受到不良影响。这一般是由于经济压力大、物质匮乏导致的，由此带来较大的思想压力，比一般学生更为敏感，迫切渴望在人格上获得尊重和平等待遇。因此，高校在贯彻资助工作的过程中，应该坚持"以人为本"的理念，发挥资助工作的育人功能，以"人文关怀"为核心，注重对受资助学生的心理疏导和辅导，为其营造友好的氛围，使其感受到外界的关爱，促使其健康成长。

（1）建立健全多层次的心理跟踪制度和心理辅导网络，保障学生的健康成长

家庭经济困难学生中的相当大一部分都会选择通过兼职工作缓解经济压力，但是这往往会导致两个方面的问题，一是长期不关注学习，专业素养恶化，综合素质相对较差；二是由于长时间不与校内同学互动，与同学的关系疏远，对校园动态不了解，无法融入校园生活。在这些众多因素影响下，这类大学生容易产生心理失衡的问题，如果任由其发展，将会导致影响健康的心理问题的产生。因此，高校应组建校级心理健康教育工作领导小组，由各二级学院心理健康工作小组共同构成，该小组的构成人员由学生干部、学生党员和各个年级辅导员共同组成，主要工作是定期关注家庭经济困难学生的思想动态，发现心理问题要及时介入，通过沟通和心理疏导为大学生解决问题。

此外，高校应积极开展形式多样的心理健康活动，宣传心理健康知识，让全校师生在日常的活动中掌握心理健康知识和常识，例如组织家庭经济困难学生参加郊游和素质拓展活动，促进师生、同学之间的交流，使其增进友谊，不仅能够拓宽心理健康辅导老师提供良好的了解学生心理健康状况的渠道，还能为大学生营造美好的心理健康氛围，促进其心理健康的恢复；最后，高校要建立心理健康跟踪制度，

将跟踪侦查到大学生心理健康记录在跟踪手册中，由对应的年级辅导员管理，并保持更新，辅导员要经常与信息记录在册的学生进行沟通，及时了解他们的生活和心理状态，并将最新动态反馈在跟踪手册中。

（2）营造关爱氛围，让学生感受学校大家庭的温暖。家庭经济困难学生对于外界感受敏感，渴望得到尊重和关爱，高校要营造一个让他们感受到信任和关怀的集体氛围，使其在和谐温暖的环境中健康成长。

高校的学生资助部门应积极开展"一对一"的资助形式，即高校教职工与家庭经济困难学生一对一结成帮扶对子。这样的形式有利于教职工与学生保持近距离交流，例如教职工可以与学生进行谈心谈话，以便及时获取学生的生活和思想动态，指导学生解决遇到的问题，成为学生在生活和思想上的导师，有利于让学生从亲近的关系中感受到被关爱，从而保持心理健康。

此外，高校应在中国的传统节日对受资助学生给予节日慰问，如在中秋节、端午节给学生分发月饼、粽子礼包和节日津贴，还可以组织学生开展联欢活动，让家庭经济困难学生感受到家的温馨，以此增强其对学校的归属感。

3. 以能力提升为目的，培养学生综合素质

实践和锻炼是培养和提升能力的关键，但是家庭经济困难学生由于家庭条件而缺乏实践和锻炼的机会，所以综合素质普遍低于一般学生。为了帮助家庭经济困难学生提高自身综合素质，高校应该为其提供实践和锻炼能力的机会，可以从社会实践、勤工助学、创新创业三个层面入手。

（1）积极组织开展社会实践，提升学生的综合能力和素质

大学生社会实践是大学生了解社情和国情、增长才干、培养品格的重要途径，是增强社会责任感、提高综合素质的必要途径，有着不可或缺不可替代的作用，是大学生思想政治教育的重要组成部分，对大学生的全面发展具有重大意义。因此，高校应该为家庭经济困难学生提供更多的专业技能实践和社会实践的机会。

高校可以在每学年的假期，组织家庭经济困难学生组建社会实践团队走出校园技能型考察或者调研，比如，对地区消费水平、生活状况进行调查，对西部植被覆盖情况进行调查等；还可以结合学生的专业技能，组织学生到相应的社会企业参加实习或见习，让学生接触到最新型的实用技术或前沿科技，促使其更加全面地了解自己所学专业，从而拥有更加清晰正确的职业规划，提升社会竞争力。

（2）大力开展勤工助学活动，培养学生艰苦奋斗的意识和自强自立的精神

学生在参与勤工助学的工作中，可以提高与他人沟通交流的能力，还能锻炼毅力以及提升解决实际问题的能力，因此勤工助学是学生提高自身综合素质的重要途径。但是实际情况中，高校勤工助学工作的开展并不理想，其岗位设置往往流于形式，绝大部分都是专业技术含量很低的服务性质岗位，因此学生无法提升能力，同时劳动报酬也比较低，许多家庭经济困难学生因此对勤工助学产生自卑心理，不愿意参

与其中。传统的勤工助学模式急需改变，高校应该不断丰富勤工助学的岗位以及类型、拓展提供岗位的渠道，不局限于校园内，可以组织学生参加三助活动，鼓励他们走进教师、办公室、实验室，也可以与社会企业、社区达成合作，为其提供校外岗位，使其提升自己的实践能力和社会价值。

（3）加强创业性质教育和引导，培养学生的创新意识和创业意识

高校还可以积极鼓励有创业意向和能力的家庭经济困难学生，为其组建团队，利用校内资源开展创业项目，例如校内超市、书店等。在该类模式中，高校指导人员要对学生的创业过程发挥指导作用，充分引导学生发挥自己的创意和专业能力，指导学生将理论与实践有机结合起来，为其创造一个实现自我价值的机会，增强其信心，培养其独立能力和自立自强的精神。大学生的创业能力是其未来发展的坚实基础。

大学生资助体系是人才培养的重要组成部分，对于体现教育的公平、公正以及完善人才培养体系有着重大意义，既是帮助学生解决经济困难的保障，也是健全育人机制的重要补充，是促进家庭家经济困难学生全面发展的重要途径。在学生资助的实际工作中，高校资助部门要从实际出发，理论联系实际，切实为学生解决经济困难，不断完善资助体系，并坚持以人为本的理念，发挥资助体系的育人作用，促进经济困难学生全面成长成才。

四、好钢要用在刀刃上

（一）案例描述

成都某知名高校的学生小许来自西部地区某个城市，家庭经济条件比较困难，性格内向，自尊心强，不擅与人交往，兴趣爱好是钻研网络编程。从大一入学开始，小许的学习成绩处于班级中下等水平，并且长期不见起色，他便渐渐对学习失去热情和信心。在大一第二个学期小许开始出现不交作业、旷课等现象，期中考试还有几门课不及格。班级辅导员通过小许同宿舍的同学了解到小许的近况，小许长期在校外一家软件公司兼职，这就是他旷课的原因。

辅导员考虑到小许是性格内向的人，因此决定先了解基本信息后再找小许谈话，于是首先向他同宿舍的同学进行了详细问询，经过对多名同学的问话，辅导员了解到，小许一开始是由于对学习感到吃力而失去了对学习的兴趣，但是他不甘心就这样失落，于是尝试通过别的途径获得成功，从而证明自己的实力，于是便选择利用自己喜欢的并且具有优势的网络编程来赚钱。

在了解基本情况后，辅导员为了减少小许的抗拒感，便以学习网络编程为由与小许进行了一次谈话。在谈话中，辅导员首先充分肯定了小许在网络编程方面的能力，并表示培养一门兴趣很好，聊到自己擅长的网络编程，内向的小许说话明显较多。由此话题逐渐深入，辅导员开始谈到小许的生活情况和学习情况，因为之前的谈话

拉近了距离，小许没有显出强烈的紧张和焦虑感，反而是主动将自己遇到的困难告诉辅导员。小许很坦白，说自己家庭经济条件不好，但自己是一个非常希望得到别人肯定的人，因为在学习成绩上不优秀，因此选择在外兼职挣钱，一方面可以向同学们证明自己拥有别人没有的能力，另一方面还能获得报酬改善经济状况，而且在获得薪酬后，越来越觉得学习没什么必要，因而更加无心学习。

可以看出，小许并不是因为游戏人间而旷课，他是个希望证明自己实力的人，出发的本意是好的，但选择出现了偏差。辅导员循循善诱，告诉小许证明自己实力的方法有很多种，但是前提是要在合适的时机选择合适的方法，作为学生最重要的事情是完成学习，将大学作为一个提升的平台，提高自己的综合能力，发展自己的人脉关系，为将来的社会生活打好基础。大学是一个绝佳的学习平台，大学生活能够拓展人的视野，并且大学生活也是大部分人最后的校园生活，应当珍惜这段时光，即使学习成绩不突出也可以通过别的方面的优异表现来证明自己，而放弃学习也就等于放弃了最后的学习机会。

经过辅导员的谈话，小许发生了一些变化，减少了兼职的时间，不再旷课，学习态度也变得积极了。为了让小许能够彻底放弃兼职，辅导员为小许争取到了学生办公室助理的工作，这份工作的主要任务是辅助学院网站管理员进行网站的维护，这样小许不仅能够每个月领到生活补贴，还能发挥其特长，满足了其证明自己的心愿，最重要的是能够让小许将生活重心和时间安排转移到学校生活和学习中，可谓一举多得。另外，辅导员考虑到小许的学习基础薄弱的现实情况，特意为其安排"一帮一"式的辅导，让班中的学习委员与其一起学习，给予适当的辅导。

在半个学期后，小许的生活和学习情况发生了明显的变化，学习成绩有了很大幅度的提高，性格也变得开朗起来，能够与同学友好交流。临近期末考试，小许显得有些焦虑，辅导员察觉后经常找小许谈心，对其进行心理疏导，帮助他消除焦虑，以平常心应对考试，并鼓励他认真备考将很有希望拿到奖学金。

小许在辅导员的指导和帮助下，自己也努力，在多个方面都表现优异，不仅学习成绩突飞猛进，拿到了学校优秀奖学金，在学校的岗位工作也非常出色，还取得了校园门户网站创意大赛的二等奖。在这些出色的表现下，同年级的同学都知道了小许这号人物的存在，小许用实力证明了自己，变得更加自信了。

大二阶段，小许的学习成绩非常优秀，当上了课代表，同时课余时间也逐渐多了起来，为了避免小许再次将时间花费在校外兼职上，辅导员为他介绍了学校大学生创业辅导中心，小许在每周一次的创业培训中得到了系统的学习和专业的锻炼，提升了专业能力，并能够充分发挥自己的特长。一个学期的创业培训结束后，小许与同期训练的两位同学一起创业，在学校相关部门的支持下，建立了一个校园网络论坛，为学生上网提供了更多可能性。

经过用心运营，小许与团队建立的校园论坛成为校内知名度和使用率极高的网络论坛，小许也因此成为学生当中的"明星人物"。再一次用实力证明了自己的小许在今后会更加自信、坚定地活出自己的精彩。

（二）案例分析

在该例中，学生小许的性格内向，不擅与人交流，但是自尊心强，非常渴望获得他人的认可，可以看出其有着矛盾的内心斗争。对于小许这样的案例，首先要与其进行深度的沟通，建立信任关系，了解其内心的真实想法；其次，要从思想上对其进行教育引导，纠正其出现偏差的想法，将其引回正轨，让他明白在校大学生最主要的任务是学习，应该首先解决学业问题再满足兴趣发展，只有发展好学业才能实现自身的长远发展，而优秀的学业发展也是证明自己的基础；最后，为小许发展学业和特长提供帮助，例如安排辅导，为其提供勤工助学的机会，使其能够在学习上获得进步，得到发挥特长的机会，获得大家的认可，同时还能取得岗位薪酬，以此减轻经济压力。在各方面获得提升的过程中，小许更加自信了，而自信心的增强对于人的进步有着重要的促进作用。

在该案例中，辅导员充分发挥了资助工作的育人功能，体现了以人为本的理念，切实为小许的未来发展考虑，从其实际情况出发安排资助工作，不仅为其减轻了经济压力，还能够让其有足够的时间投入学习，并发挥出自己的特长，为其提供了证明自己的机会，很好地保护了他的自尊心，从而提升了自信。

（三）解决办法

小许的家庭经济困难，在成长过程中缺乏关爱，所以内心深处不自信甚至自卑，这表现为渴望在别人面前证明自己，这种想法容易造成偏激情绪，如小许懈怠学业而去校外兼职。对于这样背景下的内向型学生，辅导员首先应该了解其内心想法，对其进行充分的肯定与鼓励，拉近彼此的距离，并给予足够的关注，要让其明白并真正接受在校大学生的主业是学习这一观点。随后帮助其找回信心，在学业上安排"一帮一"的帮扶形式，使其提升学习成绩，并为其在校内申请勤工助学岗位，一方面可以取得薪酬缓解经济压力，另一方面可以为其提供发挥特长的实践机会，使其能够将自己的能力展示给别人，从而提升自信。在学习、生活、特长发展等方面提升自信后，小许的生活重心最终也顺利转移到校内生活上来。最后，辅导员还进一步推动小许的发展，利用学校为创业大学生建立的平台进行培训和锻炼，最终创业，成为一名优秀的大学生。

从该案例的详细情况可知，高校应该建立完善的资助育人体系，不仅要为其解决经济困难，更要发挥育人作用，为其创造学习和成长的平台，使其能够提升能力、发挥特长，以此促进其全面发展，使其健康成长成才。

第四节 大学生维权事务管理

一、大学生维权事务管理的含义

大学生维权，是指维护大学生的合乎法律规定的具体权利和利益。大学生维权工作的开展是有其法律依据的，《中华人民共和国高等教育法》第五十三条明确规定："高等学校学生的合法权益，受法律保护。"

目前，我国涉及大学生权利保护的立法均有内容非常广泛的大学生权利的相关规定，其中包括实体性权利和程序性权利，有部分权利是以法律条文的形式明确赋予学生，有部分权利则是通过设定高校的法律义务来赋予学生。法律规定的大学生的权利基本可以归纳为以下几个方面：

1. 受教育权

是我国宪法赋予公民的基本人权，对高校在校生来说该权利最为重要，是其核心权利，主要包括接受高等教育机会平等和受教育过程平等两方面的权利。

2. 学习保障权

是指大学生的人身权和物质财产权依法获得保护的一种权利。

3. 获得物质帮助权

是指学生依法享有获得奖学金、贷学金、助学金、学费减免等方面的权利。

4. 获得公正评价权

是指学生在教育教学过程中，享有要求老师、学校对自己的学业成绩和品行进行公正评价并客观真实地记录在成绩档案中，以及在完成相应的学业后获得相应的学业证书、学位证书的权利。该权利是学生受教育结果平等的体现。

5. 民主管理权

是指大学生作为高校教育的主体对学校行政工作、教学工作以及公共决策工作享有的民主平等的参与权。

6. 课外生活方式选择权

是指大学生在学校正常教学活动以外的范围，以不违反法律、法规为前提，拥有自由选择自己生活方式的权利。

7. 社团组织活动权

是指大学生在不违反法律、法规的前提下可以自主组织或加入学生团体并开展有关活动的权利。

8. 救济权

这是一种大学生的程序性权利，是指大学生的合法权益受到不法侵犯时，有权通过正当的途径请求保障和救济的权利。

9. 其他权利

指学生享有的由法律、法规赋予的其他权利。

二、大学生维权事务管理的主要内容

（一）理清高校管理权力

高校对学生的管理权主要包括规则制定权、事务管理权、争议裁决权。

根据《中华人民共和国教育法》第二十八条的规定，高校根据校园管理的需要，有权依照法律法规和政府规章制定学校章程和校内规范性文件。在不与法律相冲突的情况下，高校制定的规则具备法律效力。根据教育法等相关法律规定，高校在教育教学过程中，依法享有事务管理权，具体的管理权包括纪律与考勤权、成绩考核与记载权、转学与转专业批准权、休学与复学的决定权、退学决定权、毕业审查和就业推荐权等。

（二）设立学生维权机构

为了推进学生维权工作的规范化，首先，各高校应根据学生权益的相关法律法规，结合本校的规章管理制度进行汇编和完善，以成文形式面向全校师生进行公示，这些文件是学生维权活动可遵循的规章制度；其次，高校应设立专门负责管理学生维权事务的机构，并配备专职人员，或者设立兼职的维权委员会，建立科学的考核和评价机制定期对机构和专职人员进行考评，保证学生维权工作被切实展开。

（三）落实大学生相关权益

我国高等教育在改革中不断进步与发展，其中在学生维权事务管理方面的管理水平也在不断进步，目前高校在进行学生维权事务管理实践时主要应落实以下权益：

1. 听证权

当前，我国不少高校在需要处理的事务与学生利益关系有重大关联时都引入了听证制度，给予学生听证权，让学生充分参与民主管理。

2. 知情权

学生有权获知涉及与自己权益相关的学校所有管理依据的相关法律信息和事实信息，如教育部门的法律法规、学校的规章制度，以及学校作出决定的事实前提、具体的操作程序和决定结果等。高校应当主动为学生提供信息协助，方便将相关信息及时和最大限度地传达给学生。

3. 抗辩权

学校在实施和学生切实利益相关的管理行为时，学生有权进行辩解和质证。因此，学校在处理涉及学生利益的事务时，应当充分听取学生的意见建议，给予其辩论甚至质证的机会，以明确地求得事实，做出公正、合法、合理的决定。

4. 申请回避权

学生有权要求与事务管理结果有利益关系的事务管理人员回避。学生事务管理者应任何时候都保持公正无私的态度，如果处理的学生权益相关事件涉及自身利益时，应主动要求回避。

（四）制定相关规章保护学生人格权和身份权

高校应制定相应的规章和规定，切实保护学生的人格权和身份权，其主要内容包括以下几方面：

①学校要保护学生的隐私权，在对学生的处分进行公示时，不能暴露处罚的细节，应采用抽象的语言代指个人隐私信息。

②学校转载学生的科研论文、文学作品等需要征得学生本人的同意，只能以学生允许的名称进行刊登，不得任意改变作者、标题及内容，还应支付相应的报酬。

③学校应保证校内教学、生活、科研等场所的安全，在建工程施工时或有安全隐患时应安放提醒标志，尽到相应的提醒告知义务。

④教职员工不得做出对学生有侮辱、体罚性质的行为或言语。

⑤学校不得以任何理由剥夺学生的受教育权。

（五）构建全方位的维权体系

高校应完善学生维护自身合法权益的制度，健全对学生进行处罚的程序和学生申诉机制，促使学生维权事务管理制度化、规范化，体现法治精神。

1. 建立高校涉及学生权益事项处置时的主动告知制度

学校和有关职能部门都应主动告知学生学校做出该行为的法律依据、事实因素及进行自由裁量时所考虑的因素，切实保障学生的合法权益。

2. 切实推进信息公开制度

凡是涉及学生权利和义务的信息，在法律法规规定的应该保密的范围之外的信息，一律面向学生进行公开，依法允许学生进行查阅、复制。

3. 完善大学生权益维护的行政救济制度

大学生在行使了陈诉、申辩权后，对学校做出的决定仍然不满时，拥有向学校上级主管部门申诉和要求学校复议的申请权。高校应依法依规落实该项制度，保障学生的权利。

4.推行时效制度

高校要引入时效制度，在学校为学生权益服务时规定其事务的时效、时限和期间要完成的内容，若学校未能在规定的时间内完成法定义务，就应该主要向学生讲明原因或告知解决的具体时限，若因在规定的时间内无法完成法定义务而造成损失的依照相关制度规定向学生进行赔偿。

（六）行使"支持起诉"权利

我国民事诉讼的发生需要利害关系人的起诉，一般而言利害关系人会主动起诉，无须外力影响。但是，大学生缺乏社会经验和人生阅历，难免会碰上一些超出自己能力范围的难题和纠纷，在无力解决时会发生严重的损失，在这种情形下，高校依法行使支持起诉权，进行合法的干预，以保证受害大学生的合法权益得到司法救济，为维权工作提供"最后一道"司法屏障。

三、大学生维权事务管理的方法和途径

（一）强化内部管理，切实履行对学生应尽的义务

高校在日常教学和管理服务中广泛涉及大学生权利的问题，这就要求高校要切实履行对学生应尽的义务，保障学生的合法权益。首先，高校要加强内部管理，根据权责统一的原则，分解高校的权利与义务，明确校内各部门的职责和权力，指导各部门保持统一的行动方向，杜绝侵犯学生利益、消极不作为等现象。同时高校还要对各部门及内部机构的教职员工进行督导检查，建立考评和奖惩制度，激励并约束教职工的行为，促使他们切实履行职责和义务，维护学生的应有权利。

（二）加强法制教育，提升学生权利意识和维权能力

高校要通过法制教育，着力培养广大师生的法律意识和法治精神，切实维护法制的权威。高校要促使师生形成深刻的法律意识，对民主思想、公正精神、权利意识等概念熟稔于心，还要培养师生的法律常识，使其对法律规定的行为与禁止的行为有着清晰的界定，并使其具备自身权利受到侵害后的基本的自我保护能力。

（三）实行责任追究和赔偿制度，坚决制裁侵犯学生权利的违法行为

权利受到尊重和保护的原因除了个体的自我意识与保护行动，还与法律对人的权利的限制程度有关，当一方的权利被有效限制时，从另一方的角度来看受到侵害的机会便减少了。

以高校与学生的主体性来看，高校始终处于优势地位，如果高校的权利缺乏限制条件，那么处于强势地位的主体将轻易能够侵害或剥夺弱者的权利。法律的最终体现在对强势群体权利的约束和对弱势群体权利的保护。这种对权利的约束应以强有力的制裁为保证，否则形同虚设。因此，高校必须实行侵权责任追究和赔偿制度，对侵犯学生权利的违法行为坚决予以制裁，要明确制裁的执行机构和具体的制裁措施，要从法律法规的制度层面加强对学生事务管理人员的约束管理，因此国家教育行政主管部门应出台统一的制度规范，明确对教育工作者滥用职权、失职、渎职等侵犯学生合法权益的行为给予惩处，并追究其相应责任；同时要依据法律的相关规定，建立起赔偿制度，明确高校对因其违法行为而造成学生权益受损的事实应负相应的赔偿责任。

（四）以公序良俗原则制约权利

公序良俗原则是未经法律规定的非强制性原则，指的是公共秩序和善良风俗，是社会生活中人们约定俗成的原则。权利主体在行使权利的过程中，应当合法、合理地使用，不能滥用权利，违背公序良俗原则。权利主体在行使自身权利时，其行为必须符合社会公共价值观，若侵犯了公共利益或他人的合法权利，则该权利所产生的后果和获得的利益应被认定为无效，权利主体还可能因此承担消极的法律后果。

例如，在学生宿舍中，某个学生外放音乐影响了其他学生的学习或休息，就这种情况属于个人的娱乐权妨害了他人的学习权或者休息权，违背了公序良俗原则，该行为就应当被禁止。

（五）疏通权利救济渠道，完善权利救济机制

1. 建立高校内部的学生权利救济机制，制定权利救济的基础制度

高校应当成立学生申诉处理委员会，负责处理学生的申诉事项，申诉处理委员会应制定申诉处理的实体性和程序性规范，其申诉处理流程和申诉结果要及时公开，接受来自各方的监督。

2. 进一步发挥行政救济在教育法律救济的主渠道作用

行政救济的两种主要形式是行政申诉和行政复议。《中华人民共和国教育法》明确规定：受教育者若对学校给予的处分不服可向有关部门提出申诉，对学校、教师侵犯其人身权、财产权等合法权益的行为，可提出申诉或依法提起诉讼。

3. 确立司法救济在学生权利救济中的终决作用

司法救济是学生权力救济中最权威也是最后的救济渠道。国家应通过立法或者颁布司法解释，在法律条文中明确各级法院对涉及高等教育的各类纠纷的受理范围。

综上可知，大学生事务管理一方面要维护学生的合法权益，但又要防止学生滥

用权利；另一方面，要防范高校内部管理权的膨胀，必须通过制度来限制管理人员的权利，限制其不良行为。只有保障高校管理的规范性和合理性，才能形成符合公共利益、和谐有序、良性互动的权力与权利关系，才能充分维护学生的权利。

第五节 大学生意外事件与危机管理

一、大学生意外事件与危机管理的含义

（一）大学生意外事件

大学生意外事件具有突然性，对于学生事务管理者来说这类事件的发生往往出乎意料，具体指的就是发生在学生个体或群体中超出常规学生事务的事情。近年来，我国大学生意外事件发生的频率与事件危害程度都呈现明显的上升趋势。大学生意外事件可分为以下几种类型：

①自然灾害导致的学校和学生安全事件，例如破坏性台风登陆、地震以及特大洪水泛滥等自然灾害造成的安全事件。

②公共卫生领域事件引发的校园恐慌事件，例如 SARS、禽流感、新型冠状病毒等流行传染病引发的社会危机诱发的校园学生恐慌事件。

③由国际或国内的政治问题、社会问题引发的校园不安定事件，例如 9·11 恐怖袭击、全球金融危机等事件造成的大学生不安全的现象。

④由学生意外伤害事件引起的学生恐慌，意外伤害包括中毒、溺水、车祸、自杀、他杀等重大事件，例如云南大学马加爵杀人案、复旦大学投毒案等事件。

⑤由对公共场所或者校内设施的恶性破坏造成的事件。例如学生餐厅爆炸事件、破坏网络安全运行的事件等。

⑥受不良社会势力的影响和操纵引发的校园安全事件，如传销组织、邪教、黑社会等引发的校园贷、"法轮功"等事件。

根据以上类型可知，大学生意外事件具备的共同特点是突发性、多变性、危害性等，能够对高校全体学生和高等教育系统都产生严重影响，因此高校要尽力防止学生意外事件的发生并对其进行研究，这对于提高学生事务管理水平具有重要的现实意义。

（二）危机管理

危机管理是学校对潜在的或已经发生过的危机种类进行预防、处理、恢复和评

价的系统化应对过程。从学生事务管理的角度讲，高校的危机管理就是指高校应该具备危机意识或危机观念，学生事务管理者组织专门的机构对预先察觉到了潜在的或是已经发生的学生意外事件所引发的危机信息进行收集和分析，根据对信息的分析研究制定出危机管理计划，以此增强应对危机的处置能力。

二、大学生意外事件与危机管理的主要内容

学生意外事件具有一定的规律，普遍经历了发生、发展、消亡的过程，具有周期性特征。有学者将学生意外事件的整个过程归纳为，孕育潜伏期、显现爆发期、持续演进期、缓解衰退期和解除消失期五个阶段。《危机管理》的作者普林斯顿大学诺曼·R·奥古斯丁教授对危机管理的阶段划分最具代表性，被学界广泛接受。他认为危机管理主要包括六个阶段，即危机的避免、危机的准备、危机的确认、危机的控制、危机的解决和从危机中获利，针对每一个阶段的特点，给出了阶段性的管理工作内容建议：

1. 危机的避免

该阶段要把有可能发生风险的潜在危机事件逐一列举出来，对危机发生可能会产生的后果进行分析，对预防危机所需成本进行预估。

2. 危机的准备

制定危机预防和应对的计划，组建危机管理小组，并进行危机预防和管理演练。

3. 危机的确认

迅速找出危机发生的相关有效信息，对发生的危机的具体情况进行确认。

4. 危机的控制

根据当前发生的危机的具体情况，按重要程度先后安排危机应对工作。

5. 危机的解决

以最快的反应速度应对危机，尽全部力量控制住危机的发展情况。

6. 从危机中获利

从应对危机的过程中总结经验，找出不足之处，改进危机管理措施。

大学生意外事件与危机管理具有相似的发展阶段，从其产生到解除可分为三个大阶段：潜伏形成期、爆发演进期和缓解衰退期，其管理的重点在于发生前的有效防范、发生时的从容应对、发生后的经验总结。

大学生意外事件虽然几乎不可能被杜绝，但是可以通过危机管理将事件有效控制住，并降低其造成的损失。对于校内因素诱发的学生意外事件，可以通过危机管理进行有效的防治，能够大幅减小和降低其发生概率和危害程度；对于校外因素诱发的学生意外事件，也可以通过危机管理中的教育、管理措施提高学生的防范能力并缓解其危害；对于自然灾害，进行危机管理能够有效提高广大师生的防范能力，通过制定应急预案、提前预防等来增强和提升学校的整体灾害应对能力。

现实中发生的大多数学生意外事件，对于学生事务管理者而言，并不能算是纯粹的"意外"事件，多数是疏于防范导致的恶果，例如学生伤害事件、消防安全事故等。学生意外事件与危机的发生机制存在着复杂的因果联系，高校要在其未发生时就将可能引发其爆发的因素扼杀，即在日常的学生事务管理中要强化危机意识，注意防微杜渐，防患于未然。此外，即使学生意外事件或危机已经发生，越早采取相应的措施和行动，成功控制危机的概率就越大。因此，高校要建立意外事件与危机管理系统，加强事件发生前的防范措施和事件发生后的应对措施。

三、大学生意外事件与危机管理的方法和途径

由于大学生意外事件与危机管理具有相似的阶段性特点，两者可以统一采用以下几个方法和途径：

（一）学生意外事件与危机的防范阶段

学生意外事件与危机都具有潜伏形成期，在这一阶段，学生意外事件与危机涉及的各种因素之间相互作用，逐渐形成矛盾和冲突，随着其中的关键因素的强化，冲突和矛盾愈发积累严重，事件和危机一触即发。通过观察和分析，一些学生意外事件与危机即将发生的信息、征兆和信号能够在此阶段获得。

因此，在大学生意外事件与危机的潜伏形成期，高校的管理重点是建立一套规范、全面的学生意外事件与危机管理预警系统，以便能够感应危机来临的信号，在真正发生学生意外事件与危机时可以尽早发现情况。预警系统通过对意外事件与危机有可能涉及的各种因素的持续监测，分析判断这些因素散发的信号和意外事件与危机发生之间的关系，在确定关系后便及时地发出警报提醒人们采取适当的行动。建立学生意外事件与危机管理预警系统，应该注意以下几方面：

1. 建立大学生意外事件与危机管理领导机制

学生意外事件与危机管理不是仅靠大学生事务管理者就能完成的工作，而是高校各职能部门以及每一位师生共同面对的任务，高校内部应成立专门的领导小组来负责大学生意外事件与危机管理的任务。领导小组的成员应尽可能选择熟知学校和学生事务管理内外部环境、有较高职位的管理人员和专业人员参加。因为小组成员在管理工作中要迅速地作出决策、付诸行动并及时将实际情况反馈上级，这就需要他们具备处乱不惊、严谨细致、善于沟通等素质。领导小组的负责人肩负的责任更加重大，必须在高校内部具有一定的影响力，在小组中具有威信力，发出的指令令人信服，这样才能在危急时刻有效地掌控领导小组的行动进程。

2. 强化危机意识，观察发现危机前兆，分析预计危机情境

高校必须强化危机意识，建立学校主导的安全宣传引导系统。学生事务管理者要担起自身的职责，定期开展危机防范教育、加强舆论宣传，培养全体师生的危机

意识，推动安全防范知识的普及，有条件的高校还应进行事件模拟演练。日常对师生的安全教育可以在一定程度上减小学生意外事件与危机发生的概率，在事件与危机发生后也有助于师生平稳心态，逃离危险。

3. 制定学生意外事件与危机管理预案

2006年《国家突发公共事件总体应急预案》的发布，即明确规定了我国应对突发公共事件的工作原则：以人为本，减少危害；居安思危，预防为主；统一领导，分级负责；依法规范，加强管理；快速反应，协同应对；依靠科技，提高素质。我国高校也应遵循国家的应急预案原则制定学生意外事件与危机管理预案。

大学生意外事件与危机管理预案应涵盖完善的应急组织管理指挥系统，还需具备能够综合协调的相互支持系统；能够快速实施综合救援的应急队伍；对重大事件提供强有力支持的应急救援保障体系；还有后续的能够提供完备保障的供应体系等。完整的预案一般具有情景、主体、措施和目标四个要素。情景是指预案编制和实施设定的背景，即预案发挥作用的意外事件和危机的场景；主体是指制定和实施应急预案的组织和个人，即应急预案的决策者、组织者和执行者；措施是指用于控制学生意外事件或危机的措施、管理方法、控制手段或技术等，预案中应作出具体的制定和说明；目标是指应急预案要达到的目的，即对学生事件和危机的控制效果。

4. 畅通信息渠道，关注特殊人群

高校应该与时俱进，充分利用现代信息技术，开通多种形式的信息渠道并保持其畅通，例如学校公众号、书记校长信箱、校领导接待日等信息收集渠道，主动听取学生对学校工作的建议和意见，并及时反馈处理结果。大学生事务管理者应该建立学生信息反馈系统，全面了解学生动态，以便能够及时捕捉学生意外事件与危机发生的信号，并对这些信号进行分析和判断，对诱发学生意外事件的潜在因素进行重点监测。同时，大学生事务管理者必须重点关注学生群体中的特殊人群，例如家庭经济贫困的学生、身体患有或曾经患有重大疾病的学生、学习成绩不理想的学生等，这些特殊人群引发学生意外事件与危机的概率比一般学生要大，必须重点关注这些学生并建立信息档案进行持续跟踪关注。

5. 积极准备相关保障资源

学生意外事件与危机管理预警系统要达到完善，并发挥有效的作用，需要准备充分的各项保障措施提供强有力的基础支持。因此，高校必须积极准备危机管理所需要的相关资源，主要包括以下几个方面的内容：

（1）信息通信预备

信息通信预备在学生意外事件与危机管理预警系统中极为重要，是最重要的基础建设，用来支撑预警系统中所有信息的传递，包括如预警、报警、报告、指挥等活动的信息都是依靠信息通信系统来传达，同时还要实现信息共享。要保证学生意外事件与危机管理预警系统顺利开展，就需要能够快速、准确传达信息的信息通信预备为其作保障。

（2）公共安全预备

公共安全预备的目的是维持应急状态下的治安秩序，要制定各项准备方案，并加强对专业队伍和志愿者队伍的培训教育，使其具备更高效的应急工作能力。

（3）物资装备预备

学生意外事件与危机管理预警系统需要大量人力、物力的基础支持，准备充分的物资装备预备保障是学生意外事件与危机管理预警系统顺利运行的物质基础，高校要保证物资预备工作，将所需物资准备充足，并保证物资的供应快速、及时。

（二）学生意外事件与危机的处理阶段

经过潜伏形成期后，如果各种诱发学生意外事件与危机发生的因素矛盾一旦被激化，当发展到质变的阶段，隐性事件开始转化为显性事件，其影响范围将快速扩散，进入学生意外事件与危机的爆发演进时期。在此阶段，意外事件与危机处理的任务是采取相关措施降低意外事件与危机的危害，把握其发展方向，控制其发展势态。该阶段是处理学生意外事件与危机最重要的阶段，此阶段的所有作为将直接对意外事件与危机的发展方向和速度产生影响，并进一步影响到学生意外事件与危机的结果。学生意外事件与危机的处理工作应遵循以下原则：

1. 生命安全第一原则

在处理意外事件与危机情况时，无论处于什么情境，保护和保障学生生命安全都是学生意外事件与危机处理必须坚持的根本目标和原则，这是世界各国在处理突发事件的基本理念，也是以人为本的教育观念的重要体现。

2. 快速反应原则

意外事件与危机处理的工作人员必须在学生发生事件或危机后的第一时间作出反应，处理工作的反应速度直接关系到高校对意外事件与危机的控制程度、信息掌握程度等，是高校控制意外事件与危机发展势态重要因素。

3. 冷静、合理合法原则

学生意外事件和危机管理需要进行大量的应急工作，这就需要学生事务管理人员不仅能够快速反应，同时也能保持冷静和克制的情绪，尤其是不能采取激进的措施来激化、升级矛盾，要采取合理合法的手段，及时有效地控制事态的进一步发展，从而避免产生负面作用或消极影响。同时，特殊情况特殊对待，如果遇到特殊情况，意外事件和危机管理工作人员可以采用民事法律中相应的紧急避险措施来进行处理。

4. 统一领导、分级负责原则

高校内部的统一领导和统筹安排对于有效控制意外事件与危机的局面至关重要，同时各级工作人员的密切配合、各项资源的有效调配也特别重要，因此，高校在学生意外事件与危机的处理工作中需要选派具有权威的领导,令人信服的领导,同时将责任明确到每级工作人员或部门身上,实行统一领导、分级负责,凝聚集体的力量来进行处置管理。

在坚持以上一般原则的基础上,大学生事件和危机管理的具体实践还应采取以下策略。

① 学生意外事件和危机发生后,学生事务管理者应当第一时间赶赴现场,维护现场秩序,冷静客观地对现场实际情况进行理性判断,分析发生的意外事件和危机的性质及发展情况,对接下来的事态发展和局势作出基本判断,并将以上情况信息汇报给学校学生意外事件与危机管理领导小组,等待领导小组的指示。在等待的过程中,学生事务管理者应采取有效的措施以阻止事态的进一步蔓延和恶化,例如迅速疏散人群、采取简单的隔离措施等。

② 在意外事件与危机发生后,学生事务管理者应迅速反应、果断行动,第一时间向学生意外事件与危机管理领导小组汇报现场情况并获得启动学生意外事件与危机管理预案的授权,立刻启动预案。如果发生的情况特殊或者事态严重,为了在最短时间内阻止危机的蔓延扩大,先到达现场的学生事务管理者可以在向领导小组汇报之前,立刻采取措施,争分夺秒,与时间竞赛,以防带来严重后果。需要注意的是,初期的反应一定要迅速,否则意外事件与危机的发展态势未能被遏制,极有可能带来极其严重的后果,那时将需要付出更大的代价来控制危机。另外,相应的意外事件与危机预案一旦启动,所有的相关责任人员都必须尽快赶到现场来研究解决问题,研判掌控危机局势。

③ 各部门和成员团结协作,依靠集体的力量应对危机。在成立意外事件与危机处理的领导小组时,应该在其内部建立一个指挥系统,以指挥系统为中心,各相关部门通力协作、紧密配合,共同处理危急情况。指挥系统的核心是最高指挥者,他的指挥对危机的应对处理具有决定性意义。因此,最高指挥者在处理事件和危机的过程中,必须要保持冷静和清醒的头脑,运用个人专业能力及个人的威信,科学合理地做好人员安排和资源调配,以最大程度地提高应对危机和化解危机的能力,有效地解决危机。

④ 启动心理疏导机制,维护师生心理健康,避免引起校园恐慌。学生意外事件与危机发生的短时间内,事态发展状况不明,加上学校的关注重心在处理危机上面,正确的信息没能迅速传播出去,人们没有了解真相的直接途径时,容易出现以讹传讹的现象,从而引起校园恐慌。为避免出现谣传信息引起群体恐慌的现象,高校应该及时、公开、透明地披露意外事件与危机的真实信息,这样不仅可以稳定群体情绪,还能降低师生获取信息的成本;另一方面,在意外事件与危机被有效控制后,学生事务管理者要做好舆论引导工作,鼓舞校园全体的士气,还要启动心理疏导机制,对于受到严重心理影响的师生进行心理辅导,避免其出现相应

的心理问题。

⑤建立有效的信息传播系统，做好危机发生后的传播沟通工作，争取舆论报道的理解与合作。应该做到以下三点：

第一，掌握舆论报道的主动权。将信息公开的主动权掌握在学校方手上，利用多种报道形式将正确信息及时直接公告，避免信息的二次传播。学校可以通过召开新闻发布会或通气会以及使用互联网信息传播手段向社会公众告知学生意外事件与危机的基本信息，主要包括发生的现状、引发事件的原因、学校当前及今后的应对计划等内容，信息传播要准确、具体，尊重公众的知情权，打消公众的猜疑。

第二，核实信息的准确性，统一信息发布的口径。对于涉及专业性的技术问题或涉及敏感话题内容，在信息传播中应使用规范的语言，表述要精确，不能出现模棱两可的内容，以免引起不必要的怀疑或猜忌。

第三，慎重指定信息发布机构和发言人。高校的信息发布机构一般是学校宣传部门或事件相关部门。一般情况下，发言人选择学校有关领导较为妥当，但技术问题则需要相关技术人员来回答，如果学生意外事件与危机涉及法律问题，则发言人应选择学校事务管理的有关人员，也就是说发言人对发布的信息一定要了解。发言人应放低姿态，要富有同情心和亲和力的态度来表达对发生事件的态度和看法，并简要说明学校采取的应对举措以及善后的措施。发言要公开、坦诚、负责，对于无法确定答案的问题，应主动表明尚未清楚，对于无法提供的信息，应礼貌告知原委以及在适当的时候做出进一步的说明。

⑥随机应变。学生意外事件与危机具有突变性和紧迫性，因此其防范和处理的难度极高，尽管事先制定了学生意外事件与危机预案，也不能保证危机事态发展按照预期进行，无法保证万无一失。在处理学生意外事件与危机的过程中，处理机构应根据危机发展的具体情况，随时修正和增添学生意外事件与危机处理对策。

（三）学生意外事件与危机的总结阶段

在学生意外事件危机的缓解衰退时期，与之有关的各种因素之间的矛盾冲突开始减弱，事件发展态势也趋向缓和平稳，校园开始恢复正常状态。在这个阶段，学校依然不能放松警惕，应该继续采取有关措施，以防止事态出现复发的可能性，力争将以意外事件与危机造成的损失降至最低。

学生意外事件与危机管理的最后环节是对前面所有的阶段工作进行总结、评估。学生意外事件与危机往往会给学校造成巨大的损失，但同时也带来了一些此方面的宝贵经验。一般而言，总结一般可分为三个步骤：

1. 调查

学校成立专门的工作小组对学生意外事件与危机进行全面、系统的调查，包括事件与危机发生的原因、相关预案和预防措施、处理的全部措施等所有相关的内容。

2. 评价

由专业机构对学校意外事件与危机管理进行全面的评价，评价的对象是在事件与危机处理过程中的所有工作，包括应急管理系统的组织和工作内容、应对意外事件与危机的决策、意外事件的处理工作与危机应变计划等内容，要详尽地列出学校在意外事件与危机管理中存在的问题和不足之处。

3. 整改

经过调查和评价后，学校对在意外事件与危机管理中存在的各种问题进行分类梳理，认真剖析存在问题的主要原因，对具体问题分别提出整改措施，并督促有关部门逐项落实整改。

第六节 大学生职业发展与就业指导

在高校开展学生事务管理工作的过程中，不能忽视了职业发展与就业指导工作这一重要内容。在这一工作中，高校管理人员和学生事务管理者要引导学生提高自身的知识水平，并将所学的知识运用到具体实践之中。而为了确保职业发展与就业指导工作能够顺利开展，学生事务管理要着重提高自身对于职业发展与就业指导方法的认识，深入研究职业发展与就业指导方法的内容，这样才能更好地为学生提供服务。

一、职业发展与就业指导的历史沿革

（一）国外职业发展与就业指导的历史沿革

从就业指导的性质来看，人们可以将其划入社会服务型工作的范畴。西方发达国家对于就业指导的研究起步较早，他们不仅在社会上开展就业指导方面的活动，还在学校开设了一些就业指导方面的课程。1894 年，就业指导工作开始在美国加州工艺学校推行。到了 20 世纪初期，美国知名学者弗兰克·帕森斯在《选择职业》中对"vocational guidance"这一概念进行了详细的阐述。我国在引进翻译这个概念时，出现了包括"职业辅导""职业指导""就业辅导""就业指导"等不同的翻译表述。1911 年，帮助学生就业的课程在哈佛大学开设。

"vocational guidance"一词的含义是逐步丰富和发展起来的，在美国，最初它的含义主要是指帮助青年人求职与择业，随着职业指导理论和实践工作的开展和社会的需要越来越广泛和多样化，"vocational guidance"涵盖的空间、包含的内容以及时间的范围已经逐步发生了变化，现阶段，"vocational guidance"的含义已经转变为"career guidance"，即从原来的单纯关注就业方面转变为对人整个职业生涯的关注，从中文的角度来说就是"生涯辅导"的意思。

职业发展与就业指导的内涵经历了漫长的发展历程，并在发展过程中借助实践得以补充与完善。从国外对于职业发展与就业指导的研究情况来看，职业发展与就业指导分别经历了传统职业指导阶段、生涯辅导的形成阶段、生涯辅导成熟和国际化阶段。

在传统职业指导阶段（1908—1953年）中，比较具有代表性的人物为弗兰克·帕森斯，他在这段时间内提出了特质—因素匹配理论，即通过自身实际情况和相关职业的研究与分析，从而达到个人与职业相匹配的目的。在特质—因素匹配理论的影响下，社会职业指导部门主要是以安置就业的方式来解决人们的就业问题。

生涯辅导的形成阶段（1953—1971年）。这一阶段的代表人物是被誉为"超级思想家"的舒伯，代表理论是舒伯从发展心理学的角度给职业指导赋予的一个新的定义，这个定义的内容是：职业指导是为了促进人们发展，使人们能够掌握适合相关职业的能力，并通过实践来巩固自身的能力，从而适应相应的职业。在职业指导新定义的影响下，人们不再仅仅关注自身的就业问题，而更多的关注自身未来的发展，这使得职业指导逐渐转变为生涯辅导。在此期间，大多数人对于生涯辅导理论的认可度较高，并将其作为自身发展的重要指导理论。

在生涯辅导成熟和国际化阶段（1971年至今）中，比较具有代表性的人物为美国的马兰，他在开展教育工作的过程中提出了"生涯教育"，这种"生涯教育"指的是将人的全部生涯纳入教育计划，其中包括人的幼儿园教育、小学教育、中学教育、大学教育等，使人们在教育计划的实施过程中获得一系列技能，从而更好地适应相关的职业。由于这一理念主要是由美国联邦教育总署提出，因此在美国内的发展速度相当快。日本、苏联等国家由于受到美国关于就业指导的理念的影响，纷纷在借鉴中进行创新，日本文部省发布训令，要将学校的职业指导与社会上其他人的就业指导进行区别，确定将出路教育或出路指导作为学校的职业指导来统一使用；苏联从一开始，就创造性地借鉴了美国的经验，将学校的职业指导这一概念定义为职业定向教育。

（二）国内职业发展与就业指导的历史沿革

在20世纪初，我国高校的数量虽然不多，但已有高校开始尝试开展就业指导工作。以清华大学为例，该校对就业指导开展了长达七年的研究，随后成立了职业指导委员会，为我国其他高校开展就业指导起到良好的示范作用。

西方国家在就业指导方面的研究起步较早，因此我国在开展就业指导研究的过程中借鉴了西方国家的一些优秀经验。总的来说，我国就业指导的发展阶段可划分为以下几个阶段：

第一阶段（1916—1949年），这一时期具有代表性的人物为黄炎培，他认为开展就业指导的最终目的就是使无业者有业，有业者乐业。因此，这一时期就业指导工作的主要内容就是对毕业生的需求进行调查与分析，然后满足毕业生的职业需求。在我国早期教育家的积极推动下，当时国内的就业指导工作得到了发展，为进一步开展就业指导奠定了基础。

第二阶段（1949—1985 年），这一时期是新中国成立后的重要时期，大学生的就业实行的是国家集中分配岗位，国家更多地关注的是大学生的思想教育，强调的是国家利益高于个人利益，个人意志服从国家需要，因此，这一时期的就业指导工作就无从谈起，无论是在实践上还是理论上来说，都停滞不前，没有太大的发展。

第三阶段（1985—2003 年），这一时期，我国在高等教育方面的研究工作逐渐深入，再加上市场经济的推动作用，这使得我国的高校毕业生就业制度得到了新的发展，人们对于高校毕业生的就业指导工作的关注度也有所提高。20 世纪 80 年代中期，劳动人事部组织编写了培训教材，以便于指导高校开展就业指导工作。当时国内一些职业中学和高校已经开始运用职业指导来解决学生的就业问题。以深圳大学为例，该校成立了就业指导中心，负责定期编辑《就业指导报》，开设就业指导课程，做好就业信息的搜集、贮存工作等。受深圳大学的影响和带动，其他高校也相继成立了就业指导专门机构，就业指导工作也随之逐步开展起来。综合来看，在这一时期，教育主管部门在就业指导工作中起到的作用较为明显，内容上主要包括信息发布、政策解说、技巧指导这三个方面。

第四阶段（2003 年至今），在这一阶段中，我国出台了一系列有关高校就业工作的政策，从宏观层面对高校开展就业指导工作提供了指导。在此期间，国内各大高校都加大对学生就业工作的重视，除了在课堂上向学生讲授有关就业的内容之外，还积极引导学生参与到就业实践活动之中，不断提高学生的综合能力，以适应就业活动。因此，我国就业指导工作的水平得到了显著的提高。

从我国高校职业发展与就业指导的发展历程来看，2007 年可以算得上是非常关键的一年。在这一年间，我国教育部在《大学生职业发展与就业指导课程教学要求》中对职业发展与就业指导的概念进行详细的阐述，不仅使人们深刻认识到了生涯辅导的内涵，还对我国现有的就业指导内容进行完善。在面对"职业生涯规划""生涯辅导""就业指导"等表述不同的概念时，人们可以统统理解为教育者在对受教育者进行深入研究和分析的基础上为受教育者选择相适应的职业，并引导学生开展相关的就业实践，以便于提高学生的就业能力，解决学生就业问题。综合来看，职业发展与就业指导实质上就是引导学生加强对社会所需职业的了解，调动学生的学习积极性，使学生能够更好地适应职业。

因此，现阶段，学校职业发展与就业指导工作的含义可以从三个方面来理解：其一，对于高校大学生而言，职业发展与就业指导是极为重要的教育内容，它能够促进学生未来更好地发展；其二，职业发展与就业指导完全是以学生自身的实际情况为依据来提供服务的，因此能够帮助学生从众多工作中找到适合自己的工作；其三，职业发展与就业指导属于专业性的培训，这要求教职人员自身掌握足够的专业知识。

二、职业发展与就业指导的基本理论

在 20 世纪初，西方一些发达国家出现了职业辅导，随后投入了大量人员和资源开展研究工作，才逐渐形成了一系列的生涯辅导理论，这些理论在解决人们就业问题的过程中起到极为重要的作用，能够引导人们选择最适合自己的职业。其中，比较具有代表性的理论主要包括以下几种：

（一）帕森斯的特质因素论

从特质因素论的观点来看，社会个体往往都有着不同的个性和特点，这使得不同的社会个体能够适应有着不同要求的职业。其中，特质主要指的是人们自身的个性特征，研究人员可以通过分析相关的资料和心理测试来明确人们的价值观念、兴趣爱好等；而因素主要指的是一些可以通过工作分析而了解的信息，主要包括个人要想在工作上取得成功所必须具备的资格和条件。可以看出，这一理论的重点在人们的个性能否与工作相匹配。当人们的个性能够与工作相匹配时，人们就业的机会较大；当人们的个性无法与工作相匹配时，人们就业的机会较小。正因如此，国外一些学者提出了"职业设计的三要素模式"：

一是进行自我探索，分析个人特质，深入了解个人的性格、兴趣、能力、价值观等特质。

二是进行职业探索，分析各种职业的特征及对人的要求，如职业的工资待遇、工作条件、发展空间以及对求职者的学历要求、身体条件要求、技能要求等。

三是进行认知配对，在综合了解掌握上述个人的特点与职业的因素的基础上，仔细比对分析，找出与个人特质最相匹配并且最能发挥个人能力的职业。

在经过就业实践的检验之后，人们发现职业设计的三要素模式对于自身有着重要的指导意义，随后这一模式受到了广泛认同并且影响深远。随着这一模式的不断完善和发展，职业选择和就业指导过程的三个步骤也逐步清晰和明确起来：首先是进行个体分析，对个体的心理特征和生理特征进行了解和评价；其次是进行职业分析，对职业的特征和职业对人的要求进行了解和探究；最后是在科学的指导下，人们根据自身的个性特点来匹配相应的职业，从中选择最适合自身发展、最能够发挥自身才能的职业。

（二）霍兰德的职业兴趣理论

从霍兰德的职业兴趣理论来看，根据人的不同个性，人可以分为六种不同的类型，分别是社会型、企业型、研究型、常规型、实践型以及艺术型，而职业也可以划分为六种不同的类型。大多数情况下，人们普遍倾向于选择符合自身个性特点的职业，以便于积极地投入到工作之中，个人和职业本身都会因此受益。另外，不同个性的人有着不同的行为，人们可以根据个人的工作转换、职业选择等预先了解人的行为。

霍兰德在这四个前提的基础上进一步提出了六边形模型，如图5-1、表5-1所示。

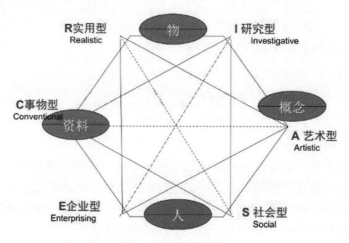

图 5-1 六边形模型

表 5-1 六边形模型的特征

特征 ＼ 类型	实际型	研究型	艺术型	社会型	企业型	常规性
偏好的活动和职业	操作机器、工具和东西	探索、了解、预测和控制自然和社会现象	文学、音乐、绘画活动	助人、教学、治疗、咨询、通过人际交往服务他人	说服、操纵、指导他人	建立或保持常规、实施标准
价值观	对实际成就的物质回报	知识的发展或获得	思想、情绪或情感的创造性表达	增进他人的福利，社会服务	物质成就和社会地位	物质或经济成就，在社会、商业或政治领域的权利
自己看自己	实践的、保守的，拥有动手能力和机械技能一缺乏社会技能	善于分析的、有智慧的、有怀疑精神的，拥有学术天赋一缺乏人际交往技能	对经验开放的、创新的、智慧的~缺乏文书或办公技能	同情的、耐心的，拥有人际交往技能一缺乏机械技能	拥有销售和说服能力一缺乏科学能力	拥有商业或制造业的技术技能一缺乏艺术才能

续 表

特征＼类型	实际型	研究型	艺术型	社会型	企业型	常规性
别人看自己	普通的、坦率的	不善社交的、有智慧的	非传统的、无序的、创造性的	善于照顾的、使人愉快的外向的	有活力的、合群的	谨慎的、顺从的
避免	与他人交往	说服或销售活动	常规和遵从已经建立的规则	机械或技能活动	科学的、智慧的或深奥的论题	不明确的、无结构的任务
需求	体力和机械能力，与机器、工具、物体打交道	分析、技术、科学及语言能力	创新或创造能力，通过情绪表达与他人相互作用	人际交往能力，指导、训练、治疗或教育他人的技能	说服和操纵他人的能力	文书技能，工作中达到精确标准
包含的职业或其他环境	具体的、实践性的活动；使用机器、工具、材料	分析性或智力性活动，其目标在于解决问题或创造和使用知识	表演、写作、音乐、雕刻或非结构性的智力探索工作	以帮助或促进的方式与他人一起工作	销售；领导、操纵他人来达到个人的或组织的目标	运用工具、数字或机器以满足预期的组织要求或具体标准
职业举例	制造工程师、驾驶员	心理学家，微生物学家	音乐家，室内设计师	咨询员、教师、牧师	律师、零售商、营销管理	编辑、图书管理员、会计

人们通过对霍兰德的六边形模型进行研究与分析，能够有效地提高自身成功就业的概率，这一定程度上反映出了霍兰德六边形模型的有效性。除了六边形模型之外，霍兰德还根据自身对人和职业的研究制定了职业兴趣自我探索量表，这在确定个人职业兴趣与生涯规划中被广泛应用。

（三）舒伯的生涯发展理论

舒伯在研究前人理论的基础上，首次提出了职业生涯的概念。这一理论实现了从职业指导到职业生涯辅导的转变。在研究这一理论的过程中，人们必须先要了解"自我概念"，即人们在对自身进行全方面的了解之后对自身做出的正确评估，而生涯发展就是在了解自我概念的基础上所进行的。从生涯发展理论的观点来看，生涯发展具有持续性和发展型，贯穿于人的一生。具体来说，生涯发展可划分五个阶段，分别是成长阶段、探索阶段、确立阶段、维持阶段以及下降阶段，这不同阶段中人们所需要完成的任务有所不同，并且各阶段的任务之间密切相关，如果前一阶段的任务完成得不够充分，那么将会阻碍下阶段的任务。所以，要对人的生涯发展情况评估，就要先了解他在不同阶段的任务完成情况。

成长阶段。当人的年龄处于 14 岁及 14 岁以下的年龄时，则表明其正处于成长阶段。在成长阶段中，人们主要的任务就是对自我形成正确的认知。

探索阶段。当人的年龄处于 15 ～ 24 岁之间时，则表明其正处于探索阶段。在探索阶段中，人们主要的任务就是了解和尝试不同的职业，对不同职业形成一定的认识。

确立阶段。当人的年龄处于 24 ～ 44 岁之间时，则表明其正处于确立阶段。在确立阶段中，人们主要的任务就是从不同的职业中选定最适合自身发展的职业，并通过自身的努力在最终选定的职业中取得一定的成果，

维持阶段。当人的年龄处于 45 ～ 65 岁之间时，则表明其正处于维持阶段。在维持阶段中，人们主要的任务就是继续保持对现有的职业的积极性，在稳定自身职位的基础上进一步做出更大的贡献，充分发挥自身的经验优势。

下降阶段。当人的年龄处于 65 岁以上时，则表明其正处于下降阶段。

生涯发展阶段的划分并不是固定不变的，当社会不断进步、人们不断发展，生涯发展阶段的划分也会发生新的变化。通过对生涯发展阶段的研究，人们大致已经了解了自身所处的发展阶段和主要任务，这有助于引导人们有意识地规划自身的未来发展，对自身的目标做出新的改变。

（四）克朗伯兹的社会学习理论

在 20 世纪 70 年代，国外一些学者就已经提出以认知信息加工理论、经典行为论等为基础的社会学习理论，但当时人们并没有将其运用到生涯辅导工作之中。随后，克朗伯兹通过研究发现了社会学习理论与生涯辅导之间的关联，提出了学习他人的行为会影响自身的成熟度的观点，从而创造性地将社会学习理论应用于生涯辅导工作之中。从克朗伯兹的社会学习理论的观点来看，影响职业决策的因素主要有以下几种。

1. 遗传

遗传会使人们获得一些特殊的能力，这会对人们的求职过程造成一定的影响；

2. 环境

环境会对人们造成潜移默化的影响，这一定程度上会影响人们的求职行为；

3. 学习经验

学习经验是人们通过自身实践或研究他人成果所获得的经验，这一定程度上能够影响人们的求职行为。学习经验主要分为两种不同的类型：

（1）工具式学习经验

人们在特定目标的推动下会主动地实施一些行为，这些行为所造成的结果会成为人们重要的经验。

（2）联结式学习经验

人们通过开展相关的研究工作对了解外部刺激，并做出相应的反应，这些反应所造成的结果会给人们留下深刻的印象。

4. 任务取向的技能

在完成学习任务的过程中，人们能够获得一些技能和对职业的正确认识，这能够有助于人们开展求职工作。

大多数情况下，以上四种因素之间都有着密切的联系，能够使人们对自身实际情况和职业形成正确的自我认知。在国外一些学者看来，人们之所以热衷于培养自身的兴趣和价值观念，实际上都是为了日后的生涯发展做准备，这些准备工作的完成情况会对人们的具体行为造成一定的影响。当人的学习经验不足时，无法有效地处理一些特殊情况，这会对自身生涯的发展造成消极影响。正因如此，克朗伯兹特别强调适当的、丰富的学习经验的重要性。

（五）彼得森、桑普森和里尔登的认知信息加工理论

从认知信息加工理论的观点来看，生涯发展是人们运用信息对自身做出生涯决策以及运用信息来解决自身的生涯问题的过程，它倡导人们通过对信息进行加工，从而有针对性地处理生涯问题。这一理论最早是由彼得森、桑普森、里尔登共同提出，他们将人们的生涯选择看作是一种生涯问题解决的过程，而生涯问题的解决主要取决于人们所掌握的专业知识和专业技能，如果不具备相应的专业知识和专业技能，则难以解决自身的生涯问题。

通过对认知信息加工理论的研究可以看出，学习信息加工能力的过程中实质上就是人们生涯发展与规划的过程。为了加强人们对于认知信息加工理论的认识，一些研究人员以该理论为基础制定了信息加工模式图（如图5-2所示）。

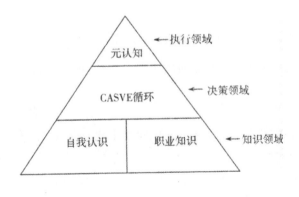

图 5-2 信息加工模式图

从信息加工模式图的内容来看，知识领域处于金字塔的底层，这表明了人们的自我认识和职业知识是重要的基础条件。而决策领域处于金字塔的中层，它具体可分为五个阶段，分别是沟通阶段、分析阶段、综合阶段、评估阶段以及执行阶段，这形成了决策的 CASVE 循环（如图 5-3 所示）。

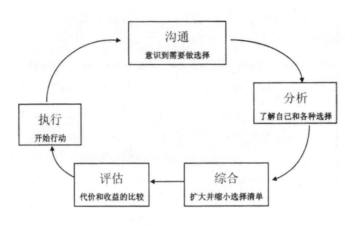

图 5-3 CASVE 循环

在沟通阶段中，人们主要做的是了解自身的需求，明确自身存在的问题；在分析阶段中，人们主要做的是对自身的情况和职业情况进行分析；在综合阶段中，人们主要做的是根据自身情况和职业情况来思考相关的解决办法；在评估阶段中，人们要对不同解决办法进行分析，从而选定最合适的方案；在执行阶段中，人们要根据所选定的方案来开展相关的活动。

在信息加工模式图中，执行领域处于最顶层，它要求人们对于自身认知、实践、体验等形成更深层次的认知。在人们形成元认知后，人们可以更好地明确自身获取知识和开展实践活动的时机，从而开展具体的实施活动。在此过程中，人们可以对生涯发展不断形成新的认识，对现有的执行过程进行反思，从而更好地开展具体的实践活动，推动自身生涯发展。

（六）职业发展与就业指导理论的本土化

在当前的时代，在相同空间、时间里，由于信息的传播速度加快，人们对相同问题的认识与理解都会打上个体独特的烙印，这与传统文化、思维方式、心理状态等各种因素有着密切的联系，当社会对人才的需求增加时，传统文化、思维方式、心理状态等因素能够推动生涯辅导更好地向本土化方向发展。从西方发达国家所制定的生涯发展规划和相关理论来看，可以看出其中明显包含了西方价值观念的内容，虽然就职业发展与就业指导这一理论研究与实践活动来说，中西方存在着很多的共通性，但文化传统、价值导向、心理特征、职业体系等方面的客观差异，以及大学的办学定位、大学生个性特点上的不同等，都说明了不能简单地照搬西方的生涯理论与操作技术，必须结合自身的实际情况对其深入探究，以此来满足我国大学生的发展需求，有针对性地解决大学生的就业问题。

在研究具有我国特色的职业生涯体系的过程中，国内研究人员主要从以下三个方面开展了相关工作。

其一，生涯辅导理论体系的本土化。在我国与西方国家交流的过程中，国内学者研究了一些国外有关生涯辅导的理论观点，随后将其中的优秀经验与我国的实际情况相结合，从而出版了一些针对我国情况的生涯辅导著作，这为我国开展生涯发展工作提供了科学的指导。在此过程中，贡献较为显著的国内学者包括了林清文、金树人、吴武典等。在早期接触国外生涯辅导理论时，国内学者更多的是将"career"一词译为"职业、生计"，而现在人们更多的将其译为"生涯"，这更加贴近其具体的含义。有的学者认为，"生涯"所涵盖的内容要远超过"职业、生计"，它除了能够表示人们所从事的职业活动之外，还能够表示其他活动，例如娱乐活动、阅读活动等。这一观点受到广泛的认可，因此人们逐渐接受了用含义更为广泛的"生涯"来翻译"career"，这一定程度上也反映了我国对于生涯辅导理论的认识的不断深入。

"生涯"的含义为人一生的发展历程，其中包含了人在发展过程中所经历的不同职位和角色。从生涯咨询的角度来看，人通常会经历四个阶段，分别是苦、集、减、道，不同阶段的层次有所不同，人们必须要完整地体验不同的阶段，才能获得相应的感悟。在这四个阶段中，"苦"为起始阶段，在人们了解了相关的苦之后，才能向职业辅导者反馈自身的情况，有针对性地解决自身的问题；"集"主要是人们了解产生问题的原因，对相关原因产生深刻的认识；"减"主要是人们根据自身的实际情况来提出解决方案，以便于解决自身的实际问题，从而为开展下一阶段的工作奠定良好的基础；"道"主要指的是人们在对自身情况和职业情况产生详细的了解，具体地实施生涯规划，从中选择最适合的职业，促进自身长远发展。在整个过程中，人们要对自身情况和职业情况有所了解，通过尝试不同的职业来积累一定的经验，制定职业规划，从中选择最适合自身的职业。该模式的特点具体表现为历程的脉络、架构清晰；强调系统性的调整；内容翔实；用于团体咨询、个别咨询、工作坊等均适宜。

其二，生涯辅导工具的本土化。国内一些学者在开展生涯辅导工具研究工作的过程中制定了本土化的生涯辅导工具。有的学者在高校大学生的研究基础上制定了"生涯决定信念量表"，也有的学者在研究过程中制定了"生涯信念检核量表"，还有的学者在研究霍兰德职业兴趣理论的基础上制定了"职业兴趣量表"。总的来说，国内有相当一部分学者已经积极投入到生涯辅导工具的研究工作之中，并且取得一定的研究成果。虽然一些学者在研究生涯服务辅导工具时借鉴了国外学者的理论研究，但大多都结合了国内高校大学生的实际情况，能够作为国内高校大学生的生涯辅导工具。

其三，是师资队伍的本土化。现阶段，研究师资建设本土化的并不多，仍有待提高。

三、我国高校职业发展与就业指导的变革与创新

（一）提升我国高校职业发展与就业指导工作的对策

1. 加大政府的宏观调控，转变高校就业指导中心管理职能为服务指导职能

政府在高校大学生就业过程中扮演着重要的角色。因此，要处理好的大学生就业问题，政府就要在政策、就业平台、资源等方面做好相应的工作，实时地进行调整，为学生营造较好的就业环境。

为了有针对性地对大学毕业生进行管理，政府应该按照时间节点来界定工作的牵头部门，做好各项服务工作。毕业生在校期间即离校前由教育主管部门负责做好就业服务和就业指导工作，毕业生离校后由社会保障和人力资源主管部门负责就业相关工作。这样一来，学生可以有多种不同的就业选择，例如通过学校组织的校园招聘会来就业、自主就业等。

对于教育主管部门来说，要特别强调高校应继续深化高等教育改革，一方面要在校内开设就业指导课程，另一方面要引导就业指导服务人员积极参与就业指导工作，及时解决学生的实际问题，缓解学生在就业方面的压力。大学毕业生作为高素质人才，能够满足地方发展的需求，因此地方政府应当对大学生加以重视，通过规划就业来充分发挥大学生在地方发展过程中的积极作用，实行目标责任制，其中，高校毕业生离校后的就业服务和就业指导工作由社会保障部门和各级人力资源负责，高校毕业生成才观和就业观的引导与树立由其他相关部门负责为毕业生多渠道就业、精准就业创造良好的社会环境，从原来的"管理学生"向"服务学生"转变。

2. 以促进学生成长为导向，在广度和深度上扩大教育的内容

从促进学生就业为导向转变为以促进学生成长为导向，并以此为原则设计高校就业工作的主要内容、服务体系等。

（1）树立以发展为目标、以服务为功能的就业指导工作与全新的职业发展理念

职业发展理念是就业整体工作的核心，是决定就业教育的关键因素。我国高校应以发展为目标，以服务为功能，树立全新的职业发展与就业指导工作理念。在开展职业发展与就业指导工作中，既要充分发挥服务的功能，又要将教育的功能发挥出来；既要达到短期就业指导的目的，又要对学生成长成才的整个过程起到长效作用。在确保学生对就业政策、就业程序了解的基础上，开展生涯辅导的各项服务，帮助学生顺利实现就业的同时，也要引导学生认知社会、认知自己，并树立合理的、

科学的就业观、价值观，为将来的职业发展奠定良好的基础。

（2）在深度和广度上扩展就业指导内容

新时代大学生是独立个性的一代，他们对于就业指导的需求已经发生了深刻的变化，需求更加个性化，因此，这就促使就业指导的内容发生变化，由单一化向更加多样化、个性化和全程化的方向发展。就业工作开展得是否有效、教育工作是否成功的关键也就开始取决于大学生职业发展与就业指导的内容是否适应当前经济社会发展的需要和趋势、是否贴近学生的实际、是否符合学生的接受方式等。因此，在就业指导的内容设计上，就应做到三点：一是以增强学生就业能力为目标。大学生的就业能力是指大学生通过教育和体验所获得的各类知识、技能等综合能力在就业方面的体现，在个人职业发展中十分重要，高校应以增强学生就业能力为目标，切实加强教育教学改革，注重培养学生学习能力、社会适应能力等，增强就业竞争力。二是注重培养学生的职业精神和社会责任感。采取灵活多样的就业指导方式，如开设就业指导课、邀请企业人士讲解公司文化、校友回校做报告等，强化学生职业素养和社会责任感的培养。三是开展多样化、全程化的就业教育。从新生入学教育开始到毕业的整个大学期间，根据学生不同年龄的心理特征以及不同年级的教学安排，对学生进行分阶段的、分层的、分类别的就业指导，同时做好对学生人生观、世界观、价值观的教育，提高就业指导的针对性、精准性和实效性。

（3）强化职业生涯规划指导，开展职业咨询服务

职业生涯是一个持续的、复杂的、不可逆转的发展历程，更是一个个性化的、因人而异的发展过程。通常情况下，大学生欠缺社会经验，对企业和社会的认知更是不足，所以职业生涯规划在很多情况下，单凭学生个人努力和经验很难实现。

在我国高校的职业发展与就业指导工作中，对于学生生涯意识的启蒙已经非常重视了，但推动学生生涯目标的建立，还是需要进一步提升指导和服务的针对性和个性化。职业辅导个体咨询工作随着师资业务水平的提升及学生需求的多样化越来越个性化，职业生涯规划指导工作的开展是势在必行的。

3.强化培训和资源整合，提升师资数量和质量

对高校就业教育人员开展专业化的培训十分重要，尤其是心理学和教育学知识的培训，这对于提高服务学生的能力和水平具有重要作用。依托劳动部门和行业协会职业发展及就业指导工作体系是更进一步做好就业工作和学生工作的有效途径。因此，高校可以委托有职业指导师资格认定的专业培训机构对就业教育人员进行培训，同时引入一定数量的职业指导师，提升师资数量和质量，进一步充实校内就业指导资源，完善专兼职教师队伍，努力打造一支专业的就业教育队伍。

4.改善教育形式，增加体验和实践

职业发展与就业指导是一个实践类的知识体系，光说不练就达不到预期的效果。要提升学生受教育的收获感，增强学生的兴趣，就一定要改善教育的途径与方式，

职业生涯规划教育工作途径必须向纵深精细化方向发展。将实践参与与理论教育有机地结合到一起，课内教育与课外辅导相结合，素质提升与就业能力提升相结合，采用多种途径，将工作坊、课程、团体辅导、个体咨询、沙龙等多种方式相结合，更多地融入实践、分享、参与、体验等环节，提高课程的有效性。

5. 加大资源整合，团结一切可以团结的力量

中介机构和社会专业团体、企业参与高校职业发展与就业指导工作现象在国外非常普遍。相较于国外，国内在这一点上还存在着一定的差距，需要从以下几个方面来加强改进：

① 在高校职业发展与就业指导工作中充分发挥企业的作用，进一步探索从企业层面和学校层面如何用双赢的方式推动企业在这一工作中的参与度。

② 整合中介、社会专业团体的力量，实现就业指导社会化。以广泛的企业人力资源专家网络和实践经验，弥补学校自身专业指导教师的不足，帮助和辅导学生树立正确的择业观、成才观和就业观，同时还可以在实习和就业方面与这些企业开展合作，一方面能够帮助学校选择符合其实习要求的接收企业及岗位，以保证学生培养的质量，另一方面也能为学生提供足够质量和数量的就业岗位。

③ 寻求社会支持，加强就业信息服务

积极寻求高效共享的就业信息，不断加强就业信息服务是做好高校就业指导服务工作的基础。因此高校必须积极寻求社会力量的有力支持，不断开拓信息收集的渠道和方式，从不同层面、不同维度收集了解就业信息，尽可能地扩大就业信息资源，不断完善丰富就业信息库，同时，通过自身的信息共享平台，及时服务于学生。

（二）与学生工作相融合的职业发展与就业指导

职业发展与就业指导工作是学生工作的重要组成部分，贯穿于大学的整个过程，而且极具针对性和个性化，这就要求从事职业发展与就业指导工作的一线教师不仅是掌握方法、懂理论的专业人员，更要是最了解学生的、离学生最近的人员，所以从事学生工作的最佳的人选就是辅导员。建立互为补充、互为平台的学生管理与职业发展及就业指导工作体系是进一步做好就业工作和学生工作的有效途径。

1. 整合学生工作和就业工作资源，建立立体交叉工作机构

整合就业工作和学生工作的资源，即就业指导、学生思想教育、教学实践、课外活动指导等相关力量和资源，实行分工负责，统一协调，建立全方位的、全程化的生涯发展辅导体系，从学生的多个角度（生涯规划、就业指导、创新创业、职业发展等）促进他们在校期间各项能力的培养。

首先，要建立立体交叉的大学生职业发展辅导工作机制，形成以宿舍、班级、院系、学校四级单位构成的职业发展辅导纵向工作体系，以各年级辅导员、学生工作办公室构成的职业发展辅导横向工作体系，以班级为单位建立的个体咨询与团体

辅导体系、课外教育与自主活动体系，以宿舍为基础建立的宿舍人际关系活动体系、朋辈互助活动等。其次，要建立两级工作标准（学校和院系）。学校应建立、健全职业发展辅导机构，固定场所、配备专职人员以及必备的工作辅助工具，包括咨询室、资料室和会议室及与之相配套的多媒体设备。院系层面要建立大学生职业发展辅导中心，具体负责学校部署的职业辅导教育教学的实施工作，密切注视学校职业辅导中心的信息发布以及就业市场的发展变化，采用多种形式将职业指导活动开展起来，组织、联络、开辟实习实践基地，切实开展大学生职业发展辅导工作。

2. 发挥辅导员队伍的优势，提升辅导员职业发展与就业指导工作的水平

辅导员作为一支与学生相处的时间最长，与学生联系最多，接触机会最频繁的管理队伍，一支处在学生管理工作和高校思想政治工作的第一线的队伍，在开展学生就业指导工作方面具有不可比拟的优势。辅导员的工作即包括学生的日常教育管理，还包括学生的思想政治教育，工作内容涵盖学生大学生活的各个方面。对于学生的家庭背景、所学专业、性格特点等，辅导员都应当有一定程度的了解。将辅导员队伍在就业工作中的优势充分地发挥出来，建立学生管理与就业工作相融合的载体，是推进职业发展与就业指导工作向深度、广度发展的重要方法，也是促进学生成长、成才，提高学生管理有效性的重要方法。

但是因为辅导员队伍流动性大，职业发展与就业指导工作的实践经验、背景知识比较欠缺，辅导员队伍在现阶段的工作中充当的角色更多的是信息收集、信息传达的工作，没有将辅导员的主观能动性充分地发挥出来。学校可以通过建立奖励激励机制、监督考核机制等制度，调动辅导员参与学生职业发展与就业指导的积极性。如把辅导员参与就业指导工作计入工作量；通过建立奖励制度等方式，给就业指导工作突出的辅导员以一定的精神和物质奖励；开展优秀辅导员、就业指导工作先进个人等评选活动；同时在职务晋升、职称评定等方面，也可以充分考虑辅导员在就业指导工作中的表现等。通过这些制度的保证，让开展就业工作成为辅导员的一项日常工作，形成辅导员的一个新的职能。

3. 以学生日常管理为依托，建立全程化的职业发展辅导体系

将全程化就业指导的理念融入学生的日常管理中，在学生工作中加入并强化职业发展与就业指导的内容。在新生入学时就引导他们开始进行人生规划，鼓励学生探索发现自己的兴趣、爱好等个性特点；引导学生将自身爱好、特长、兴趣与社会的发展、行业的需求等因素结合起来，进行职业生涯规划，使学生树立正确的择业观、价值观和人生观；根据学生在不同时期的特点，正确引导学生的实践和学习，培养学生的就业竞争力；立足于学生个体的长远发展，将择业技巧指导与综合素质培养有机地结合到一起，将发展前瞻性和阶段现实性有机地结合到一起，建立明晰的大学生职业生涯发展主线。不同年级职业发展辅导需求的内容体系如表5-2所示。

表 5-2 全程化职业发展辅导

年级　　主线	一年级	二年级	三年级	四年级
生涯规划	树立生涯发展理念	制定生涯发展计划	提升职业素质确立目标	职业生涯决策
人格完善	自我认知性格探索	情绪管理与调控	心理调试与社会适应	积极心态与压力管理
职业素质	自我认知兴趣探索	职业目标制定	职业决策方法与工具	求职技巧与政策法律
选择匹配	自我认知能力探索	价值观探索	职业世界探索	职业信息收集

4.结合国情，不断提高就业指导中思想政治教育内容的针对性

在新的就业形势和就业环境下，在学生职业发展和就业指导工作中融入思想政治教育，全程为学生服务，有利于将"以学生为本""有利于全面提高学生社会竞争力"的教育理念体现出来，根据我国目前对大学生就业的要求和社会发展的需要，应重点选择包括但不限于下列针对性较强的相关内容：

（1）国情和就业形势教育

解决大学生对就业政策存在的疑虑和就业制度改革等深层次认识问题的根本是国情教育，而就业形势教育是使学生明确新形势下学生就业与职业教育的关系，二者结合起来就是要引导大学生认识到我国现处在社会主义初级阶段，经济还不发达，边远山区、广大西部地区以及一些基层企事业、艰苦行业，是我国人才需求和经济发展的新的增长点。通过对高校大学生进行就业形势和国情教育教育，使大学生增强责任感和使命感，树立艰苦奋斗的创业精神和远大的职业理想，引导其到国防、到基层、到西部、到祖国最需要的地方去建功立业。

（2）择业观教育

随着我国就业政策的变化以及高等教育改革的不断深化，大学生就业形势也出现了新问题、新情况。正因如此，对大学生进行就业观和择业观的教育成为就业教育中思想政治教育不可或缺的内容。择业观教育主要是向学生传导职业价值观，促使学生学会正确处理奉献与报偿、事业与金钱以及国家、集体和个人等之间的关系，正确衡量自己的能力，从实际出发，参照自己的特长、兴趣，选择能充分发挥自己能力的，并能为社会作出最大贡献的工作岗位和职业岗位。

（3）法制和道德教育

进一步加强法制和道德教育对于大学生在就业过程中自觉遵守法律规范和道德规范有着非常重要的作用。在就业指导的过程中进一步加强法制教育，一方面要对

大学生进行一般的法律知识的教育，另一方面要加强《中华人民共和国劳动合同法》等与大学生就业紧密相关的法律和法规的教育。要通过法律教育，帮助学生了解和掌握相关法律、法规，在就业过程中自觉遵守法律规范，并用法律武器来维护自己的权利。在大学生就业指导过程中开展道德教育，其重点是在就业过程中，加强对大学生的诚信教育，通过诚信教育，引导学生树立诚信就业，公平竞争的思想。同时，通过道德教育，引导学生树立全心全意为人民服务和爱岗敬业的思想，树立职业平等意识。

（4）成才教育和创业教育

加强创业教育和成才教育是时代对高等院校的要求，也是大学生就业指导过程中思想政治教育的重要内容。加强成才教育，即要激发学生求学成才动机、树立正确的成才观，确立到艰苦的、到基层地方锻炼成才的心理准备和理想信念。在加强成才教育的基础上，加强创业教育，开发和提高当代大学生创业基本素质，也就是说，在促使学生夯实专业知识和基本知识的同时，培养大学生的创业精神、创业思维、创业意识、创业技能等素质，使大学生具备强烈的进取心、事业心、探索精神，具备独立工作的能力。

以学生管理工作为平台，以就业指导与职业发展为切入点，构建全程化大学生职业发展辅导体系，一方面有助于进一步完善当代大学生职业发展辅导的工作机制，创设大学生职业素质提升的学习环境，另一方面能够为大学生的职业发展提供一个辅导平台，进一步提升我国大学生管理的工作水平，推进就业指导与职业发展工作的有效性。如此才能实现大学生职业发展辅导的专业化、科学化和系统化，真正使大学生终身发展受益。

四、让人生的光芒在西部绽放

（一）案例描述

小武，北京某重点大学航天相关专业 2016 级硕士，在校期间学习成绩优异，专业能力突出，在校期间曾获得多项科技竞赛的奖项，是老师眼中踏实努力的好学生，是同学眼中能力超强的学生干部。

这样一个品学兼优的学生，若是想要留在北京，就他本人的条件，不管是从事管理方面的工作，还是科研方面的工作，拥有稳定的生活和优厚的待遇都是完全没问题的。小武同学经历了 3 个月的求职，同时拿到了北京某外企和某大型科研院所的录用通知，尤其是那个大型科研院所，主要工作是负责项目规划和管理，收入可观，是很多毕业生梦寐以求的单位。可是，小武心里一直犹豫不决，总觉得这不是他想要的。正在他不知道怎么样选择的时候，小武的家乡兰州航天领域的某研究所来学校招人，小武知道这个消息后异常激动，立刻投了简历，并顺利地拿到了录用通知。

虽然在很多同学看来与兰州的工作相比，北京的工作相对较好，但最终小武还是坚定地选择了回到西部家乡兰州去。小武列出了回家乡工作的五点理由：

① 选择到西部地区发展的重点大学毕业的研究生比较少，其实那里的发展空间很大。

② 在航天专业学习多年，对航天事业怀有深厚的感情。

③ 艰苦的环境和条件更能磨炼意志。

④ 父母年事已高，回家乡工作更便于照顾父母。

⑤ 建设家乡义不容辞。

小武回到家乡工作后，单位对小武进行了重点培养，小武在工作后短短一年的时间里，已经加入到单位核心科研团队中，接触到最前沿的项目和技术。3 年之后，小武通过自己的努力已经成为单位的科研骨干，承担起大型项目的核心研发工作，而此时那些留在大城市的同班同学们的科研工作才刚刚开始起步。

（二）案例分析

大学生一直是人们眼中的"天之骄子"，社会如此认定，大学生自己更是这样认为。大学生在走进大学的那一天，就已经被定位在了一个非常高的位置上，只要上了大学就意味着大学毕业后将会留在经济发达的大城市就业，上了大学就意味着高薪和优越的生活。很多大学毕业生在这种社会舆论的影响下，情愿在大城市打"零工"，也不愿到基层、到西部欠发达地区去工作。其实，正是因为基层、西部边远地区经济发展上相对落后，人才相对匮乏，所以才更迫切地需要各行各业优秀的人才去建设和发展，因此，"到基层去、到西部去"对于大学生来说不是一句简单的口号，那里是当代大学生增长才干、增加阅历的沃土，更是他们施展才华、建功立业、实现理想抱负的舞台和天地。

大学毕业生的就业压力随着高校招生规模的逐步扩大，而一再增大，政府和高校把引导学生去基层、去西部就业作为缓解就业压力的一个途径。小武在本案例中是个学习成绩非常优秀的学生，他选择去西部就业不是找个跳板寻求镀金的过渡之举，也不是找不到工作的无奈之举，而是在科学就业观的引导下，认真思考自己将来的职业发展，合理规划自己职业道路的结果，所以他能把国家需要与自己的职业发展联系起来，把自己的目光放长远，把自己的理想与民族利益联系起来，拒绝北京的高薪职位而回到西部工作。

除此之外，小武所在的学院非常重视学生的思想政治教育。从入学起，就不断开展各种爱国教育、国情教育活动，培养学生的理想主义情怀，培养学生对投身祖国需要、献身国防事业的认同感。这个学院进行思想政治教育的重要载体之一就是职业发展和就业指导工作。学院经常开展帮助学生认识社会、认识行业的实践活动以及校友就业情况分析和开展扎根基层校友的经验分享等就业辅导活动。在这些活动中，通过亲身的体验、鲜活的事例让学生看到了责任、理想、职业发展与自己的联系，培养了学生对航天事业的自豪感和认同感，也培养了学生对自身发展及社会的责任感。

（三）解决办法

针对现在大学生就业观念的误区，需要进一步加强学生的择业观、理想信念和成才观等方面教育。从高校工作的角度进一步拓宽毕业生就业渠道，缓解我国高校大学生的就业压力；从学生个人角度能够帮助学生以长远的眼光看待自身发展、看待就业，为自己的成长、成才奠定坚实的基础。

传统的成才观、择业观和理想信念等方面教育容易流于形式，寻找符合学生需求、特点的就业观教育形式，一直以来，都是思想政治教育工作探索的方向之一。学生要在职业发展中实现大部分理想，职业发展又是一个最受关注的，离学生最近的话题。正因如此，职业发展与就业指导工作是一个非常好的对学生进行成才观、择业观和理想信念等方面教育的平台。从学生切身的职业发展入手，通过这个平台，避免比较虚的口号教育和空洞的理论教育，让学生的行动方案落地、理想落地，从而达到教育的目的。

通过职业发展与就业指导对学生进行成才观、择业观和理想信念等方面教育，从事学生思想政治教育的一线教师和辅导员首先必须掌握职业发展与就业指导的相关理论、方法和工具，在此基础上，用科学的方法鼓励、引导学生积极地进行自我认知和社会认知的活动。社会认知的活动包括：鼓励学生走出校园积极参加各种实习活动，鼓励学生参加各种社会认知、企业认知的实践。在认识社会的基础上，培养学生对时事的关注，对社会发展主流和趋势的敏感，对国家、对社会的责任感。在学生了解足够的信息的同时，还需要引导学生学会用长远的发展眼光看待将来的职业发展、看待就业，学习科学的决策方法。这一步可以采取的方式包括邀请基层就业的优秀校友进行经验分享、分析就业数据的趋势等。

以职业发展与就业指导工作为切入点进行成才观、择业观和理想信念等方面教育，重点是要抓住学生的兴趣点，采取吸引力大、互动性强的活动形式，让学生在体验中获得收获，这比任何的说教教育效果都好上百倍。

第六章 新时代大学生事务管理的完善策略

第一节 建立多元参与管理格局

在当今多元化发展的社会格局中，公共管理已经打破传统格局，不再只是以"政府"为核心，个人或机构组织等，均可以参与到社会管理中来。在构建大学生事务管理协同运行机制时，不同利益者在其中都负有不同的责任与扮演不同角色：学校代表的是教育者的角色，也是教育教学的制定者和决策者；学生虽然是被管理对象，但也是其中的参与者和监督者；媒体、合作单位、家长等在整个过程中属于督促和促进的角色。每个角色的责任虽各不相同，但都相辅相成、相互制约、共同合作。

一、提高多元参与意识

受历史原因影响，我国高校中的"官本位"思想仍然未全部消减，这既是教育环节中的历史遗留问题，也是构建大学生事务管理协同运行所面临的难题。因此，必须从根本上破除这种"官本位"的思想意识。

对于大学生事务管理的参与者来说，其中各种利益关系都需要仔细认清，才能在参与过程中发挥自身真正的作用。从第一层利益关系上来看，高校教育从业者首要的是需要梳理"服务意识"，这对高校管理人员来说尤为重要。在实践过程中，必须以党中央的引导方针为基准建立校长责任制，才能保证高校正确的办学方向，高校的教育质量才能得到提升。与此同时，作为管理者，应当逐步淡化自身的"掌控"意识，不断强化"统筹"观念，并努力协调将各个参与者之间的利益关系，将资源进行整合，流程进行优化，实现各个参与者的协同管理。

对于大学生事务管理中的各个参与者，既要履行好自身的责任与义务，也要对其他利益相关的参与者给予足够的尊重，当各个参与者出现不同的意见和观点时，要充分发挥民主，做到科学治理。在这个过程中，学生虽然是管理对象，但是参与者也需要对学生表现充分的尊重，调动学生参与到构建大学生事务管理的过程中来，当学生对事务管理构建的环节中存有各种疑问和意见时，参与者都需要积极听取，将学生的建议与意见融入到构建过程中来，这也是对学生在教育过程中主体地位的尊重。同时，对于外界媒体以及家长、合作对象的各种关切和询问，要做到及时回应，主动接受其他参与者或大众的监督，以公开、务实的态度做好参与者之间的沟通和合作，共同完成大学生事务管理的构建。

从第二层利益关系者来看，学生个体以及学生之间成立的各种组织也要积极参与到校园的治理工作上来，树立自己的"主人翁"意识。具体来说，学生要注重将自身的诉求表达出来，同时有效行使自身的监督权力，并主动与学校管理人员之间建立有利的双向关系，使自己既能够合理表达，又能够从中得到反馈，做好"上情下达""下情上达"的工作。

从第三层利益关系者来看，教育主管部门要积极推动高校的改革与创新工作，为大学生事务管理协同参与创建一个和谐、健康的环境，并在其中充分发挥自身的主观能动作用，为大学生事务管理工作的改革进行指导和督促，并大力弘扬民主精神。另外，教育主管部门还要充分调动家长、企业、媒体等其他参与者的积极性和主动参与意识，集合各类社会资源，为学生事务管理的构建做出努力和贡献。

二、提升多元参与能力

一个决策的科学性和合理性对于高校管理来说尤为重要，所以，从角色的合理性和科学性出发，就必须听取利益相关者的各种建议，并接受他们的监督。为此，首先要坚持以发扬民主精神为核心，并以民主原则和民主程序为目标。其次，要坚持公开、透明的管理机制，将信息公开化，让更多想要了解或对其中信息尤为关切的人群及时了解。

在当下的高校环境中，学生个体和学生组织的发展速度相对缓慢，虽然从表面上看多为学生内部进行"自治"，但在本质上还是由学校领导和学校的相关部门进行直接领导和管制。这就意味着，学生组织所表现出的内容很大程度上都并不是学生自己真正的"声音"，不仅学生真正的诉求没有得到满足，学生的参与作用也没有真正体现。因此，改变这种现象必须从以下三个方面做起：

首先，从宏观角度上，国家应当加强相关的法律法规建设，从最上级开始确定权利范围，并将学生参与的重要性进行突出。

其次，学校要大力培养校内的各种学生组织的自主自治，尊重学生的自治权利，让学生组织真正代表学生，表达自己真实的诉求。学生组织保持自身的独立自主，并不意味着学生组织完全脱离学校的管束，仍然需要接受党组织的引导和约束，在实现自我治理、自我教育时的同时做到自我约束。

再次，减少对学生组织的行政干预，杜绝学生组织中的等级观念，扩大学生组织在学生中的影响力。

第二节 完善协同共治机制

在构建好大学生事务管理协同运行的格局后，还需要为格局的实现和运行建立良好的路径，否则，再好的理论构想都将形同幻影。所以，根据我国大学生事务管理协同运行机制所面临的主要问题，其路径的实现可以从两个方面入手，即"学生事务管理专业化"与"扁平化管理体制改革"，将权力明确、分工落实，实现有效的协同治理体系。

一、学生事务管理专业化

我国大学生事务管理主要包括：学校专业人员及相关部门以"政治教育"为根本，有针对、有目的地提高学生"德智体美"的全面发展，对学生的行为、人格等方面做出有效的管理措施和提升。这包括了多个方面的内容，如助学资金、大学生就业、团建活动等。

从以往各个高校在学生事务管理工作上的开展可以看出，基本都是围绕思想政治工作进行的，但从本质上来看，思想政治并不能作为大学生事务管理工作的唯一一个方面，还应当囊括课外实践、大学生就业、校园文化建设、社会公益活动、助学基金等多方面行政工作。其实，思想政治与行政工作在工作性质上有着本质上的区别。思想政治主要强调的是思想、道德、观念等认知。行政工作则主要强调服务和管理。而学生事务管理工作强调思想政治的重要性，但过分强调则会使学生的个性和诉求被忽略，同时若过度强调行政工作服务的重要性，也会使其教育功能削减。

所以，不论是基于哪一方面，学生事务管理都应当首先从思想政治教育工作中脱离出来。在这一点上，我们可以参照美国类似的管理经验，美国的高校中，学生事务管理设立有单独的管理部门，不为其他部门所干预，并在学校管理层中设立专门的学生事务管理员，充分显示了学校及管理层对学生事务管理的关心和重视。同时，负责学生事务管理的工作人员在选拔制度上有着明确的规定和标准，另外，还对学生事务管理设立专门的培养体系，使其朝着职业化的方向发展。鉴于此种经验，我国高校的学生事务管理也应当借鉴其中的优秀方法，创新出更适合我国高校的运行机制。

二、扁平化管理改革

随着社会经济文化的不断发展，我国的大学生管理运行机制也在不断地健全和完善，逐步形成了党委领导下的，党政共管的运行体制。在这种体制下，要实现大学生事务管理的专业化，就需要将学生事务管理工作划分为两部分：学生思政教育中心和综合服务中心。

学生思政教育中心在承袭原有的思政教育管理模式下，可以另外开设相关的教研室、学生党团工作室、课外指导工作室，仍然以注重提升大学生思想品德、意志品格、心理健康等方面的教育为主。学生党团工作室即在学生群体中大力发扬党员、团员精神，发展更多的学生加入到这一优秀的队伍中来，培养骨干学生干部。课外指导工作室即在课堂之后，仍可以有针对性、有目的性地组织学生开展各种与思想政治有关的课外活动。

综合服务中心需要保持相对的独立和自主，从思想政治中跳脱出来，实现自我治理，并在综合服务中心重新设立相关的办公室，细致划分每个办公室的工作职责，明确办理学籍、宿舍楼、助学、就业等各个项目的，业务流程、时间、地点等相关信息。

将学生事务管理工作做到这样的细致划分后，还可以使辅导员从学生事务管理中脱离出来，专心地发展思想政治工作。同时，将学生事务管理工作进行明确的区域划分，还能使学生的思想政治学习更为专注，与学生事务管理工作共同协调发展。

学生事务综合服务中心的构想是借鉴于美国高校的发展模式，是一种一站式的服务中心，能够更为便捷地办理学生相关的事务，不论是对于学校还是对于学生来说，都极大地提高了办事效率，节省了时间成本。从学生的需求方面来看，学生事务综合服务中心内的各个管理部门在职权、职责方面也需要重新划分，其工作项目和服务流程等，也需要重新规划。例如学生服务中心窗口工作人员的设置，就可以实行教师轮流制，让全校教师共同参与到学生事务管理工作中来，既能够显示出学校对学生事务工作的关心和重视，也能方便教师在与学生的接触过程中，便捷地了解到学生的一些真实学习和生活情况，包括他们的思想和心理等。除了实行教师轮流制外，还可以尝试采取教师与学生相结合进行管理的形式，为一些有意留校发展或勤工俭学的学生提供一个展示个人才华的平台。另外，也可以采用全部由学生派驻的形式，即窗口工作人员全部由学生来担任。

学生事务管理综合服务中心的建立过程具有一定的变动性，这主要是指部门职权和部门职能的变动，部门的职权的转变即以学生的需求为中心，部门职能的转变主要是指其工作流程和结构均以学生需求为主而进行变动。因此，学生事务管理综合服务中心的建立需要不断地完善，如场地设置、业务办理、线上线下服务等，都需要逐步计划实施。因此，在新的构建理念中，大学生事务管理的模式也会发生新的转变，如图 6-1 所示。

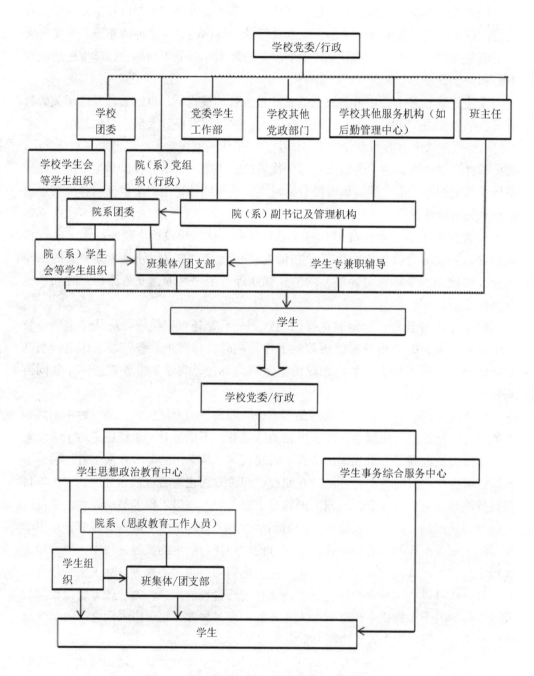

图 6-1 新构建理念下的大学生事务管理模式

第三节 加强信息化建设管理

现代社会是互联网信息时代，互联网在各个领域的发展和渗入推动了社会总体的发展，成为当今社会重要的变革力量，这对于新时代大学生事务管理的提升来说是一条新的路径。因此，在当前互联网高度发展的社会环境中，大学生事务管理对网络信息化的建设应当做出新的要求。与此同时，要尽快加强高校对网络信息技术的应用，并培养出专业的人才，致力于大学生事务管理事业。

一、强化信息网络管理意识

要强化信息网络管理意识就要做到三点。首先，要加强高校教师和学生对网络信息的认识，即意识到当今互联网对大学生事务管理的重要性和意义，并以资源利用、技术创新、管理变革为出口，提升大学生事务管理的水平，用网络信息技术创新教育。其次，要改变教师与学生对信息网络管理的意识，将传统的管理形式进行转变，使工作切实落在每一个步骤和环节，利用网络信息的数据化，使大学生事务管理更加具体化、科学化，并在网络上形成一个互动兼共享的平台。另外，要增强网络信息技术的实用性，即利用网络技术使大学生事务管理更加专业、标准、系统，而不是简单地在原有的基础上进行复制和移植。

从许多高校目前的情况来看，基本都处于信息单向输出的状态，因此，在利用互联网信息技术时，要在现有的功能和技术上，重视信息的反馈机制，并从各种信息反馈中获取到各种有效信息，推动大学生事务管理的构建。同时，在现有的信息技术上，还要善于开发其他新的功能，以促进大学生事务管理平台更适应多变的社会环境和学生的不同的心理状态，保障为学生提供优质的服务。

值得注意的是，我们在善用网络信息技术时，还应当格外注重网络安全。网络具有一定的隐匿性，在使用网络平台的过程中不乏出现不法分子的侵犯，所以在网络安全方面，应该不断升级平台的防火墙，防止高危漏洞的出现，以保证平台的安全性。同时，加强平台的权限设置以及做好对应用人员的专业培训等，也是确保网络平台安全的有效措施。

二、充实信息网络管理队伍

充实信息网络管理队伍即加强人才队伍的建设。当今社会是一个人才竞争激烈的社会，优质的人才是各个领域的需求，也是推动行业发展的关键所在。在大学生事务管理的信息网络建设中，对人才的储备也是相当重要的。

首先，拓展人才引进渠道，大力引进人才，壮大队伍；其次，对已有的信息网络管理队伍进行专业培训和业务提升，使其能够适应不断发展变化的社会环境，以及新时代大学生的需求，加强队伍的使命感与主人翁意识；其次，加强队伍的专业化和职业化建设，组织从业人员参加各类业务进修或培训，使其获得相关职业资质，提升专业能力和职业水平。这样，人才队伍得到了培养与提高，大学生事务管理信息网络平台的有效运行才能得到保证。

三、加强信息平台建设统筹

针对高校现阶段在基础设施不全面、信息技术落后、环境设备不完善等情况，大学生事务管理信息平台在建设过程中应当进行统筹，即在投入建设中，对"人力、财力、物资"都要有一定的限制，不能过度耗费，在整体上进行一定的统筹计划，开源节流，使投入与产出成正比，克服各种矛盾。

在顶层设计方面，要做好全局统筹，整合各类信息资源，缩减无用的数据接入，不让某一个信息系统或端口成为"孤岛"，使数据信息更集中，让教师和学生在使用时更为便捷。尤其是在实现学生事务综合服务中心一站式运行时，对信息和数据的统筹显得更为重要。

四、提高信息服务推荐功能

提高信息服务的推荐功能可以使大学生事务管理信息平台更有针对性地实现学生需求，能为学生提供更好的服务。

具体来说，推荐功能依托的是后台的信息分析技术，信息分析技术可以根据平台提供的现有信息，向用户提供更多与之相关的信息匹配，且匹配的信息精准、有效，并能根据用户所给出的反馈信息，对推荐的信息作出二次修正和完善，使推荐的信息更能为用户满意。概括来说，它最大的优点就是具有高度的针对性，能够因人而异，因地制宜，能够个性化地为用户提供需求和服务。它甚至能够主动地通过用户在平台所输入的各种信息，对用户的关注点和兴趣进行预测。推荐功能的这种主动性、灵活性、准确性在一定程度上也在不断推动从业人员的服务意识和工作效率的提升，使从业人员在网络信息的作用下也能够主动地去思考问题和解决问题，提高服务质量和效率。

第四节 加强规章制度建设

这里所说的规章制度建设是指在法律方面对大学生事务管理中的各个利益相关

者的利益范围和环节进行法律约束，使利益相关者的权利不被滥用和无为，这样才能使得多元化的参与格局在开展工作时更具有实际的操作性和保障性，尤其是对于作为被管理者的学生群体来说，加强法律制度的建设，是对其自主权利的一种保护和尊重。

此外，在大学生事务管理中的合作机构、媒体、家长等校外利益相关者，也需要明确的规章制度才能保证其在原有的通道和边界中有效发挥作用。尤其是在构建学生事务管理综合服务中心时，更需要明确的制度规章来对参与者的利益关系作出界定和梳理。在信息化建设管理方面，同样也需要制定明确的规章制度在信息安全方面做出规定。当然，在规章制度的具体建设过程中，要充分体现其法律精神，保证其法律效应，同时不忽略各个环节和责任人的权力与矛盾，确保规章制度的有效性和可行性，使规章制度不是形同虚设。

一、以学生利益为核心，规范"立法"

从本质上来讲，大学生事务管理本身就是以服务学生为中心，所以，对其加强规章制度的建设也应当是以学生的利益为核心来进行一系列的法制规范建设，由此才能不失为规范的"立法"。

从"法"的角度来看，任何个人或组织机构的行为和权力，只要在法律所允许的范围内行使都是被允许的。从"学校"角度来看，学生只要是在与学校的教育契约范围内，都能行使自己对课程、教师、教育方式等相关方面的选择权。从利益相关者的角度看，通过规章制度的建设，将各自的利益范围进行定性与约束，可以有效地避免后期矛盾和纷争的发生。

从现阶段各大学生事务管理所实行的相关规章制度来看，基本上都存在"上位法冲突"的现象，导致设立的规章制度无法有效实行，其中针对学生事务管理工作的相关制度也仅仅是出于便捷的角度而设立的，没有考虑到学生真正的诉求，也没有有效发挥规章制度的合法性，造成了一些学校对学生处罚不当的纠纷案件。如何使"立法"更为规范呢？还需要从以下几个方面入手：

（一）秉承"以人为本"的理念

"以人为本"是中国社会主义科学发展观的核心内容，是全心全意为人民服务的宗旨。在新时代大学生事务管理中，所谓"以人为本"，即以学生为本，这是对中国社会主义科学发展观的一种响应，也是开展学生事务管理工作的本质，更是对学生充分尊重的一种体现。

在中国传统的教育理念中，教育向来只与"德"紧密相关，但随着国家对法制的重视，我国各个行业领域也开始逐步深入对"法"的认识，尤其是在教育中，高校与学生之间的关系已不止是传统的管理者和被管理者的关系，同时也是一种法律关系的存在。因此，在加强大学生事务管理规章制度的建设过程中，必须考虑到高校与学生之间存在的这样一种法律关系，时刻以学生的合法权益为核心，做到充分尊重学生，服务学生，使学生的主体地位有所体现，使学生真正的需求有所表达。学校在行使学生事务管理权的过程中，不能只从"处罚""处置"等简单粗暴的角度去解决与学生相关的问题，而应当人性化地尊重学生权利，站在学生的角度看待学生的问题，用行之有效的方法进行解决，不侵犯学生权益，不违反权利的界限。因此，在加强规章制度建设时，应当充分重视学生利益，时刻秉持"以人为本"的理念。

（二）坚持优化细节

为了促进规章制度的进一步完善，使学生事务管理工作"法治"水平得到有效提高，需要在制定工程中对一些细节内容进行优化。

首先，将大学生事务管理"立法"内容抽象的地方清晰化，比如将内容细致化，设计内容分支，使学生事务管理"立法"更细致、更具体、更可行，从而避免"立法"内容模棱两可，学校行使权力时无边界的情况出现。此外，要杜绝"立法"内容中出现空白现象，即没有对学生事务管理中可能出现的问题和矛盾做出全面的内容制定。所以，本着"立法"公开、公平、公正的原则，要提升新时代大学生事务管理的有效性，就要对这一过程中的各个内容做到清晰化、明确化，且扩大内容的涉及面，不忽略任何细枝末节。此外，随着社会的不断变化和发展，学校的许多规章制度并不能一成不变，还需要根据社会和教育的需求，以及学生的不同诉求来灵活做出相应的调整，使"立法"能够在大学生事务管理中更与时俱进。

（三）坚持"合法合规"

首先，在对学生事务管理的"立法"制定中，不能只是从管理的角度出发，还应当重视各个参与者，具体就是指考虑不同参与者的利益关系。

其次，部分高校在制定学生事务管理"立法"内容时出现了多个教育部门的涉入，他们均以自身部门管理方便为主而制定出一系列的"立法"内容，使得制度内容在整体上无法形成一个统一的体系，缺乏严格的科学性、逻辑性、严谨性。出现这一现象的原因主要就是因为在"立法"之初，教育工作者没有对此做出严格的调研和论证，同时也没有真正去听取学生的诉求和心声，最终导致这些制定出来的规章制度经不起推敲，无法顺利执行，甚至被社会各界人士所诟病。因此，为了使学生事务管理的规章制度更科学、更合理、更严谨，可以让学生参与其中，这不仅符合立法秉持"以人为本"的原则，更是使学生事务管理规章制度能够得到认同，以及增强可行性和可操作性的有效途径。在这一方面，我国已经有不少大学开始陆续试行，如清华大学、华东政法大学等。

另外，在制定学生事务管理规章制度时要破除"上位法冲突"的现象，还要避免"下位法与上位法冲突"的现象。虽然"立法"在本质上是讲究法律效应，但是在实际应用中，还要根据具体情况作出有效的应对，而不能只是在表象上形成"立法"，或其"立法"根本不具备真正的法律效应。因此，在大学生事务管理规章制度制定完成之后，还要对其内容进行最后一遍筛查和审核，保证其内容不与上级或下级的相关规章要求产生冲突，对可能出现冲突的内容进行及时修改或调整，加强规章制度的科学性、合理性、严谨性、可行性。同时，还要保证规章制度的协调性和一致性，即上位法与下位法内容不冲突，能够达成上行下达的效果，"合法"且"合规"。

二、以程序正义为途径，规范"执法"

近年来，由于学生在行为或生活习惯等方面的不良表现而致使被学校开除的新闻频频曝出，而导致被开除的原因有些根本经不起法律的推敲。如因旷课被开除的，还有考试不及格被退学的，从严格意义上来说，学生并未违反法律中的某一规定与条例，这种开除学生的理由法院是并不应允的。

还有学生因为被怀疑考试有作弊行径，学校内部决定将学生的学籍开除，却并未对学生做出明确的通知，而是在毕业之际断然不予颁发毕业证。同样地，从严格意义上来说，即便是学生出现了考试作弊的行径，但并不能构成违法犯罪的"罪名"，因此学校开除学籍、拒绝颁发毕业证的做法也得不到法律的认可。

这种类似的案件一直到今天仍然层出不穷，虽然学生有明确的违纪违章的行为，但学校做出的最后处理方法却并不具有法律效力。从法律角度上来看，虽然立法的初衷是为了使具体的工作环节更有章可循，并对行为处置的举措做出严格的规定和约束，但在大学生事务管理中，还有以下要求：

①学生作为当事人对结果具有知情权，学校无论做出何种决策，都应当及时告知当事人。

②对学生做出处置时，其缘由一定要让学生知晓。

③调查人需要采用准司法的方式听取双方的申辩。

④当学生的权力遭受侵害时，可以在法律允许的范围内采取一定的补救或消除措施。

简而言之，大学生事务管理规章制度在处理学生违规违章的行为时，需要在基于学生合法权益的基础上进行，即学生的知情权、陈述权、申辩权、上诉权等。

规章制度虽然确立了学生事务管理的行使权，且需要严格执行，但在执行过程中，其执行举措不仅需要真正的"合法"，还要本着公平、公正的原则，用科学合理的方式来进行处理。例如，当学生出现违纪行为时，在规章制度允许的范围内，学校是可以做出相应的惩戒的，但其惩戒也必须与学生的违纪行为相当，不能过而为之，当然，也并不代表放之任之。此外，当规章制度在没有被确立时，学校对自身的权力应当做到有效裁量，充分体现立法的本意和原则，而不是为了处罚和惩戒。总而言之，既要保护和尊重学生的合法权益，又不能因为学生的特殊而阻碍规章制度的实施与实行。

三、以权利救济为手段，保障权益

权力可以是约束和制约，同样也可以是救济。对于学生来说，当自身权益受到侵害时，法律的救济是保障自身权益最有效的途径，从现有的法律法规来看，学生的权益在受到侵害时，可以通过以下三种渠道获得法律救济：

1. 申诉

当学生认为校方对自己的处理结果不合理、不正确、不能为自己所接受的情况下，学生有权向国家相关机关申诉理由，并请求重新处理，这是学生维护自身权益的一种方式。但是，对于当下很多高校来说，其申诉机构都形如空壳，并没有起到真正的作用。

2. 复议

教育行政部门根据学生提出的申请或要求，对已经做出的裁判或决定重新做出审查或判决。但由于教育行政部门对部分高校并不能起到真正的干涉作用，所以导致有些问题最终被压制。

3. 行政诉讼

当以上两种途径都无法使自身合法权益得到保证时，学生则可以通过司法审判的途径来处理。但司法审判时间长，成本高，这条途径对于学生来说尤为持久而困难。

再参照美国学生的法律救济途径，不仅渠道通畅，而且制度完善，学生的合法权益能得到真正的维护。首先是学生在校内申诉，学生在申诉过程中，学校管理人员的权利也是受到法律约束和监督的。在处理过程中，学校会将学生违纪的行为进行告知，并将最后的处理结果及时传达。在作出最后的休学或开除决定之前，还会通过听证会或学生法庭的形式进行处理。

其次，美国在公民的维权方面也设立了相当多的法律机构，包括学生在内，与学生有关的种族歧视、经济、安全等问题均能通过相关法律机构进行咨询或寻求帮助。同时，美国高校对学生在法律意识方面的教育也相当重视，不仅鼓励学生通过合理有效的法律途径解决自身所遇到的问题和麻烦，在校内学校也为学生提供了非常完善的法律咨询服务，充分体现了高校对学生自主权益的重视，以及法律意识的普及。因此，相比于我国大学生来说，美国大学生的法律意识明显较强。

因此，借鉴美国的规章制度建设，我国大学生事务管理中通过法律救济维护自身合法权益时，可以从以下几个方面来对现状进行改善：

1. 建立科学、高效的校内仲裁体系

仲裁体系的组成人员可以是学生事务管理的参与者，如校方领导、媒体、教师、学生、相关专家等，在成立之前，仲裁体系的组成人员还需要进行专业的培训，从而保证在真正的办事、处理过程中，能够正确做出判断以及解决各种纷争和矛盾。同时，要在真实、准确的基础上建立反应机制。另外，在仲裁过程中，可以借鉴美国听证会、学生法庭的形式，制定相关的听证制度，让学生能在合理有效的场所内表达自身的诉求，并与对方公开辩论，使仲裁结果公正、公平、公开。

2. 建立便捷的争端处理法律机制

为了真正做到"以人为本"，为学生在寻求权利救济时提供方便，从法律层面上来看，其诉讼程序需要相对简化，为学生和校方节省一定的时间成本，加快办事效率。从校方角度来看，一方面要对学生进行法律意识的普及，另一方面，可以借鉴美国的优秀经验，在校内设置相关的法律咨询服务，或请专业的法律人士在校内开展讲座活动，或是由本校教师开展专业知识的讲解，推行法律机制的有效进程。

3. 培育法制文化，培养法制思维

不仅仅是学生，包括学校的教师及管理者，都应当培养与法制相关的意识和思维，在校内形成法制氛围，使全体师生都具备法律基础。首先，开展全校性的法制宣传，使人人知法、懂法、学法、用法，并将相关的法律法规作为高校师生必修课程。其次，为了进一步推动法制法规的宣传，学校可以加大宣传平台的建设与发展，如校刊、广播、与校外媒体合作等，将法律法规的建设形成长效机制。另外，校内可以创立专门的法律法规教育平台，扩大法律法规的影响力与覆盖面，比如利用微博、微信公众平台等进行宣传，在潜移默化中加深教师与学生的法律法规意识。此外，通过文艺类等形式加强法律法规的建设也不失为是一条有效的途径，如相声、小品、视频等，不仅更易被师生接受，其传播形式也极具趣味性。

附　录

普通高等学校学生管理规定

（2017 年 2 月 4 日　教育部令第 41 号发布）

第一章　总则

第一条　为规范普通高等学校学生管理行为，维护普通高等学校正常的教育教学秩序和生活秩序，保障学生合法权益，培养德、智、体、美等方面全面发展的社会主义建设者和接班人，依据教育法、高等教育法以及有关法律、法规，制定本规定。

第二条　本规定适用于普通高等学校、承担研究生教育任务的科学研究机构（以下称学校）对接受普通高等学历教育的研究生和本科、专科（高职）学生（以下称学生）的管理。

第三条　学校要坚持社会主义办学方向，坚持马克思主义的指导地位，全面贯彻国家教育方针；要坚持以立德树人为根本，以理想信念教育为核心，培育和践行社会主义核心价值观，弘扬中华优秀传统文化和革命文化、社会主义先进文化，培养学生的社会责任感、创新精神和实践能力；要坚持依法治校，科学管理，健全和完善管理制度，规范管理行为，将管理与育人相结合，不断提高管理和服务水平。

第四条　学生应当拥护中国共产党领导，努力学习马克思列宁主义、毛泽东思想、中国特色社会主义理论体系，深入学习习近平总书记系列重要讲话精神和治国理政新理念新思想新战略，坚定中国特色社会主义道路自信、理论自信、制度自信、文化自信，树立中国特色社会主义共同理想；应当树立爱国主义思想，具有团结统一、爱好和平、勤劳勇敢、自强不息的精神；应当增强法治观念，遵守宪法、法律、法规，遵守公民道德规范，遵守学校管理制度，具有良好的道德品质和行为习惯；应当刻苦学习，勇于探索，积极实践，努力掌握现代科学文化知识和专业技能；应当积极锻炼身体，增进身心健康，提高个人修养，培养审美情趣。

第五条 实施学生管理，应当尊重和保护学生的合法权利，教育和引导学生承担应尽的义务与责任，鼓励和支持学生实行自我管理、自我服务、自我教育、自我监督。

第二章 学生的权利与义务

第六条 学生在校期间依法享有下列权利：

（一）参加学校教育教学计划安排的各项活动，使用学校提供的教育教学资源；

（二）参加社会实践、志愿服务、勤工助学、文娱体育及科技文化创新等活动，获得就业创业指导和服务；

（三）申请奖学金、助学金及助学贷款；

（四）在思想品德、学业成绩等方面获得科学、公正评价，完成学校规定学业后获得相应的学历证书、学位证书；

（五）在校内组织、参加学生团体，以适当方式参与学校管理，对学校与学生权益相关事务享有知情权、参与权、表达权和监督权；

（六）对学校给予的处理或者处分有异议，向学校、教育行政部门提出申诉，对学校、教职员工侵犯其人身权、财产权等合法权益的行为，提出申诉或者依法提起诉讼；

（七）法律、法规及学校章程规定的其他权利。

第七条 学生在校期间依法履行下列义务：

（一）遵守宪法和法律、法规；

（二）遵守学校章程和规章制度；

（三）恪守学术道德，完成规定学业；

（四）按规定缴纳学费及有关费用，履行获得贷学金及助学金的相应义务；

（五）遵守学生行为规范，尊敬师长，养成良好的思想品德和行为习惯；

（六）法律、法规及学校章程规定的其他义务。

第三章 学籍管理

第一节 入学与注册

第八条 按国家招生规定录取的新生，持录取通知书，按学校有关要求和规定的期限到校办理入学手续。因故不能按期入学的，应当向学校请假。未请假或者请假逾期的，除因不可抗力等正当事由以外，视为放弃入学资格。

第九条 学校应当在报到时对新生入学资格进行初步审查，审查合格的办理入学手续，予以注册学籍；审查发现新生的录取通知、考生信息等证明材料，与本人实际情况不符，或者有其他违反国家招生考试规定情形的，取消入学资格。

第十条 新生可以申请保留入学资格。保留入学资格期间不具有学籍。保留入学资格的条件、期限等由学校规定。

新生保留入学资格期满前应向学校申请入学，经学校审查合格后，办理入学手续。审查不合格的，取消入学资格；逾期不办理入学手续且未有因不可抗力延迟等正当理由的，视为放弃入学资格。

第十一条 学生入学后，学校应当在 3 个月内按照国家招生规定进行复查。复查内容主要包括以下方面：

（一）录取手续及程序等是否合乎国家招生规定；

（二）所获得的录取资格是否真实、合乎相关规定；

（三）本人及身份证明与录取通知、考生档案等是否一致；

（四）身心健康状况是否符合报考专业或者专业类别体检要求，能否保证在校正常学习、生活；

（五）艺术、体育等特殊类型录取学生的专业水平是否符合录取要求。

复查中发现学生存在弄虚作假、徇私舞弊等情形的，确定为复查不合格，应当取消学籍；情节严重的，学校应当移交有关部门调查处理。

复查中发现学生身心状况不适宜在校学习，经学校指定的二级甲等以上医院诊断，需要在家休养的，可以按照第十条的规定保留入学资格。

复查的程序和办法，由学校规定。

第十二条 每学期开学时，学生应当按学校规定办理注册手续。不能如期注册的，应当履行暂缓注册手续。未按学校规定缴纳学费或者有其他不符合注册条件的，不予注册。

家庭经济困难的学生可以申请助学贷款或者其他形式资助，办理有关手续后注册。

学校应当按照国家有关规定为家庭经济困难学生提供教育救助，完善学生资助体系，保证学生不因家庭经济困难而放弃学业。

第二节 考核与成绩记载

第十三条 学生应当参加学校教育教学计划规定的课程和各种教育教学环节（以下统称课程）的考核，考核成绩记入成绩册，并归入学籍档案。

考核分为考试和考查两种。考核和成绩评定方式，以及考核不合格的课程是否重修或者补考，由学校规定。

第十四条 学生思想品德的考核、鉴定，以本规定第四条为主要依据，采取个人小结、师生民主评议等形式进行。

学生体育成绩评定要突出过程管理，可以根据考勤、课内教学、课外锻炼活动和体质健康等情况综合评定。

第十五条 学生每学期或者每学年所修课程或者应修学分数以及升级、跳级、留级、降级等要求，由学校规定。

第十六条　学生根据学校有关规定，可以申请辅修校内其他专业或者选修其他专业课程；可以申请跨校辅修专业或者修读课程，参加学校认可的开放式网络课程学习。学生修读的课程成绩（学分），学校审核同意后，予以承认。

第十七条　学生参加创新创业、社会实践等活动以及发表论文、获得专利授权等与专业学习、学业要求相关的经历、成果，可以折算为学分，计入学业成绩。具体办法由学校规定。

学校应当鼓励、支持和指导学生参加社会实践、创新创业活动，可以建立创新创业档案、设置创新创业学分。

第十八条　学校应当健全学生学业成绩和学籍档案管理制度，真实、完整地记载、出具学生学业成绩，对通过补考、重修获得的成绩，应当予以标注。

学生严重违反考核纪律或者作弊的，该课程考核成绩记为无效，并应视其违纪或者作弊情节，给予相应的纪律处分。给予警告、严重警告、记过及留校察看处分的，经教育表现较好，可以对该课程给予补考或者重修机会。

学生因退学等情况中止学业，其在校学习期间所修课程及已获得学分，应当予以记录。学生重新参加入学考试、符合录取条件，再次入学的，其已获得学分，经录取学校认定，可以予以承认。具体办法由学校规定。

第十九条　学生应当按时参加教育教学计划规定的活动。不能按时参加的，应当事先请假并获得批准。无故缺席的，根据学校有关规定给予批评教育，情节严重的，给予相应的纪律处分。

第二十条　学校应当开展学生诚信教育，以适当方式记录学生学业、学术、品行等方面的诚信信息，建立对失信行为的约束和惩戒机制；对有严重失信行为的，可以规定给予相应的纪律处分，对违背学术诚信的，可以对其获得学位及学术称号、荣誉等作出限制。

第三节　转专业与转学

第二十一条　学生在学习期间对其他专业有兴趣和专长的，可以申请转专业；以特殊招生形式录取的学生，国家有相关规定或者录取前与学校有明确约定的，不得转专业。

学校应当制定学生转专业的具体办法，建立公平、公正的标准和程序，健全公示制度。学校根据社会对人才需求情况的发展变化，需要适当调整专业的，应当允许在读学生转到其他相关专业就读。

休学创业或退役后复学的学生，因自身情况需要转专业的，学校应当优先考虑。

第二十二条　学生一般应当在被录取学校完成学业。因患病或者有特殊困难、特别需要，无法继续在本校学习或者不适应本校学习要求的，可以申请转学。有下列情形之一，不得转学：

（一）入学未满一学期或者毕业前一年的；

（二）高考成绩低于拟转入学校相关专业同一生源地相应年份录取成绩的；

（三）由低学历层次转为高学历层次的；

（四）以定向就业招生录取的；

（五）研究生拟转入学校、专业的录取控制标准高于其所在学校、专业的；

（六）无正当转学理由的。

学生因学校培养条件改变等非本人原因需要转学的，学校应当出具证明，由所在地省级教育行政部门协调转学到同层次学校。

第二十三条 学生转学由学生本人提出申请，说明理由，经所在学校和拟转入学校同意，由转入学校负责审核转学条件及相关证明，认为符合本校培养要求且学校有培养能力的，经学校校长办公会或者专题会议研究决定，可以转入。研究生转学还应当经拟转入专业导师同意。

跨省转学的，由转出地省级教育行政部门商转入地省级教育行政部门，按转学条件确认后办理转学手续。须转户口的由转入地省级教育行政部门将有关文件抄送转入学校所在地的公安机关。

第二十四条 学校应当按照国家有关规定，建立健全学生转学的具体办法；对转学情况应当及时进行公示，并在转学完成后3个月内，由转入学校报所在地省级教育行政部门备案。

省级教育行政部门应当加强对区域内学校转学行为的监督和管理，及时纠正违规转学行为。

第四节 休学与复学

第二十五条 学生可以分阶段完成学业，除另有规定外，应当在学校规定的最长学习年限（含休学和保留学籍）内完成学业。

学生申请休学或者学校认为应当休学的，经学校批准，可以休学。休学次数和期限由学校规定。

第二十六条 学校可以根据情况建立并实行灵活的学习制度。对休学创业的学生，可以单独规定最长学习年限，并简化休学批准程序。

第二十七条 新生和在校学生应征参加中国人民解放军（含中国人民武装警察部队），学校应当保留其入学资格或者学籍至退役后2年。

学生参加学校组织的跨校联合培养项目，在联合培养学校学习期间，学校同时为其保留学籍。

学生保留学籍期间，与其实际所在的部队、学校等组织建立管理关系。

第二十八条 休学学生应当办理手续离校。学生休学期间，学校应为其保留学籍，但不享受在校学习学生待遇。因病休学学生的医疗费按国家及当地的有关规定处理。

第二十九条 学生休学期满前应当在学校规定的期限内提出复学申请，经学校复查合格，方可复学。

第五节 退学

第三十条 学生有下列情形之一，学校可予退学处理：

（一）学业成绩未达到学校要求或者在学校规定的学习年限内未完成学业的；

（二）休学、保留学籍期满，在学校规定期限内未提出复学申请或者申请复学经复查不合格的；

（三）根据学校指定医院诊断，患有疾病或者意外伤残不能继续在校学习的；

（四）未经批准连续两周未参加学校规定的教学活动的；

（五）超过学校规定期限未注册而又未履行暂缓注册手续的；

（六）学校规定的不能完成学业、应予退学的其他情形。

学生本人申请退学的，经学校审核同意后，办理退学手续。

第三十一条 退学学生，应当按学校规定期限办理退学手续离校。退学的研究生，按已有毕业学历和就业政策可以就业的，由学校报所在地省级毕业生就业部门办理相关手续；在学校规定期限内没有聘用单位的，应当办理退学手续离校。

退学学生的档案由学校退回其家庭所在地，户口应当按照国家相关规定迁回原户籍地或者家庭户籍所在地。

第六节 毕业与结业

第三十二条 学生在学校规定学习年限内，修完教育教学计划规定内容，成绩合格，达到学校毕业要求的，学校应当准予毕业，并在学生离校前发给毕业证书。

符合学位授予条件的，学位授予单位应当颁发学位证书。

学生提前完成教育教学计划规定内容，获得毕业所要求的学分，可以申请提前毕业。学生提前毕业的条件，由学校规定。

第三十三条 学生在学校规定学习年限内，修完教育教学计划规定内容，但未达到学校毕业要求的，学校可以准予结业，发给结业证书。

结业后是否可以补考、重修或者补作毕业设计、论文、答辩，以及是否颁发毕业证书、学位证书，由学校规定。合格后颁发的毕业证书、学位证书，毕业时间、获得学位时间按发证日期填写。

对退学学生，学校应当发给肄业证书或者写实性学习证明。

第七节 学业证书管理

第三十四条 学校应当严格按照招生时确定的办学类型和学习形式，以及学生招生录取时填报的个人信息，填写、颁发学历证书、学位证书及其他学业证书。

学生在校期间变更姓名、出生日期等证书需填写的个人信息的，应当有合理、充分的理由，并提供有法定效力的相应证明文件。学校进行审查，需要学生生源地省级教育行政部门及有关部门协助核查的，有关部门应当予以配合。

第三十五条 学校应当执行高等教育学籍学历电子注册管理制度，完善学籍学历信息管理办法，按相关规定及时完成学生学籍学历电子注册。

第三十六条 对完成本专业学业同时辅修其他专业并达到该专业辅修要求的学生，由学校发给辅修专业证书。

第三十七条 对违反国家招生规定取得入学资格或者学籍的，学校应当取消其学籍，不得发给学历证书、学位证书；已发的学历证书、学位证书，学校应当依法予以撤销。对以作弊、剽窃、抄袭等学术不端行为或者其他不正当手段获得学历证书、学位证书的，学校应当依法予以撤销。

被撤销的学历证书、学位证书已注册的，学校应当予以注销并报教育行政部门宣布无效。

第三十八条 学历证书和学位证书遗失或者损坏，经本人申请，学校核实后应当出具相应的证明书。证明书与原证书具有同等效力。

第四章 校园秩序与课外活动

第三十九条 学校、学生应当共同维护校园正常秩序，保障学校环境安全、稳定，保障学生的正常学习和生活。

第四十条 学校应当建立和完善学生参与管理的组织形式，支持和保障学生依法、依章程参与学校管理。

第四十一条 学生应当自觉遵守公民道德规范，自觉遵守学校管理制度，创造和维护文明、整洁、优美、安全的学习和生活环境，树立安全风险防范和自我保护意识，保障自身合法权益。

第四十二条 学生不得有酗酒、打架斗殴、赌博、吸毒，传播、复制、贩卖非法书刊和音像制品等违法行为；不得参与非法传销和进行邪教、封建迷信活动；不得从事或者参与有损大学生形象、有悖社会公序良俗的活动。

学校发现学生在校内有违法行为或者严重精神疾病可能对他人造成伤害的，可以依法采取或者协助有关部门采取必要措施。

第四十三条 学校应当坚持教育与宗教相分离原则。任何组织和个人不得在学校进行宗教活动。

第四十四条 学校应当建立健全学生代表大会制度，为学生会、研究生会等开展活动提供必要条件，支持其在学生管理中发挥作用。

学生可以在校内成立、参加学生团体。学生成立团体，应当按学校有关规定提出书面申请，报学校批准并施行登记和年检制度。

学生团体应当在宪法、法律、法规和学校管理制度范围内活动，接受学校的领导和管理。学生团体邀请校外组织、人员到校举办讲座等活动，需经学校批准。

第四十五条 学校提倡并支持学生及学生团体开展有益于身心健康、成长成才的学术、科技、艺术、文娱、体育等活动。

学生进行课外活动不得影响学校正常的教育教学秩序和生活秩序。

学生参加勤工助学活动应当遵守法律、法规以及学校、用工单位的管理制度，履行勤工助学活动的有关协议。

第四十六条 学生举行大型集会、游行、示威等活动，应当按法律程序和有关规定获得批准。对未获批准的，学校应当依法劝阻或者制止。

第四十七条 学生应当遵守国家和学校关于网络使用的有关规定，不得登录非法网站和传播非法文字、音频、视频资料等，不得编造或者传播虚假、有害信息；不得攻击、侵入他人计算机和移动通信网络系统。

第四十八条 学校应当建立健全学生住宿管理制度。学生应当遵守学校关于学生住宿管理的规定。鼓励和支持学生通过制定公约，实施自我管理。

第五章 奖励与处分

第四十九条 学校、省（区、市）和国家有关部门应当对在德、智、体、美等方面全面发展或者在思想品德、学业成绩、科技创造、体育竞赛、文艺活动、志愿服务及社会实践等方面表现突出的学生，给予表彰和奖励。

第五十条 对学生的表彰和奖励可以采取授予"三好学生"称号或者其他荣誉称号、颁发奖学金等多种形式，给予相应的精神鼓励或者物质奖励。

学校对学生予以表彰和奖励，以及确定推荐免试研究生、国家奖学金、公派出国留学人选等赋予学生利益的行为，应当建立公开、公平、公正的程序和规定，建立和完善相应的选拔、公示等制度。

第五十一条 对有违反法律法规、本规定以及学校纪律行为的学生，学校应当给予批评教育，并可视情节轻重，给予如下纪律处分：

（一）警告；

（二）严重警告；

（三）记过；

（四）留校察看；

（五）开除学籍。

第五十二条 学生有下列情形之一，学校可以给予开除学籍处分：

（一）违反宪法，反对四项基本原则、破坏安定团结、扰乱社会秩序的；

（二）触犯国家法律，构成刑事犯罪的；

（三）受到治安管理处罚，情节严重、性质恶劣的；

（四）代替他人或者让他人代替自己参加考试、组织作弊、使用通信设备或其他器材作弊、向他人出售考试试题或答案牟取利益，以及其他严重作弊或扰乱考试秩序行为的；

（五）学位论文、公开发表的研究成果存在抄袭、篡改、伪造等学术不端行为，情节严重的，或者代写论文、买卖论文的；

（六）违反本规定和学校规定，严重影响学校教育教学秩序、生活秩序以及公共场所管理秩序的；

（七）侵害其他个人、组织合法权益，造成严重后果的；

（八）屡次违反学校规定受到纪律处分，经教育不改的。

第五十三条 学校对学生作出处分，应当出具处分决定书。处分决定书应当包括下列内容：

（一）学生的基本信息；

（二）作出处分的事实和证据；

（三）处分的种类、依据、期限；

（四）申诉的途径和期限；

（五）其他必要内容。

第五十四条 学校给予学生处分，应当坚持教育与惩戒相结合，与学生违法、违纪行为的性质和过错的严重程度相适应。学校对学生的处分，应当做到证据充分、依据明确、定性准确、程序正当、处分适当。

第五十五条 在对学生作出处分或者其他不利决定之前，学校应当告知学生作出决定的事实、理由及依据，并告知学生享有陈述和申辩的权利，听取学生的陈述和申辩。

处理、处分决定以及处分告知书等，应当直接送达学生本人，学生拒绝签收的，可以以留置方式送达；已离校的，可以采取邮寄方式送达；难于联系的，可以利用学校网站、新闻媒体等以公告方式送达。

第五十六条 对学生作出取消入学资格、取消学籍、退学、开除学籍或者其他涉及学生重大利益的处理或者处分决定的，应当提交校长办公会或者校长授权的专门会议研究决定，并应当事先进行合法性审查。

第五十七条 除开除学籍处分以外，给予学生处分一般应当设置6到12个月期限，到期按学校规定程序予以解除。解除处分后，学生获得表彰、奖励及其他权益，不再受原处分的影响。

第五十八条 对学生的奖励、处理、处分及解除处分材料，学校应当真实完整地归入学校文书档案和本人档案。

被开除学籍的学生，由学校发给学习证明。学生按学校规定期限离校，档案由学校退回其家庭所在地，户口应当按照国家相关规定迁回原户籍地或者家庭户籍所在地。

第六章 学生申诉

第五十九条 学校应当成立学生申诉处理委员会，负责受理学生对处理或者处分决定不服提起的申诉。

学生申诉处理委员会应当由学校相关负责人、职能部门负责人、教师代表、学生代表、负责法律事务的相关机构负责人等组成，可以聘请校外法律、教育等方面专家参加。

学校应当制定学生申诉的具体办法，健全学生申诉处理委员会的组成与工作规则，提供必要条件，保证其能够客观、公正地履行职责。

第六十条 学生对学校的处理或者处分决定有异议的，可以在接到学校处理或者处分决定书之日起 10 日内，向学校学生申诉处理委员会提出书面申诉。

第六十一条 学生申诉处理委员会对学生提出的申诉进行复查，并在接到书面申诉之日起 15 日内作出复查结论并告知申诉人。情况复杂不能在规定限期内作出结论的，经学校负责人批准，可延长 15 日。学生申诉处理委员会认为必要的，可以建议学校暂缓执行有关决定。

学生申诉处理委员会经复查，认为做出处理或者处分的事实、依据、程序等存在不当，可以作出建议撤销或变更的复查意见，要求相关职能部门予以研究，重新提交校长办公会或者专门会议作出决定。

第六十二条 学生对复查决定有异议的，在接到学校复查决定书之日起 15 日内，可以向学校所在地省级教育行政部门提出书面申诉。

省级教育行政部门应当在接到学生书面申诉之日起 30 个工作日内，对申诉人的问题给予处理并作出决定。

第六十三条 省级教育行政部门在处理因对学校处理或者处分决定不服提起的学生申诉时，应当听取学生和学校的意见，并可根据需要进行必要的调查。根据审查结论，区别不同情况，分别作出下列处理：

(一) 事实清楚、依据明确、定性准确、程序正当、处分适当的，予以维持；

(二) 认定事实不存在，或者学校超越职权、违反上位法规定作出决定的，责令学校予以撤销；

(三) 认定事实清楚，但认定情节有误、定性不准确，或者适用依据有错误的，责令学校变更或者重新作出决定；

(四) 认定事实不清、证据不足，或者违反本规定以及学校规定的程序和权限的，责令学校重新作出决定。

第六十四条 自处理、处分或者复查决定书送达之日起，学生在申诉期内未提出申诉的视为放弃申诉，学校或者省级教育行政部门不再受理其提出的申诉。

处理、处分或者复查决定书未告知学生申诉期限的，申诉期限自学生知道或者应当知道处理或者处分决定之日起计算，但最长不得超过 6 个月。

第六十五条 学生认为学校及其工作人员违反本规定，侵害其合法权益的；或者学校制定的规章制度与法律法规和本规定抵触的，可以向学校所在地省级教育行政部门投诉。

教育主管部门在实施监督或者处理申诉、投诉过程中,发现学校及其工作人员有违反法律、法规及本规定的行为或者未按照本规定履行相应义务的,或者学校自行制定的相关管理制度、规定,侵害学生合法权益的,应当责令改正;发现存在违法违纪的,应当及时进行调查处理或者移送有关部门,依据有关法律和相关规定,追究有关责任人的责任。

第七章 附 则

第六十六条 学校对接受高等学历继续教育的学生、港澳台侨学生、留学生的管理,参照本规定执行。

第六十七条 学校应当根据本规定制定或修改学校的学生管理规定或者纪律处分规定,报主管教育行政部门备案(中央部委属校同时抄报所在地省级教育行政部门),并及时向学生公布。

省级教育行政部门根据本规定,指导、检查和监督本地区高等学校的学生管理工作。

第六十八条 本规定自2017年9月1日起施行。原《普通高等学校学生管理规定》(教育部令第21号)同时废止。其他有关文件规定与本规定不一致的,以本规定为准。

高等学校学生行为准则

一、志存高远,坚定信念。努力学习马克思列宁主义、毛泽东思想、邓小平理论、"三个代表"重要思想、科学发展观、习近平新时代中国特色社会主义思想,面向世界,了解国情,确立在中国共产党领导下走社会主义道路、实现中华民族伟大复兴的共同理想和坚定信念,努力成为有理想、有道德、有文化、有纪律的社会主义新人。

二、热爱祖国,服务人民。弘扬民族精神,维护国家利益和民族团结。不参与违反四项基本原则、影响国家统一和社会稳定的活动。培养同人民群众的深厚感情,正确处理国家、集体和个人三者利益关系,增强社会责任感,甘愿为祖国为人民奉献。

三、勤奋学习,自强不息。追求真理,崇尚科学;刻苦钻研,严谨求实;积极实践,勇于创新;珍惜时间,学业有成。

四、遵纪守法,弘扬正气。遵守宪法、法律法规,遵守校纪校规;正确行使权利,依法履行义务;敬廉崇洁,公道正派;敢于并善于同各种违法违纪行为作斗争。

五、诚实守信,严于律己。履约践诺,知行统一;遵从学术规范,恪守学术道德,不作弊,不剽窃;自尊自爱,自省自律;文明使用互联网;自觉抵制黄、赌、毒等不良诱惑。

六、明礼修身，团结友爱。弘扬传统美德，遵守社会公德，男女交往文明；关心集体，爱护公物，热心公益；尊敬师长，友爱同学，团结合作；仪表整洁，待人礼貌；豁达宽容，积极向上。

七、勤俭节约，艰苦奋斗。热爱劳动，珍惜他人和社会劳动成果；生活俭朴，杜绝浪费；不追求超越自身和家庭实际的物质享受。

八、强健体魄，热爱生活。积极参加文体活动，提高身体素质，保持心理健康；磨砺意志，不怕挫折，提高适应能力；增强安全意识，防止意外事故；关爱自然，爱护环境，珍惜资源。

高等学校校园秩序管理若干规定

（1990 年 9 月 18 日国家教育委员会令第 13 号发布）

第一条 为了优化育人环境，加强高等学校校园管理，维护教学、科研、生活秩序和安定团结的局面，建立有利于培养社会主义现代化建设专门人才的校园秩序，制定本规定。

第二条 本规定所称的高等学校（以下简称"学校"）是指全日制普通高等学校和成人高等学校。本规定所称的师生员工是指学校的教师（包括外籍教师）、学生（包括外国在华留学生）、教育教学辅助人员、管理人员和工勤人员。

第三条 学校的师生员工以及其他到学校活动的人员都应当遵守本规定、维护宪法确立的根本制度和国家利益，维护学校的教学、科研秩序和生活秩序。

第四条 学校应当尊重和维护师生员工的人身权利、政治权利、教育和受教育的权利以及法律规定的其他权利，不得限制、剥夺师生员工的权利。

第五条 进入学校的人员，必须持有本校的学生证、工作证、听课证或者学校颁发的其他进入学校的证章、证件。未持有前款规定证章、证件的国内人员进入学校，应当向门卫登记后进入学校。

第六条 国内新闻记者进入学校采访，必须持有记者证和采访介绍信，在通知学校有关机构后，方可进入学校采访。外国新闻记者和港澳台新闻记者进入学校采访，必须持有学校所在省、自治区、直辖市人民政府外事机关或港澳台办的介绍信和记者证，并在进校采访前与学校外事机构联系，经许可后方可进入学校采访。

第七条 外国人、港澳台人员进入学校进行公务、业务活动，应当经过省、自治区、直辖市或者国务院有关部门同意并告知学校后，或按学术交流计划经学校主管领导研究同意后，方可进入学校。自行要求进入学校的外国人、港澳台人员，应当在学校外事机构或港澳台办批准后，方可进入学校。接受师生员工个人邀请进入学校探亲访友的外国人、港澳台人员，应当履行门卫登记手续后进入学校。

第八条 依照本规定第五条、第六条、第七条的规定，进入学校的人员，应当遵守法律法规、规章和学校的制度，不得从事与其身份不符的活动，不得危害校园治安。对违反本规定第五条、第六条、第七条和本条前款规定的人员，师生员工有权向学校保卫机构报告，学校保卫机构可以要求其说明情况或者责令其离开学校。

第九条 学生一般不得在学生宿舍留宿校外人员，遇有特殊情况留宿校外人员，应当报请有关机构许可，并且进行留宿登记，留宿人员离校应注销登记。不得在学生宿舍内留宿异性。违反前款规定的，学校保卫机构可以责令留宿人员离开学生宿舍。

第十条 告示、通知、启事、广告等，应当张贴在学校指定或者许可的地点。散发宣传品、印刷品应当经过学校有关机构同意。对于张贴、散发反对我国宪法确立的根本制度，损坏国家利益或者侮辱他人的公开张贴物、宣传品和印刷品的当事者，应由司法机关依法追究其法律责任。

第十一条 在校园设置临时或者永久建筑物以及安装音响、广播、电视设施的设置者、安装者应当报请学校有关机构审批，未经批准不得擅自设置、安装。

师生员工或者有关团体、组织使用学校的广播、电视设施，必须报请学校有关部门批准，禁止任何组织、个人擅自使用学校广播、电视设施。

在校内举行文化娱乐活动，不得干扰学校的教学、科研和生活秩序。违反本条以上规定的，学校有关机构可以劝其停止设置安装或者停止活动，已经设置、安装的，学校有关机构可以拆除，或者责令设置者、安装者拆除。

第十二条 在校内举行集会、讲演等公共活动，组织者必须72小时前向学校有关机构提出申请，申请者应当说明活动的目的、人数、时间、地点和负责人的姓名。学校有关机构应当至迟在举行时间的4小时前将许可或不许可的决定通知组织者，逾期未通知的，视为许可。

集会、讲演等应符合我国的教育方针和相应的法规、规章，不得反对我国宪法确立的根本制度，不得干扰学校的教学、科研和生活秩序，不得损害国家财产和其他公民的权利。

第十三条 在校内组织讲座、报告等室内活动，组织者应当在72小时前向学校有关机构提出申请，申请中应当说明活动的内容、报告人和负责人的姓名。学校有关机构应当至迟在举行时间的四小时前将许可或者不许可的决定通知组织者。逾期未通知的，视为许可。

讲座、报告等不得反对我国宪法确立的根本制度，不得违反我国的教育方针，不得宣传封建迷信，不得进行宗教活动，不得干扰学校的教学、科研和生活秩序。

第十四条 师生员工应当严格按照学校的安排进行教学、科研、生活和其他活动，任何人都不得破坏学校的教学、科研和生活秩序、不得阻止他人根据学校的安排进行教学、科研、生活和其他活动。

禁止师生员工赌博、酗酒、打架斗殴以及其他干扰学校的教学、科研和生活秩序的行为。

第十五条 师生员工组织社会团体，应当按照《社会团体登记管理条例》的规定办理。成立校内非社会团体的组织，应当在成立前由其组织者报请学校有关机构批准，未经批准不得成立和开展活动。

校内非社会团体的组织和校内报刊必须遵守法律、法规、规章，贯彻我国的教育方针和遵守学校的制度，接受学校的管理，不得进行超出其宗旨的活动。

第十六条 违反本规定第十二条、第十三条、第十四条和第十五条的规定的，学校有关机构可以责令其组织者以及当事人立即停止活动。

违反本规定并损害国家财产的，学校有关机构可以责令其赔偿损失。

第十七条 禁止无照人员在校园内经商。设在校园内的商业网点必须在指定地点经营。

违反前款规定的，学校有关机构可以责令其停止经商活动或者离开校园。

第十八条 对违反规定，经过劝告、制止仍不改正的师生员工，学校可视情节给予行政处分或者纪律处分；属于违反治安管理行为的，由公安机关依法处理；情节严重构成犯罪的，由司法机关处理。

师生员工对学校的处分不服的，可以向有关教育行政部门提出申诉，教育行政部门应当在接到申诉的 30 日内作出处理决定。对违反本规定，经劝告、制止仍不改正的校外人员，由公安、司法机关根据情节依法处理。

第十九条 各高等学校可以根据本规定制定具体管理制度。

第二十条 本规定自发布之日起施行。

普通高等学校学生安全教育及管理暂行规定

（国家教育委员会 1992 年 4 月 15 日颁布）

第一章 总 则

第一条 为了加强高等学校管理，维护正常的教学和生活秩序，保障学生人身和财产的安全，促进身心健康发展，特制定本暂行规定。

第二条 高等学校学生安全教育及管理的主要任务是：宣传、贯彻国家有关安全管理工作的方针、政策、法律、法规、对学生实施安全教育及管理、妥善处理各类安全事故、引导学生健康成长。

第三条 高等学校安全教育及管理，要以预防为主，本着保护学生、教育先行、明确责任、教管结合、实事求是、妥善处理的原则，做好教育、管理和处理工作。

第四条 本暂行规定所称学生指在高等学校学习取得学籍的全日制学生，即按国家任务、用人单位委托培养、自费三种计划形式录取的学生。

第二章 安全教育

第五条 高等学校应将对学生进行安全教育作为一项经常性工作，列入学校工作的重要议事日程，加强领导。学校有关部门和有关群众团体或组织要相互配合，积极开展安全教育，普及安全知识，增强学生的安全意识和法制观念，提高防范能力。

第六条 学生安全教育应根据不同专业及青年学生的特点，从学生入学到毕业，在各种教学活动和日常生活中，特别是节假日前适时进行，并善于利用发生的安全事故教育学生，防患于未然。高校应根据环境、季节及有关规律进行防盗、防火、防病、防特、防事故等方面的教育，并使之经常化、制度化。

第七条 高等学校对学生进行安全教育须注重心理疏导，加强思想政治工作，教育学生注意保持健康的心理状态，帮助学生克服各种原因造成的心理障碍，把事故消除在萌芽状态。

第三章 安全管理

第八条 高等学校要做好学生日常安全管理工作，加强安全防范，建立和健全规章制度，严格管理。学校要把安全教育及管理工作纳入领导任期的责任目标，落实到年级、班主任。学校应由一名校领导主要负责。

第九条 高等学校应确定学生安全教育及管理工作的主管部门，明确其职责，具体组织实施安全教育及其管理工作。各有关部门应分工协作，积极配合。

第十条 全体教职工要从关心学生、爱护学生出发，树立安全思想，努力做好本职工作和改善环境与条件，保护学生人身和财产安全。

第十一条 学生发生意外事故以及学生要求保护人身或财产安全等情况时，学校应迅速采取有效措施。

第十二条 学生必须严格遵守国家法律、法规和学校的各项规章制度，注意自身的人身和财物安全，防止各种事故的发生。

第十三条 学生在日常教学及各项活动中，应遵守纪律和有关规定，听从指导，服从管理；在公共场所、要遵守社会公德、增强安全防范意识，提高自我保护能力。

第十四条 学生组织集体课外活动，须经学校同意，按学校规定进行。学校须认真进行安全审查，条件不具备时不得批准。

第十五条 学生应严格遵守宿舍管理的规定，自觉维护宿舍的安全与卫生，提高自我管理能力。

第十六条 学生发现刑事、治安案件或交通、灾害等事故，应保护现场，及时报告学校或公安部门并协助处理。在学校范围内的，学校应迅速采取措施，控制事态发展，减轻伤害和损失。

第四章 事故处理

第十七条 学生人身和财产发生一般伤害后，学校要及时调查处理，根据当事人或他人的过错，责令其赔偿损失，并给予批评教育或相应的行政、纪律处分。

在校园内，发生学生非正常死亡、重伤或被窃、失火等造成财产重大损失事故后，学校应迅速采取措施进行抢救、保护现场，同时加强思想政治工作，稳定情绪，恢复秩序，并协同地方有关部门妥善处理。

第十八条 学校对事故调查后认为涉及追究刑事责任的，要及时与公安部门联系，协助调查处理。

重大事故学校有关领导应亲自参与调查工作，并认真研究调查报告，及时处理。

第十九条 在安全管理或事故处理过程中，学校认为有必要需搜查学生住处，须报请公安部门依法进行。调查处理案件中要以事实为依据，不得逼供或诱供。

第二十条 重大事故发生后，学校应在一天内向所在省、直辖市、自治区有关主管部门报告，并及时通知学生家长。事故处理结束后一周内书面报告有关主管部门。

第二十一条 学生在教学、实习过程与日常生活中，因学校或有关单位责任发生死亡、重伤或残疾，由学校或有关单位承担责任，做好处理及善后工作。

在教学、实习过程与日常生活中，学生因不遵守纪律或不按要求活动而发生意外事故，学校不承担责任。

第二十二条 因忽视安全生产、管理不善；工作不负责任，违章指挥，玩忽职守，徇私舞弊等对学生造成严重的人身、财物损害的，由其所在单位或上级主管部门，视具体情况对有关责任人员分别给予责令检查、赔偿损失、行政处分，直至依法追究刑事责任。

第二十三条 学生未经批准擅自离校不归发生意外事故的，学校不承担责任。对擅自离校不归，学校不知去向的学生，学校应及时寻找并报告当地公安部门，及时通知学生家长。半月不归且未说明原因者，学校可张榜公布，按自动退学除名。

第二十四条 学生假期或办理离校手续后发生意外事故的，学校不承担责任。

第二十五条 在校内正常生活及由学校在校外组织的活动中，由于不能避免的原因或自然灾害而发生的事故，由学校视其具体情况处理。

第二十六条　有条件的高等学校可为学生办理人身保险。

第二十七条　凡经学校指定的专业医院确诊为精神病、癫痫病患者的学生，应予退学，由其监护人负责领回，学生及其监护人不得无理纠缠，扰乱学校教学、生活秩序。

第二十八条　因事故伤残的学生，经治疗后病情稳定，学校认为生活能自理，能坚持在校学习，可留校继续学习；不能坚持在校学习者，应予退学，由学校按其实际学习年限发给肄业证书，并根据事故性质和伤残程度一次性给予经济补助。退学学生回其监护人所在地，当地民政等有关部门应协助做好接收、落户等工作，由当地劳动部门按国家关于残疾人劳动就业有关规定安置。

第二十九条　学生因病死亡和责任不由学校承担的意外死亡，学校不承担丧葬费。如家庭确有困难，学校可酌情给予一次性经济补助。

第三十条　因责任不在本人的意外死亡学生，由学校或有关单位参照国家关于事业职工死亡丧葬有关规定处理，负责丧葬费的全部，学校可一次性给予适当经济补助。

无论何种情况（事故）给予的经济补助，一般不超过国家规定的学生在校期间（以四年计）平均奖学金数。

凡是事故责任由学校以外的其他单位、个人承担的，学校不再给予经济补助。

第三十一条　因保护国家财产和他人人身安全，见义勇为而致残或英勇牺牲的学生，学校应报请所在省、自治区、直辖市人民政府授予荣誉称号，并给予相应的待遇。

第三十二条　对事故处理不服或持有异议者，可向学校或学校上级部门申诉，或者依法向人民法院提起民事诉讼。

第五章　附　则

第三十三条　普通高等学校研究生事故处理，参照本办法执行。

第三十四条　本暂行规定结合《普通高等学校学生管理规定》《高等学校校园秩序管理若干规定》试行。

第三十五条　各省、自治区、直辖市教育行政部门和各高等学校可根据本暂行规定制定实施细则。

第三十六条　本暂行规定由国家教育委员会解释。

第三十七条　本暂行规定自发布之日起试行。

高等学校学生资助政策简介（摘要）

全国学生资助管理中心

（二〇一二年六月）

一、国家助学金

国家助学金是为了体现党和政府对普通本科高校、高等职业学校和高等专科学校家庭经济困难学生的关怀，由中央与地方政府共同出资设立的，用于资助家庭经济困难的全日制普通本专科（含高职、第二学士学位）在校学生的助学金。

1. 资助标准

全国平均每人每年3000元。具体标准，中央高校由财政部商有关部门确定，地方高校由各省（自治区、直辖市）确定。

2. 基本申请条件

① 热爱社会主义祖国，拥护中国共产党的领导；

② 遵守宪法和法律，遵守学校规章制度；

③ 诚实守信，道德品质优良；

④ 勤奋学习，积极上进；

⑤ 家庭经济困难，生活俭朴。

3. 申请、评审和发放

国家助学金每学年评定一次。每年9月30日前，学生向学校提出申请，各高校于当年11月15日前完成评审。国家助学金各年按10个月发放，高校按月将国家助学金发放到受助学生手中。

4. 相关事项

同一学年内，申请并获得国家助学金的学生，可同时申请并获得国家奖学金或国家励志奖学金。试行免费教育的教育部直属师范院校师范类专业学生，不再同时获得国家助学金。

二、国家励志奖学金

国家励志奖学金是为了激励普通本科高校、高等职业学校和高等专科学校的家庭经济困难学生勤奋学习、努力进取，在德、智、体、美等方面全面发展，由中央和地方政府共同出资设立的，奖励资助品学兼优的家庭经济困难学生的奖学金。

1. 奖励标准

每人每年5000元。

2. 基本申请条件

二年级以上（含二年级）的全日制普通本专科（含高职、第二学士学位）在校生，符合以下条件：

① 热爱社会主义祖国，拥护中国共产党的领导；

② 遵守宪法和法律，遵守学校规章制度；

③ 诚实守信，道德品质优良；

④ 在校期间学习成绩优秀；

⑤ 家庭经济困难，生活俭朴。

3. 申请、评审和发放

国家励志奖学金每学年评选一次，实行等额评审。每年9月30日前，学生向学校提出申请，各高校于当年10月31日前完成评审。高校每年11月30日前将国家励志奖学金一次性发放给获奖学生，并记入学生的学籍档案。

4. 相关事项

同一学年内，申请国家励志奖学金的学生可以同时申请并获得国家助学金，但不能同时获得国家奖学金。试行免费教育的教育部直属师范院校师范类专业学生不再同时获得国家励志奖学金。

三、国家奖学金

国家奖学金是为了激励普通本科高校、高等职业学校和高等专科学校学生勤奋学习、努力进取，在德、智、体、美等方面全面发展，由中央政府出资设立的奖励特别优秀学生的奖学金。

1. 奖励标准

每人每年8000元。

2. 基本申请条件

二年级以上（含二年级）的全日制普通本专科（含高职、第二学士学位）在校生，符合以下条件：

① 热爱社会主义祖国，拥护中国共产党的领导；

② 遵守宪法和法律，遵守学校规章制度；

③ 诚实守信，道德品质优良；

④ 在校期间学习成绩优异，社会实践、创新能力、综合素质等方面特别突出。

3. 评审和发放

国家奖学金每学年评选一次，实行等额评审。各高校于每学年开学初启动评审工作，当年10月31日前完成评审。高校每年11月30日前将国家奖学金一次性发放给获奖学生，颁发国家统一印制的奖励证书，并记入学生的学籍档案。

4. 相关事项

学生无论家庭经济是否困难，只要符合规定条件，均可获得国家奖学金。同一学年内，获得国家奖学金的家庭经济困难学生可以同时申请并获得国家助学金，但不能同时获得国家励志奖学金。试行免费教育的教育部直属师范院校师范类专业学生符合规定条件的,可以获得国家奖学金。

四、生源地信用助学贷款

生源地信用助学贷款是指国家开发银行等金融机构向符合条件的家庭经济困难的普通高校新生和在校生(以下简称学生)发放的,学生和家长(或其他法定监护人)向学生入学前户籍所在县(市、区)的学生资助管理中心或金融机构申请办理的,帮助家庭经济困难学生支付在校学习期间所需的学费、住宿费的助学贷款。生源地信用助学贷款为信用贷款,不需要担保或抵押,学生和家长(或其他法定监护人)为共同借款人,共同承担还款责任。目前,除少数省份外,全国大部分省份开展了生源地信用助学贷款工作。学生可向当地县级教育行政部门咨询具体申请办理生源地信用助学贷款的相关事宜。

生源地信用助学贷款的主要规定如下:

1. 申请条件

① 具有中华人民共和国国籍;

② 诚实守信,遵纪守法;

③ 已被根据国家有关规定批准设立、实施高等学历教育的全日制普通本科高校、高等职业学校和高等专科学校(含民办高校和独立学院,学校名单以教育部公布的为准)正式录取,取得真实、合法、有效的录取通知书的新生或高校在读的本专科学生、研究生和第二学士学生;

④ 学生本人入学前户籍、其父母(或其他法定监护人)户籍均在本县(市、区);

⑤ 家庭经济困难,所能获得的收入不足以支付在校期间完成学业所需的基本费用。

2. 办理程序

生源地信用助学贷款按年度申请、审批和发放。学生在新学期开始前,向家庭所在县(市、区)的学生资助管理中心提出贷款申请(有的地区直接到相关金融机构申请)。县级学生资助管理中心负责对学生提交的申请进行资格初审。金融机构负责最终审批并发放贷款。

3. 贷款金额

借款人每学年申请的贷款金额原则上不超过 6000 元。

4. 贷款利息

生源地信用助学贷款利率执行中国人民银行同期公布的同档次基准利率,不上浮。学生在校期间的利息由财政全部补贴,毕业后的利息由学生和家长(或其他法定监护人)共同负担。

5.还款期限和还款方式

生源地信用助学贷款期限原则上按全日制本专科学制加10年确定，最长不超过14年，其中，在校生按剩余学习年限加10年确定。学制超过4年或继续攻读研究生学位、第二学士学位的，相应缩短学生毕业后的还贷期限。学生在校及毕业后两年期间为宽限期，宽限期后由学生和家长（或其他法定监护人）按借款合同约定，按年度分期偿还贷款本息。

五、师范生免费教育

从2007年秋季入学的新生起，国家在北京师范大学、华东师范大学、东北师范大学、华中师范大学、陕西师范大学和西南大学六所教育部直属师范大学实行师范生免费教育。免费教育师范生在校学习期间，免除学费、免缴住宿费，并补助生活费。

1.享受条件

2007年开始，录取为部属师范大学免费师范生的学生，入学前与学校和生源所在地省级教育行政部门签订协议，承诺毕业后从事中小学教育十年以上。2007年起，新招收的有志从教并符合条件的非师范专业优秀学生，在入学两年内，也可在教育部和学校核定的计划内转入师范专业，并由学校按标准返还学费、住宿费，补发生活费补助。

2.履行义务

享受师范生免费教育的学生毕业后，一般回生源所在省份中小学任教，并从事中小学教育十年以上。到城镇学校工作的免费师范毕业生，应先到农村义务教育学校任教服务两年。国家鼓励免费师范毕业生长期从教、终身从教。免费师范生毕业前及在协议规定服务期内，一般不得报考脱产研究生。

3.优惠政策

①由中央财政负责安排免费师范生在校学习期间的学费、住宿费和生活费补助；

②在相关省级政府统筹下，由省级教育行政部门负责落实免费师范毕业生的教师岗位，确保每一个免费师范生毕业后在中小学任教有编有岗；

③免费师范毕业生在协议规定服务期内,可在学校间流动或从事教育管理工作;

④为免费师范毕业生在职攻读教育硕士提供便利的入学条件，任教考核合格并通过论文答辩的，颁发硕士研究生毕业证书和教育硕士专业学位证书。

六、退役士兵教育资助

从2011年秋季学期开始，对退役一年以上，考入全日制普通高等学校（包括全日制普通本科学校、全日制普通高等专科学校和全日制普通高等职业学校）的自主就业退役士兵，根据本人申请，由政府给予教育资助。

1.资助内容

一是学费资助；二是家庭经济困难退役士兵学生生活费资助；三是其他奖助学

金资助。

2. 资助标准

学费资助标准，按省级人民政府制定的学费标准，原则上退役士兵学生应交多少学费中央财政就资助多少，最高不超过年人均 6000 元，高于 6000 元部分自行负担。生活费及其他奖助学金资助标准，按国家现行大学生资助政策的有关规定执行。

3. 资助方式

学费由中央财政按标准和隶属关系补助退役士兵学生所在学校，生活费及其他奖助学金直接补给退役士兵学生本人。

4. 资助期限

全日制普通高等学历教育一个学制期。

七、赴基层单位就业高等学校毕业生学费和国家助学贷款代偿

从 2009 年起，国家对中央部门所属全日制普通高等学校应届毕业生，自愿到中西部地区和艰苦边远地区基层单位就业、服务期达到 3 年以上（含 3 年）的，实施相应的学费和国家助学贷款代偿。学生毕业后每年代偿学费或国家助学贷款的最高金额不超过 6000 元，分三年代偿完毕。

基层单位指：

① 中西部地区和艰苦边远地区县以下机关、企事业单位，包括乡（镇）政府机关、农村中小学、国有农（牧、林）场、农业技术推广站、畜牧兽医站、乡镇卫生院、计划生育服务站、乡镇文化站等；

② 工作现场地处中西部地区和艰苦边远地区县以下的气象、地震、地质、水电施工、煤炭、石油、航海、核工业等中央单位艰苦行业生产第一线。

地方所属高等学校毕业生基层就业学费和国家助学贷款代偿，按各省（自治区、直辖市）有关规定执行。

八、应征入伍服义务兵役高等学校学生学费补偿国家助学贷款代偿及学费资助

从 2009 年起，国家对应征入伍服义务兵役的高等学校毕业生，按照实际缴纳的学费或申请的国家助学贷款，实施一次性补偿或代偿。每学年补偿或代偿的最高金额不超过 6000 元。

从 2011 年秋季学期起，国家对应征入伍服义务兵役的高等学校在校生，按照实际缴纳的学费或申请的国家助学贷款，实施一次性补偿或代偿。退役后复学的原高校在校生按照应缴纳的学费实施资助。每学年补偿、代偿和资助的最高金额不超过 6000 元。

所有参军入伍的大学生必须上网登记报名（网址：http://zbbm.chsi.com.cn），填写打印《应征入伍高校毕业生学费补偿国家助学贷款代偿申请表》《应征入伍高校在校生学费补偿国家助学贷款代偿申请表》或《应征入伍高校复学生学费资助申请表》，办理相应的学费补偿贷款代偿或学费资助申请。

学生伤害事故处理办法

（2002 年 6 月 25 日教育部令第 12 号发布）

第一章 总 则

第一条 为积极预防、妥善处理在校学生伤害事故，保护学生、学校的合法权益，根据《中华人民共和国教育法》《中华人民共和国未成年人保护法》和其他相关法律、行政法规及有关规定，制定本办法。

第二条 在学校实施的教育教学活动或者学校组织的校外活动中，以及在学校负有管理责任的校舍、场地、其他教育教学设施、生活设施内发生的，造成在校学生人身损害后果的事故的处理，适用本办法。

第三条 学生伤害事故应当遵循依法、客观公正、合理适当的原则，及时、妥善地处理。

第四条 学校的举办者应当提供符合安全标准的校舍、场地、其他教育教学设施和生活设施。教育行政部门应当加强学校安全工作，指导学校落实预防学生伤害事故的措施，指导、协助学校妥善处理学生伤害事故，维护学校正常的教育教学秩序。

第五条 学校应当对在校学生进行必要的安全教育和自护自救教育；应当按照规定，建立健全安全制度，采取相应的管理措施，预防和消除教育教学环境中存在的安全隐患；当发生伤害事故时，应当及时采取措施救助受伤害学生。

学校对学生进行安全教育、管理和保护，应当针对学生年龄、认知能力和法律行为能力的不同，采用相应的内容和预防措施。

第六条 学生应当遵守学校的规章制度和纪律；在不同的受教育阶段，应当根据自身的年龄、认知能力和法律行为能力，避免和消除相应的危险。

第七条 未成年学生的父母或者其他监护人（以下称为监护人）应当依法履行监护职责，配合学校对学生进行安全教育、管理和保护工作。

学校对未成年学生不承担监护职责，但法律有规定的或者学校依法接受委托承担相应监护职责的情形除外。

第二章 事故与责任

第八条 学生伤害事故的责任，应当根据相关当事人的行为与损害后果之间的因果关系依法确定。

因学校、学生或者其他相关当事人的过错造成的学生伤害事故，相关当事人应当根据其行为过错程度的比例及其与损害后果之间的因果关系承担相应的责任。当事人的行为是损害后果发生的主要原因，应当承担主要责任；当事人的行为是损害后果发生的非主要原因，承担相应的责任。

第九条 因下列情形之一造成的学生伤害事故，学校应当依法承担相应的责任：

（一）学校的校舍、场地、其他公共设施，以及学校提供给学生使用的学具、教育教学和生活设施、设备不符合国家规定的标准，或者有明显不安全因素的；

（二）学校的安全保卫、消防、设施设备管理等安全管理制度有明显疏漏，或者管理混乱，存在重大安全隐患，而未及时采取措施的；

（三）学校向学生提供的药品、食品、饮用水等不符合国家或者行业的有关标准、要求的；

（四）学校组织学生参加教育教学活动或者校外活动，未对学生进行相应的安全教育，并未在可预见的范围内采取必要的安全措施的；

（五）学校知道教师或者其他工作人员患有不适宜担任教育教学工作的疾病，但未采取必要措施的；

（六）学校违反有关规定，组织或者安排未成年学生从事不宜未成年人参加的劳动、体育运动或者其他活动的；

（七）学生有特异体质或者特定疾病，不宜参加某种教育教学活动，学校知道或者应当知道，但未予以必要的注意的；

（八）学生在校期间突发疾病或者受到伤害，学校发现，但未根据实际情况及时采取相应措施，导致不良后果加重的；

（九）学校教师或者其他工作人员体罚或者变相体罚学生，或者在履行职责过程中违反工作要求、操作规程、职业道德或者其他有关规定的；

（十）学校教师或者其他工作人员在负有组织、管理未成年学生的职责期间，发现学生行为具有危险性，但未进行必要的管理、告诫或者制止的。

（十一）对未成年学生擅自离校等与学生人身安全直接相关的信息，学校发现或者知道，但未及时告知未成年学生的监护人，导致未成年学生因脱离监护人的保护而发生伤害的；

（十二）学校有未依法履行职责的其他情形的。

第十条 学生或者未成年学生监护人由于过错，有下列情形之一，造成学生伤害事故，应当依法承担相应的责任：

（一）学生违反法律法规的规定，违反社会公共行为准则、学校的规章制度或者纪律，实施按其年龄和认知能力应当知道具有危险或者可能危及他人的行为的；

（二）学生行为具有危险性，学校、教师已经告诫、纠正，但学生不听劝阻、拒不改正的；

（三）学生或者其监护人知道学生有特异体质，或者患有特定疾病，但未告知学校的；

（四）未成年学生的身体状况、行为、情绪等有异常情况，监护人知道或者已被学校告知，但未履行相应监护职责的；

（五）学生或者未成年学生监护人有其他过错的。

第十一条　学校安排学生参加活动，因提供场地、设备、交通工具、食品及其他消费与服务的经营者，或者学校以外的活动组织者的过错造成的学生伤害事故，有过错的当事人应当依法承担相应的责任。

第十二条　因下列情形之一造成的学生伤害事故，学校已履行了相应职责，行为并无不当的，无法律责任：

（一）地震、雷击、台风、洪水等不可抗的自然因素造成的；

（二）来自学校外部的突发性、偶发性侵害造成的；

（三）学生有特异体质、特定疾病或者异常心理状态，学校不知道或者难于知道的；

（四）学生自杀、自伤的；

（五）在对抗性或者具有风险性的体育竞赛活动中发生意外伤害的；

（六）其他意外因素造成的。

第十三条　下列情形下发生的造成学生人身损害后果的事故，学校行为并无不当的，不承担事故责任；事故责任应当按有关法律法规或者其他有关规定认定：

（一）在学生自行上学、放学、返校、离校途中发生的；

（二）在学生自行外出或者擅自离校期间发生的；

（三）在放学后、节假日或者假期等学校工作时间以外，学生自行滞留学校或者自行到校发生的；

（四）其他在学校管理职责范围外发生的。

第十四条　因学校教师或者其他工作人员与其职务无关的个人行为，或者因学生、教师及其他个人故意实施的违法犯罪行为，造成学生人身损害的，由致害人依法承担相应的责任。

第三章　事故处理程序

第十五条　发生学生伤害事故，学校应当及时救助受伤害学生，并应当及时告知未成年学生的监护人；有条件的应当采取紧急救援等方式救助。

第十六条　发生学生伤害事故，情形严重的，学校应当及时向主管教育行政部门及有关部门报告；属于重大伤亡事故的，教育行政部门应当按照有关规定及时向同级人民政府和上一级教育行政部门报告。

第十七条　学校的主管教育行政部门应学校要求或者认为必要，可以指导、协助学校进行事故的处理工作，尽快恢复学校正常的教育教学秩序。

第十八条 发生学生伤害事故，学校与受伤害学生或者学生家长可以通过协商方式解决；双方自愿，可以书面请求主管教育行政部门进行调解。

成年学生或者未成年学生的监护人也可以依法直接提起诉讼。

第十九条 教育行政部门收到调解申请，认为必要的，可以指定专门人员进行调解，并应当在受理申请之日起 60 日内完成调解。

第二十条 经教育行政部门调解，双方就事故处理达成一致意见的，应当在调解人员的见证下签订调解协议，结束调解；在调解期限内，双方不能达成一致意见，或者调解过程中一方提起诉讼，人民法院已经受理的，应当终止调解。

调解结束或者终止，教育行政部门应当书面通知当事人。

第二十一条 对经调解达成的协议，一方当事人不履行或者反悔的，双方可以依法提起诉讼。

第二十二条 事故处理结束，学校应当将事故处理结果书面报告主管的教育行政部门；重大伤亡事故的处理结果，学校主管的教育行政部门应当向同级人民政府和上一级教育行政部门报告。

第四章 事故损害的赔偿

第二十三条 对发生学生伤害事故负有责任的组织或者个人，应当按照法律法规的有关规定，承担相应的损害赔偿责任。

第二十四条 学生伤害事故赔偿的范围与标准，按照有关行政法规、地方性法规或者最高人民法院司法解释中的有关规定确定。

教育行政部门进行调解时，认为学校有责任的，可以依照有关法律法规及国家有关规定，提出相应的调解方案。

第二十五条 对受伤害学生的伤残程度存在争议的，可以委托当地具有相应鉴定资格的医院或者有关机构，依据国家规定的人体伤残标准进行鉴定。

第二十六条 学校对学生伤害事故负有责任的，根据责任大小，适当予以经济赔偿，但不承担解决户口、住房、就业等与救助受伤害学生、赔偿相应经济损失无直接关系的其他事项。

学校无责任的，如果有条件，可以根据实际情况，本着自愿和可能的原则，对受伤害学生给予适当的帮助。

第二十七条 因学校教师或者其他工作人员在履行职务中的故意或者重大过失造成的学生伤害事故，学校予以赔偿后，可以向有关责任人员追偿。

第二十八条 未成年学生对学生伤害事故负有责任的，由其监护人依法承担相应的赔偿责任。

学生的行为侵害学校教师及其他工作人员以及其他组织、个人的合法权益，造成损失的，成年学生或者未成年学生的监护人应当依法予以赔偿。

第二十九条 根据双方达成的协议、经调解形成的协议或者人民法院的生效判决，应当由学校负担的赔偿金，学校应当负责筹措；学校无力完全筹措的，由学校的主管部门或者举办者协助筹措。

第三十条 县级以上人民政府教育行政部门或者学校举办者有条件的，可以通过设立学生伤害赔偿准备金等多种形式，依法筹措伤害赔偿金。

第三十一条 学校有条件的，应当依据保险法的有关规定，参加学校责任保险。

教育行政部门可以根据实际情况，鼓励中小学参加学校责任保险。

提倡学生自愿参加意外伤害保险。在尊重学生意愿的前提下，学校可以为学生参加意外伤害保险创造便利条件，但不得从中收取任何费用。

第五章 事故责任者的处理

第三十二条 发生学生伤害事故，学校负有责任且情节严重的，教育行政部门应当根据有关规定，对学校的直接负责的主管人员和其他直接责任人员，分别给予相应的行政处分；有关责任人的行为触犯刑律的，应当移送司法机关依法追究刑事责任。

第三十三条 学校管理混乱，存在重大安全隐患的，主管的教育行政部门或者其他有关部门应当责令其限期整顿；对情节严重或者拒不改正的，应当依据法律法规的有关规定，给予相应的行政处罚。

第三十四条 教育行政部门未履行相应职责，对学生伤害事故的发生负有责任的，由有关部门对直接负责的主管人员和其他直接责任人员分别给予相应的行政处分；有关责任人的行为触犯刑律的，应当移送司法机关依法追究刑事责任。

第三十五条 违反学校纪律，对造成学生伤害事故负有责任的学生，学校可以给予相应的处分；触犯刑律的，由司法机关依法追究刑事责任。

第三十六条 受伤害学生的监护人，亲属或者其他有关人员，在事故处理过程中无理取闹，扰乱学校正常教育教学秩序，或者侵犯学校、学校教师或者其他工作人员的合法权益的，学校应当报告公安机关依法处理；造成损失的，可以依法要求赔偿。

第六章 附 则

第三十七条 本办法所称学校，是指国家或者社会力量举办的全日制的中小学（含特殊教育学校）、各类中等职业学校、高等学校。

本办法所称学生是指在上述学校中全日制就读的受教育者。

第三十八条 幼儿园发生的幼儿伤害事故，应当根据幼儿为完全无行为能力人的特点，参照本办法处理。

第三十九条 其他教育机构发生的学生伤害事故，参照本办法处理。

在学校注册的其他受教育者在学校管理范围内发生的伤害事故，参照本办法处理。

第四十条　本办法自 2002 年 9 月 1 日起实施，原国家教委、教育部颁布的与学生人身安全事故处理有关的规定，与本办法不符的，以本办法为准。

在本办法实施之前已处理完毕的学生伤害事故不再重新处理。

参考文献

[1] 罗伯特・M・赫钦斯.教育中的冲突 [M].北京：人民体育出版社，1980.

[2] 王治河.扑朔迷离的游戏：后现代哲学思潮研究 [M].北京：社会科学文献出版社，1993.

[3] 王承绪.西方现代教育论著选 [M].北京：人民体育出版社，2001.

[4] 高金章.管理学 [M].郑州：郑州大学出版社，2004.

[5] 鄢敦望.管理学原理与应用 [M].长沙：湖南人民出版社，2007.

[6] 臧有良.管理学原理 [M].北京：清华大学出版社，2007.

[7] 檀传宝.德育与班级管理 [M].北京：高等教育出版社，2007.

[8] 王秀彦，高春娣.大学生事务管理概论 [M].北京：高等教育出版社，2009.

[9] 漆小萍.中国大学生事务管理 [M].广州：中山大学出版社，2011.

[10] 吴惠.顺理举易：大学生事务管理理论与事务 [M].北京：中国编译出版社，2012.

[11] 曹淼孙.我国体育院校学生事务管理模式研究 [M].北京：知识产权出版社，2014.

[12] 王林清，马彦周，张建和.大学生事务管理规范与服务标准 [M].北京：中国文史出版社，2014.

[13] 马超.20世纪美国大学学生事务研究 [D].南京：南京师范大学教育科学学院，2007.

[14] 白婧静.普通高校班级自主管理模式研究 [D].重庆：重庆师范大学，2008.

[15] 毛莹.新时期高校班集体建设的理论探索 [D].西安：西安电子科技大学，2009.

[16] 蒋威宜.美国高校学生管理模式评述 [J].高等师范教育研究，1994（05）：71-76.

[17] 戚业国.我国高校学生资助体系探讨 [J].吉林教育科学，1996（11）：24-25.

[18] 蔡国春.高校学生事务管理概念的界定：中美两国高校学生工作术语之比较 [J].扬州大学学报（高教研究版），2000（02）56-59.

[19] 肖文娥，王运敏.论高校辅导员心理素质培养 [J].教育研究，2000（10）：28-

32.

[20] 马健生，滕珺．美国大学生事务管理的历史流变 [J]. 比较教育研究，2006（10）：63-69.

[21] 雷寂．英国高校学生事务管理的理念与实践 [J]. 理工高教研究，2006（5）：49-50.

[22] 潘懋元．现代高等教育思想演变的历程：从 20 世纪到 21 世纪初 [J]. 高等教育研究，2007（8）：6-11.

[23] 王燕．论教育人道主义及其价值追求 [J]. 江西教育科研，2007（1）：3-6.

[24] 张敏．从传统发展观到和谐发展观 [J]. 沿岸教育学院学报，2008（2）：15-17.

[25] 吕金洲．论高校辅导员在构建和谐班集体中的策略 [J]. 河南机电高等专科学校学报，2008（03）：43-45.

[26] 甘永涛．历史视野中的大学生资助政策 [J]. 现代教育科学，2003（11）：12-14.

[27] 吴广宇，范天森．高校辅导员专业素质结构探析 [J]. 南京航空航天大学学报（社会科学版），2008（03）：92-96.

[28] 黄晓波．我国高校学生事务管理：问题与对策 [J]. 高等教育研究，2009（7）：71-76.

[29] 邵霞琳．构建以职业生涯规划为指导的班级建设模式 [J]. 现代企业教育，2009（20）：22-23.

[30] 高云，积极探索班级建设新思路 创新班级建设新机制：以西安文理学院为例 [J]. 新西部（下半月），2009（04）：87+89.

[31] 许增巍．学分制体制下高校班级建设创新研究 [J]. 时代教育，2010（1）：102.

[32] 曹森孙．基于系统论视角下的高校学术腐败治理研究 [J]. 华北电力大学学报（社科版），2010（3）：118-121+132.

[33] 牟振．浅谈高校创新型班集体之构建 [J]. 科技信息，2010（18）：455.

[34] 白鹰．高校班级建设管理的理念创新与实践 [J]. 教书育人，2010（03）：62-63.

[35] 储祖旺，蒋洪池．高校学生事务管理概念的演变与本土化 [J]. 高等教育研究，2009（2）：86-90.

[36] 周海英，邱伟青等．完善高校资助育人模式初探 [J]. 新西部，2009（08）：182-183.

[37] 刘期彪，谭德明．高校家庭经济困难学生资助工作与育人机制的模式构建：以南华大学资助育人工作为例 [J]. 南华大学学报（社会科学版），2010，11（05）：94-96.

[38] 程莹．新时期高校帮困育人模式时效性探究 [J]. 中国电力教育，2010（21）：157-159.

[39] 黄丽丽．西方管理学人性假设理论对我国高等学校学生管理工作的启示 [J]. 教育

探索，2010（3）：156-157.

[40] 张斯虹，周伦府. 刍议我国高校学生事务管理理念的体系化构建 [J]. 思想教育研究，2010（10）：89-92.

[41] 杨锐，夏红. 内涵发展视野下高校辅导员队伍建设的思考 [J]. 教育探索，2014（4）：104-105.

[42] 谷祥坤. 新时代高校学生事务管理应具备的四种观念 [J]. 现代交际，2018（16）：188+187.